PSICODRAMA
INSPIRAÇÃO E TÉCNICA

Dados Internacionais de Catalogação na Publicação (CIP)
(Câmara Brasileira do Livro, SP, Brasil)

Psicodrama : inspiração e técnica / organizado por Paul Holmes e Márcia Karp ; ilustrações de Ken Sprague ; [tradução Eliana Araujo Nogueira do Vale ; revisão técnica Moysés Aguiar]. — São Paulo : Ágora, 1992.

Bibliografia.
ISBN 85-7183-383-4

1. Psicodrama I. Holmes, Paul, 1947- II. Karp, Marcia, 1942-

92-1885

CDD-616.891523
NLM-WM 430

Índices para catálogo sistemático:

1. Psicodrama : Medicina 616.891523

PSICODRAMA
INSPIRAÇÃO E TÉCNICA

AGORA

Do original em língua inglesa
Psychodrama: inspiration and technique
Copyright © 1991 da organização
by Marcia Karp e Paul Holmes. Capítulos individuais,
os respectivos colaboradores.

Nenhuma parte desta publicação poderá ser reproduzida,
guardada pelo sistema "retrieval" ou transmitida de qualquer
modo ou por qualquer meio, seja eletrônico,
mecânico, de fotocópia, de gravação
ou outros, sem prévia autorização por escrito da Editora.

Tradução:
Eliana Araujo Nogueira do Vale

Revisão técnica:
Moysés Aguiar

Todos os direitos reservados pela

Editora ÁGORA Ltda.
Caixa Postal 62 564
01295-970 — São Paulo — SP

Psicodrama:
Inspiração e Técnica

Ao atender pessoas que lutam para se livrar da camisa-de-força dos pensamentos e emoções humanos não-manifestos, os profissionais freqüentemente recorrem a uma investigação da verdade usando o método dramático. Esse método chama-se psicodrama.

Os doze experientes psicodramatistas que contribuíram para a elaboração deste livro foram convidados a escrever sobre o que os inspira em seu trabalho e sobre as técnicas e teorias psicológicas que usam para uma prática clínica criativa. Eles escrevem de modo pessoal e honesto sobre seus intentos de ajudar uma ampla gama de grupos de clientes, que incluem adolescentes, crianças autistas, delinqüentes, anoréxicos, vítimas de abuso sexual e pacientes terminais de câncer.

A maioria dos livros sobre psicodrama escritos em inglês descreve a teoria e a prática do método clássico criado por J. L. Moreno, desenvolvido posteriormente por Zerka Moreno. Este livro descreve como as fronteiras da psicoterapia podem ser criativamente ampliadas pelo uso inspirado da técnica (dentro do método do psicodrama) e pelo emprego de outras teorias, que incluem idéias provenientes da psicanálise. Mas, acima de tudo, descreve como o psicodrama pode ser usado como uma arte para ajudar seres humanos a encontrarem uma espontaneidade e uma criatividade próprias em suas vidas.

Psicodrama: inspiração e técnica constitui uma leitura fascinante para terapeutas experientes ou iniciantes, e será uma leitura obrigatória para todos aqueles que tenham um interesse especial pelo psicodrama. Servirá também como inspiração para outros profissionais, em suas clínicas.

O livro é ilustrado por Ken Sprague, que usou o conteúdo como inspiração para as gravuras.

Colaboradores: Anne Ancelin Schützenberger, Anne Bannister, Elaine Eller Goldman, Paul Holmes, Jinnie Jefferies, Marcia Karp, H. J. Meillo, Zerka Toeman Moreno, Peter Pitzele, Gillie Ruscombe-King, Ken Sprague, Barbara Jean Quin, Sarah T. Willis, Kit Wilson.

Este livro é dedicado a Zerka T. Moreno, que desenvolve e dá forma às idéias de J. L. Moreno.

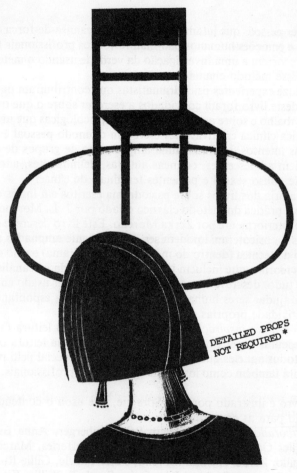

*DETAILED PROPS NOT REQUIRED**

* Recursos cênicos detalhados não exigidos.

SUMÁRIO

Colaboradores 9
Prefácio — Marcia Karp 13

1 **Inspiração e técnica**
  Paul Holmes e Marcia Karp 19

2 **Psicodrama clássico: uma revisão**
  Paul Holmes 27

3 **Adolescentes vistos pelo avesso: psicodrama intrapsíquico**
  Peter Pitzele 35

4 **Todo mundo é um alguém: métodos dramáticos para jovens com dificuldades graves de aprendizagem**
  Ken Sprague 55

5 **Tempo, espaço, realidade e família: psicodrama com uma família reconstruída**
  Zerka T. Moreno 77

6 **Aprendendo a viver de novo: técnicas psicodramáticas com jovens vítimas de abusos sexuais**
  Anne Bannister 101

7 **Psicodrama e piccalilli: tratamento com internação de um adulto vítima de abusos sexuais**
  Marcia Karp 121

8 **Quem vem lá?: Psicodrama grupanalítico para adolescentes problemáticos**
  Sarah T. Willis 145

9 **Questões de terapia ambiental: o psicodrama como contribuição para o tratamento de um caso de anorexia**
  Joke Meillo 169

10 Esconde-esconde: o psicodramatista e o alcoolista
   Gillie Ruscombe-King 187

11 Umbral para o passado: o uso de técnicas dramáticas
   com filhos adultos de alcoolistas e co-dependentes
   Kit Wilson e Elaine Eller Goldman 213

12 O que estamos tentando fazer aqui é desarmar bombas:
   psicodrama com delinqüentes graves
   Jinnie Jefferies 223

13 O drama do paciente gravemente enfermo: quinze anos
   de experiência com psicodrama e câncer
   Anne Ancelin Schützenberger 237

14 Curando os que curam: psicodrama com terapeutas
   Barbara Jean Quin 261

Colaboradores

Anne Ancelin Schützenberger, PhD, TEP, professora de psicologia social e clínica da Universidade de Nice, é uma dos primeiros doze diretores treinados por Moreno e organizadora do First International Congress of Psychodrama (1964, França). Seu manual de psicodrama foi traduzido em doze idiomas. Após haver trabalhado com esquizofrênicos, dedica-se atualmente a pacientes com câncer e AIDS, usando psicodrama e genogramas.

Anne Bannister, CQSW, RDTh, é assistente social, portadora do diploma Holwell de Psicodrama. É também licenciada como dramaterapeuta. Como funcionária da Justiça, encarregada da supervisão e aconselhamento de delinqüente primário, trabalhou com grupos de adolescentes delinqüentes, o que a levou a ter um interesse especial por crianças sexualmente molestadas. Ela dirigiu o NSPCC & Greater Manchester Authority's Child Sexual Abuse Unit desde sua inauguração, em 1987.

Elaine Eller Goldman, PhD, é formada pelo Moreno Institute of Psychodrama, Sociometry and Group Psychotherapy. Atualmente, é diretora executiva do Western Institute for Psychodrama do Camelback Hospital, chefe do Departamento de Psicodrama do Camelback Hospitals, Inc., Phoenix e Scottsdale, Arizona, e trabalha na Faculties of Columbia Pacific University, San Rafael, Califórnia, e Arizona State University. Escreveu vários artigos sobre psicodrama e é co-autora do livro *Psychodrama: experience and process* (Psicodrama: experiência e processo).

Paul Holmes, PhD, MRCPsych, é psiquiatra de crianças e adolescentes, psicoterapeuta com formação psicanalítica e profissional de psicodrama. Obteve o diploma Holwell em 1989. Durante muitos anos, trabalhou como psiquiatra de unidades comunitárias em áreas desfavorecidas de Londres. Utiliza-se de seus conhecimentos em psicanálise para sustentar seu trabalho de psicodramatista. Vive atualmente na Cidade do

México e em Londres, e está se concentrando nas atividades de maior interesse para ele: psicodrama, teoria psicanalítica e produção ensaística. Em 1988, tornou-se o primeiro catedrático formal da British Psychodrama Association.

Jinnie Jefferies, MSc, formada nos Estados Unidos e Inglaterra, tem mestrado em psicologia do aconselhamento, e possui o diploma Holwell de psicodrama. Trabalha como psicodramatista em penitenciárias e no Guy's Hospital, em Londres, e junto a adolescentes emocionalmente perturbados. Exerce atividade clínica individual e grupal em Richmond, Londres, onde reside. Em 1984, a Rádio BBC fez um programa sobre seu trabalho com os prisioneiros intitulado: "Eu o amo e o perdôo". Em 1989, criou e dirigiu uma série de seis psicodramas para a televisão BBC chamada "A sessão".

Marcia Karp, MA, TEP, foi aluna do dr. J. L. Moreno e de Zerka Moreno e tornou-se membro do corpo docente do Institute of Psychodrama, em Nova York. Trabalhou em prisões, universidades e hospitais, nos Estados Unidos, Canadá e Inglaterra, e é um dos principais responsáveis pelo trabalho pioneiro e desenvolvimento do psicodrama clássico na Inglaterra. Em 1974, fundou o Holwell Centre for Psychodrama em North Devon, Inglaterra. Como co-diretora de formação, leciona no Centre, bem como na Europa, América do Sul, Estados Unidos e Finlândia. É autora de "Viver *versus* sobreviver: o trabalho de um psicoterapeuta", em *On Becoming a Psychoterapist* (Routledge).

Joke Meillo formou-se como psicodramatista pelo Moreno Institute de Nova York, entre 1972 e 1975. É membro e supervisora da Dutch Association for Group Therapy, na Noruega. Trabalhou por cerca de doze anos numa comunidade terapêutica para adolescentes do Provincial Hospital, em Santpoort, Noruega, onde também supervisionou a reorganização e a formação de equipes multidisciplinares.

Zerka Toeman Moreno é a decana da prática psicodramática, que formou psicoterapeutas de grupo e psicodramatistas em muitos países: Estados Unidos, Europa, América Latina, Oriente Próximo e Médio e nas ilhas Antípodas. Dirigiu o Moreno Institute em Beacon, Nova York (fundado por seu marido, J. L. Moreno) — o centro original e mundial do psicodrama até 1982. Foi presidente da American Society of Group Psychotherapy and Psychodrama e é membro honorário do Board of Directors da International Association of Group Psychotherapy.

Peter Pitzele, PhD, TEP, é diretor de serviços psicodramáticos do Four Winds Hospital, em Katonah, Nova York. Formou-se pelo Moreno

Institute em Beacon, Nova York. Recebeu o prêmio Zerka T. Moreno em 1986 por suas relevantes realizações como profissional. Foi eleito membro da American Society for Group Psychotherapy and Psychodrama em 1989.

Barbara Jean Quin, MSc, AFBPsS, é psicóloga clínica formada, habilitada em 1974. Especializa-se no trabalho com crianças, adolescentes e suas famílias, e já trabalhou em unidades de adolescentes, numa instituição de serviços sociais comunitários, em educação e junto à comunidade. Trabalhou com treinamento e aconselhameno de pessoal por muitos anos, e atualmente se dedica a pesquisas sobre estresse e esgotamento nervoso em profissionais de saúde mental.

Gillie Ruscombe-King formou-se como terapeuta ocupacional e trabalhou nos últimos oito anos com alcoolismo nas Chilton Clinics — the Oxfordshire Regional Alchoholism Unit, do Warneford Hospital, Oxford. Desde sua graduação, há doze anos, tem demonstrado grande interesse por trabalho terapêutico criativo. Ultimamente, tem-se interessado pela fusão dos processos psicodramático e psicanalítico de grupo. É formada pelo Holwell Centre for Psychodrama e tem experiência em análise individual e de grupo.

Ken Sprague é um conceituado diretor de sociodrama, psicodramatista e artista gráfico. Assumiu um compromisso com o projeto em andamento de desenvolver os métodos morenianos como ferramentas de vida. Visa popularizar métodos de ação que ultrapassam o âmbito da clínica e do crescimento pessoal, para entrar na área de educação, organização ou administração de empresas e relações comunitárias. Ensina jovens com dificuldades de aprendizagem graves e é co-diretor do Holwell Centre, o único centro de residência em regime integral para psicodrama e sociodrama.

Sarah T. Willis formou-se pela Sussex University, com bacharelado Hons em estudos germânicos e europeus. Trabalhou como atriz na Inglaterra, Europa e América, ganhando o prêmio OBIE em Nova York, apresentando-se com o National Theatre of Great Britain e indo para o exterior com suas peças para uma só atriz. É professora interina do York Road Intermediate Treatment Centre, Battersea, Londres, um projeto comunitário para adolescentes perturbados. É também psicoterapeuta e analista de grupo, especializada no trabalho com anoréxicos e suas famílias.

Kit Wilson, ACSW, trabalha como assistente social clínica em Scottsdale, Arizona, Estados Unidos. Foi diretora do Chemical Dependance, do Scottsdale Camelback Hospital, e presidente do Arizona Board for

Certification of Addiction Counsellors. Recebeu seu MSW pela University of Connecticut e fez formação psicodramática no Moreno Institute e no Western Institute of Psychodrama, Sociometry and Group Psychotherapy. A especialidade dela é a área de recuperação de dependência química e de co-dependência.

PREFÁCIO

Marcia Karp

O que me impressionou, desde meu primeiro encontro com o psicodrama, foi a sua utilidade. O arquiteto Frank Lloyd Wright disse: "Forma e função são uma única coisa". A fusão de situação e comportamento no psicodrama é um exemplo dessa afirmativa. O cenário para cada cena é a própria vida (forma), e a representação da cena (função) torna-se amalgamada nesse tipo de psicoterapia. O cliente não discorre separadamente sobre sua vida; ele a cria através da encenação, usando parte da sala de terapia como palco no qual são representadas as especificidades da vida dessa pessoa.

Há vinte anos, vi J. L. Moreno montar um psicodrama num teatro em Nova York. Ele fazia isso parecer simples. Desde então, venho trabalhando com uma ampla variedade de pessoas: detentos, gagos, membros de irmandades católicas, estudantes e funcionários universitários, professores, policiais, profissionais e pacientes de saúde mental e crianças autistas. O que me surpreende como traço comum em cada população é a necessidade de encorajamento e de tempo para relatar a verdade sobre o que acontece na vida; arriscar-se a olhar para o que não aconteceu, resgatar oportunidades e testar alternativas.

Por exemplo, quando nossos entes queridos chegam ao fim da vida, freqüentemente não expressamos as coisas que devem ser ditas. Podemos considerar como favas contadas o fato de que a pessoa sempre estará lá, as fronteiras para a expressão já estão circunscritas e não devem ser ultrapassadas. No entanto, quando a pessoa se vai, as fronteiras parecem ilimitadas, e muitas pessoas anseiam por uma oportunidade de ter a verdadeira conversa que, afinal, não aconteceu. O psicodrama oferece às pessoas a oportunidade de liberarem um bloqueio de sentimentos ou expressão represados, que vão desde dizer à pessoa o quanto foram amadas até compartilhar segredos de família relacionados a ofensas que ficaram trancados anos a fio, causando danos silenciosos. É importante, para o tema da sessão, inverter papéis com a pessoa falecida. O sobrevivente pode se beneficiar de percepções cruciais relacionadas às reações do falecido. No desempenho do papel, a reação pode ser muito diferente do que seria esperado. A conspiração do silêncio pode ser rompida dessa forma.

Assim como o progenitor falecido, a criança que não chegou a nascer é uma figura importante na vida de muitos. O feto abortado, a criança que morreu ao nascer e a criança jamais concebida podem inibir as emoções de uma pessoa por muitos anos. Trabalhando com pais que perderam seus bebês, é raro que o hospital, a polícia ou as pessoas próximas lidem completamente com as complexidades da perda. Os vizinhos podem evitá-los, os parentes não sabem o que dizer, os funcionários do hospital concentram-se no que falhou com relação à mecânica da morte; mas, em cada caso, os pais necessitam discutir e prantear a perda, e simplesmente falar sobre seus sentimentos sobre o fato. Para algumas pessoas, talvez seja psicodramaticamente valioso conversar com a criança falecida e inverter papéis com ela. O uso específico dessa situação pode liberar os pais da culpa relacionada à morte, mesmo em situações mais graves — por exemplo, uma mãe exausta que deixou de olhar seu bebê. A criança morreu durante a noite, e foi encontrada de manhã. Havia uma "morte de berço" com relação à qual a mãe permanecia inconsolável, e carregou a culpa durante anos. Quando ela assumiu o papel do bebê num psicodrama, conseguiu dizer: "Mamãe, mesmo que você tivesse me olhado, eu teria morrido de qualquer jeito. Meus pulmões não funcionaram. Não havia nada que você pudesse fazer para me ajudar".

Muitos outros exemplos da minha experiência me vêm à mente. Trabalhando com delinqüentes da pesada, o falcão e a pomba, o audacioso e o retraído, o bruto e o delicado coexistem dramaticamente. Na área de segurança máxima de uma prisão, os presos fizeram um cartão de despedida de cetim para mim, adornado com rosas e lantejoulas. Notei que 25 assinaturas do cartão estavam ligadas a crimes — assassinatos, assaltos, incêndios criminosos, estupro de crianças. A ternura e o amor estão freqüentemente dissimulados por camadas de medo, ressentimento, raiva e violência. Sentimentos positivos talvez nunca tenham se manifestado. O terapeuta deve se dirigir a esse processo de camadas, de modo que o transgressor assuma a responsabilidade por seu processo no passado e no presente.

Um dos lugares inesquecíveis em que trabalhei como psicodramatista foi o California Medical Facility, em Vacaville, Califórnia, numa unidade específica para delinqüentes sexuais. Uma sessão que ficou registrada na memória dizia respeito a um homem preso sob a acusação de estupros. É um bom exemplo daquele ditado: "Não me diga o que aconteceu, mostre-me". Graças ao que o rapaz mostrou sobre o que aconteceu no primeiro caso, ele foi capaz de ver claramente, pela primeira vez, como seu comportamento criminoso estava relacionado com a sua educação. A capacidade de compreender algumas das razões de sua patologia foi um grande alívio para ele. Ele achou que havia começado a perceber por que esses crimes haviam sido cometidos.

Na cena que representou, ele estava sozinho, sentado à beira de uma piscina. Próximo ao local havia um *trailer* onde morava uma mulher de meia-idade. Ela tinha a idade da mãe dele, e sua altura e aparência também lembravam as dela. Enquanto estava sentado, o protagonista nos mostrou como começou a atemorizar a mulher. Ele se aproximou do *trailer* e começou a rondá-lo, fazendo ruídos. Ao ouvir o barulho, a mulher apagou as luzes e pegou uma faca para se defender. O jovem vislumbrou o brilho da faca ao clarão da lua. Naquele momento, ele decidiu subjugar sexualmente a mulher. A conexão que estabeleceu, nesse ponto, foi que, até os dezenove anos, sua mãe constantemente ameaçava cortar-lhe o pênis caso não parasse de urinar na cama. A associação da faca com a mulher do *trailer* ajudou-o a perceber que ele estava simbolicamente subjugando a mãe e que, em cada incidente de estupro, isso se repetia.

    Interrompemos a dramatização nesse ponto, e deixamos que a catarse perceptiva fosse verbalizada. Durante mais de seis anos de prisão, o jovem se sentiu dissociado desses crimes, e dificilmente percebia qualquer envolvimento com eles. A descoberta de que precisava tê-los cometido foi tão dura quanto a própria representação. Ela possibilitou que começasse um processo de tratamento. Se desejava parar de estuprar, como realmente desejava, tinha que começar a compreender sua responsabilidade. Isso seria um uso especial do que Moreno chamou de choque psicodramático. Quando o protagonista vivencia uma reação de choques com relação ao que é relevado através da representação, o choque pode ser um ponto positivo crucial, que o atinge de um modo que outro tipo de discussão ou terapia não fariam.

    Numa área de segurança máxima, uma montagem com limites de segurança é crucial para as pessoas. Exige-se que cada um dos detentos assuma a responsabilidade pelo resultado final, de modo que ela não caiba exclusivamente ao terapeuta. A dramatização ocorre sob condições de controle, de modo que o protagonista e os outros membros não se firam. A reconstituição de situações ilegais requer uma moralidade de grupo que permita discuti-las abertamente. O grupo e o terapeuta devem se precaver para não condenar o comportamento, para que a encenação não inspire os demais detentos a praticar os mesmos atos no futuro. Fico pensando num membro de um clube de ciclistas que mostrou como sua gangue invadiu uma pequena aldeia e dominou-a aterrorizando alguns moradores. Uma precaução contra determinados detentos consiste na identificação dos exibicionistas, que simplesmente desejam alardear aos colegas suas posturas. Em vez de enfocar o que fez, focalizamos o porquê, trazendo à luz a motivação e examinando a causa fundamental face a face. Foi muito penoso fazê-lo, e isso ocorreu apenas porque o protagonista pediu para ver o que havia feito. O desejo de "melhorar", visando aprender a partir do que ocorreu, de modo que o fato não se repita, precisa ser trabalhado e mantido em grupos especiais dessa natureza.

As crianças autistas necessitam de uma aplicação específica de métodos de ação. Algumas crianças podem receber apenas uma aplicação parcial desse método. Com algumas populações, usar um pouco menos o instrumental psicodramático produz mais resultados. Neste caso, usei a técnica psicodramática do "duplo". Sem uma formação em psicodrama clássico, acho difícil que a seguinte sessão pudesse ter ocorrido.

Eddy era um menino de sete anos. Fazia dois anos que não se comunicava por meio de palavras. Criei uma série de sessões de "duplo", com apenas nós dois num recinto. Transformando-me nele, ou seja, acompanhando cuidadosamente seus movimentos com meu corpo, criou-se a realidade pela qual ele não estava sozinho no recinto. Cada vez que ele corria, eu o acompanhava. Sempre que fazia um ruído, eu também o fazia. Lentamente, ele testou aquela imagem refletida, que eu aprofundei e expandi, fazendo pequenos movimentos que ele sabia que eram diferentes dos seus. Ele começou a me observar e copiar, baseado numa realidade mais firme de que ele não se achava sozinho.

Após dez sessões, estávamos sozinhos na sala de terapia, modelando argila, que estava particularmente dura nessa manhã. Pegamos um pedaço dela e começamos a esticá-la, eu de um lado e ele do outro. À medida que fazíamos força juntos, o menino gritava: "Puxe, Marcia, puxe!". A terra pareceu mover-se quando ele falou. Foram as primeiras palavras que o ouvi proferir. Ele claramente principiou a ver-se separadamente de mim, e era capaz de solicitar minha ajuda no trabalho com a argila.

O trabalho com religiosos constituiu outra aplicação especial.

Eu dirigia um grupo de terapia semanal com jovens religiosos. Um deles entrou para o grupo extremamente deprimido. Achava que nunca poderia ser tão perfeito quanto Deus; então, por que insistir? Começou a representar uma cena em que poderia ser tão perfeito quanto desejava. Encaminhou-se para a porta e fechou-a com todo o cuidado. Na sessão, relacionou-se com os companheiros de uma maneira que considerava "divina". Pouco a pouco, seus companheiros afastaram-se dele, para falar uns com os outros e ignorá-lo. Ele perguntou se poderia refazer a cena, representando a si próprio, desejando então relacionar-se em bases mais reais, com menos perfeição e mais humanidade. Ao sair da sala, o vidro da porta estilhaçou-se quando ele bateu-a violentamente. O que poderia ter sido normalmente um acidente, tornou-se uma afirmação criativa da sessão.

Cada aplicação psicodramática tem de se adequar ao momento. O que há de comum entre os exemplos que mencionei é que um não poderia ter sido substituído pelo outro. A aplicação dos recursos é única para cada situação. Embora a arte do psicodrama tenha como base uma sólida técnica, é o elemento do risco calculado que faz com que o trabalho seja inspirado em vez de simples rotina. Qual é a simulação de fome da pessoa que está trabalhando? Qual seria o salto necessário para avançar e como poderíamos ajudá-la a pôr isso em ação? Tanto arte quanto método são necessários para que ocorra a mudança.

Todos os nossos autores têm sido, de algum modo, pioneiros em suas áreas. Convidamos o leitor a usufruir os frutos desses trabalhos, neste livro de inspiração e técnica.

CAPÍTULO UM

Inspiração e técnica

Paul Holmes e Marcia Karp

Lina era uma jovem atraente, em cujo braço o médico havia diagnosticado um sarcoma maligno. Disseram-lhe que o único meio de salvar sua vida era amputar o braço; após a cirurgia mutiladora, ela ficou apavorada ao pensar em sua perspectiva de vida e procurou outras formas de ajuda terapêutica que pudessem auxiliá-la a sobreviver como alguém tanto física quanto mentalmente inteira.

Chuck e Felix eram dois irmãos adolescentes belicosos. O pai e a madrasta estavam preocupados com o violento conflito, que se tornava cada vez mais intenso e solicitaram ajuda para os rapazes e a família.

Tony era um menino afeminado, de ascendência inglesa e indiana, que se encontrava descontrolado e atemorizado. Ele havia passado a maior parte da vida em diferentes lares e instituições. Cada um desses lugares havia desmoronado por causa de seu comportamento, e ele estava aprisionado num ciclo de rejeições com relação às quais se sentia ao mesmo tempo triunfante e desesperado.

Irene era uma jovem de dezenove anos cujo peso havia despencado para 37 quilos e andava escondendo saquinhos de vômito em seu quarto. Suas relações com os amigos estavam deteriorando e em sua casa reinava um clima pouco afetivo.

Caroline, uma mulher casada que já passara por vários casamentos e tinha filhos adolescentes, era conhecida dos serviços de atendimento a alcoolistas havia anos. Quando estava sóbria, era uma pessoa maravilhosamente expansiva, mas, após alguns copos de bebida, apresentava graves e assustadores sintomas de retraimento. Recentemente, passou por uma desintoxicação e está louca por uma "última chance", sentindo-se culpada e aborrecida com seus fracassos.

Esses indivíduos, e muitos outros, têm sido ajudados pelo psicodrama. À primeira vista, talvez não pareçam os clientes mais fáceis ou gratificantes que um psicoterapeuta possa desejar.

Tradicionalmente, os adolescentes, os anoréxicos e os alcoolistas são considerados pacientes difíceis de se ajudar; os adolescentes tendem a se defender contra o sofrimento emocional ou a ansiedade voltando-se para a ação, e esse tipo de comportamento tem o poder de sabotar qualquer tentativa de lidar psicologicamente com suas necessidades e dificuldades. Na realidade, poder-se-ia argumentar que nenhuma ajuda terapêutica pode ser prestada de forma sistemática até que as fases mais dramáticas da adolescência sejam ultrapassadas. As jovens que sofrem de anorexia nervosa também representam um enorme desafio para os terapeutas; sua tendência a considerar os próprios problemas a partir de um ângulo puramente físico e relacionado com o peso e a alimentação nega ao terapeuta as pistas necessárias a qualquer progresso no tratamento psicológico de uma perturbação que freqüentemente atenta contra a vida. Alcoolistas usam o vício para anestesiar a dor de seu passado e presente; a psicoterapia muitas vezes (como parte do processo de tratamento) incrementa um sentimento de dor e de mal-estar. O alcoolistas com freqüência retornará para o álcool em vez de encarar questões que, se resolvidas, poderiam a longo prazo melhorar suas possibilidades de enfrentar as dificuldades e sua qualidade de vida.

Os indivíduos e grupos cujos tratamentos psicodramáticos são descritos neste livro podem ser muito diferentes dos protagonistas que os psicodramatistas encontraram ao longo de sua formação. Tais grupos geralmente são constituídos por adultos altamente motivados e interessados, cujas resistências e defesas não costumam negar as dificuldades emocionais. Os controles dos impulsos desses indivíduos são bem desenvolvidos, e eles em geral consideram a posição de protagonista como um privilégio durante sua formação. O psicodrama clássico centrado no protagonista é mais fácil de ser conduzido nessas circunstâncias (ver capítulo 2, para uma revisão sobre o psicodrama clássico).

O que, então, levou alguns psicodramatistas a deixarem a formação clássica para trabalhar com pacientes cujos problemas e dificuldades psíquicas dificultam notoriamente a prática terapêutica? Uma combinação de fatores modela o destino. Às vezes uma oportunidade de trabalho numa área escolhida não conscientemente pode dar início a uma fascinação que se transforma num desafio. Outras vezes, o impacto pessoal da própria vida do terapeuta funciona como aquecimento para o trabalho. Talvez tenha havido um alcoolista a quem se tentou ajudar numa idade mais precoce ou problemas familiares nunca plenamente resolvidos que levam o indivíduo a procurar uma área especializada que conduzisse a essas questões. Às vezes, há aquecimentos profissionais que conduzem a pacientes mais difíceis. O sucesso com um tipo de cliente pode despertar o interesse de outros clientes, e o profissional torna-se conhecido como alguém capaz de lidar com esse tipo de pessoa, e assim por diante.

Os autores deste livro mostram que muitos indivíduos que se encontram num estado de sofrimento ou perturbados podem ser ajudados por uma combinação de dois fatores: *inspiração* e *técnica*. Em seu prefácio, Marcia Karp se refere à arte do psicodrama e à necessidade de assumir riscos terapêuticos. Esses processos devem estar associados a uma sólida base em teoria e técnicas de psicodrama.

Por inspiração, referimo-nos ao processo pelo qual a criatividade e a espontaneidade possibilitam ao indivíduo criar algo de novo para ele mesmo e para seus clientes. Para inspirar uma outra pessoa ou grupo, o diretor precisa plantar as sementes da mudança. Imaginação, curiosidade, espírito lúdico, empatia, ousadia, autoconhecimento, maturidade e domínio do método são os requisitos para uma boa direção. Aquele que é inspirado foi influenciado e incentivado pelos pensamentos e sentimentos dos outros. Quando inspirado, tem-se a impressão de se respirar ar puro. Moreno costumava dizer que o diretor deve ser a pessoa mais espontânea do recinto. A espontaneidade é uma qualidade contagiante. Para ser espontâneo, o diretor precisa antes de mais nada trabalhar seu próprio aquecimento. Então, como inspirador, o diretor:

1. tem uma visão otimista e positiva do potencial do grupo;

2. é autoconfiante e transmite ao grupo o sentimento de que algo positivo acontecerá;

3. cria momentos em que tudo é possível; ele é capaz de criar uma atmosfera de magia;

4. cria uma atmosfera em que o desconhecido, o não-dito, o não-nascido, aquilo que não aconteceu, é tão importante quanto o que realmente aconteceu na própria vida, o psicodrama se refere particularmente ao que não aconteceu, àquilo a que a vida não deixou acontecer;

5. deve ter um verdadeiro espírito de brincadeira, de diversão, novidade, e dar corpo tanto ao lado bem humorado da vida quanto ao *pathos*;

6. conhece as idéias originais de Moreno, bem como suas aspirações e inspirações, e é capaz de pô-las em prática;

7. deve ter a capacidade de assumir riscos, encorajar, estimular e, eventualmente, provocar clientes para a ação terapêutica;

8. deve ser capaz de engendrar nos outros o livre fluxo do espírito criativo e espontâneo, que promove a mudança.

Alguns dos momentos mais excitantes e gratificantes descritos neste livro não foram planejados, mas ocorreram como resultado de momentos criativos, espontâneos e inspirados. As descrições de Ken Sprague sobre seus grupos constituídos por jovens com deficiências graves demonstram como, com técnicas sólidas associadas a seu conhecimento sobre psicodrama, ele foi capaz de inspirar os jovens com relação a novos patamares de prazer e ajudá-los a desenvolver recursos interpessoais. Anne Ancelin Schützenberger deu o salto inspirado a partir do uso do psicodrama como tratamento para o sofrimento psicológico, na direção de um processo que tem um potencial de salvamento de vidas de pacientes terminais com moléstias físicas malignas. Sua experiência como psicodramatista clássica possibilitou-lhe assumir os riscos de trabalhar com clientes que convivem com o medo e a expectativa da morte iminente. Nos capítulos sobre psicodrama com adolescentes, os autores revelam como, através de movimentos criativos e inspirados, sustentados pelo conhecimento de seu grupo-cliente, conseguiram adaptar os processos de psicodrama e análise de grupo às complexas e exigentes necessidades de atuação do adolescente. Peter Pitzele refreia a ansiedade do adolescente com o uso da distância tranqüilizadora da metáfora e do mundo psicológico interior. Sarah Willis refreia as mesmas ansiedades mantendo a dramatização a uma leve distância da intensa identificação dos adolescentes e permitindo que se desenvolva uma sessão terapêutica fluida e criativa. Barbara Jean Quin utiliza sua própria experiência e seu autoconhecimento para o seu trabalho de proporcionar apoio e encorajamento a outros profissionais.

Todos os psicodramatistas que descrevem seu trabalho neste livro têm assumido riscos, em diferentes momentos de seu trabalho terapêutico. Eles soltaram as rédeas de sua criatividade e inspiração, de modo que seu trabalho profissional mudasse e se desenvolvesse, e têm conseguido prestar assistência a clientes considerados difíceis, se não impossíveis, de se ajudar.

Noções preconcebidas sobre o melhor ou único meio de ajuda devem ser descartadas. O diretor precisa estar aberto às necessidades do outro numa determinada sessão, num determinado momento. Se o terapeuta necessita provar que algo é verdadeiro, à parte da verdade percebida pelo cliente, então a capacidade de trabalhar seguindo o outro estará perdida. O ritmo mútuo de trabalho do diretor e do cliente é particularmente importante. Muitas pessoas com necessidades especiais necessitam de uma grande solidão, que exige que o terapeuta trabalhe *com* elas e não *por* elas. O diretor precisa usar o grupo, o qual, se não usado, se sentirá não-visto. O psicodrama é um processo de grupo, não uma terapia individual num contexto de grupo. Honrar a capacidade expressiva do grupo ajuda os indivíduos a honrar sua própria capacidade de ousar exprimir algo pertencente a seu íntimo.

O trabalho terapêutico descrito neste livro revela a necessidade de que a técnica seja sustentada pela teoria; juntas, elas embasam o trabalho psicodramático criativo e inspirado. Todos os autores possuem formação em psicodrama. Sem a capacidade de usar fluentemente as técnicas clássicas, eles sem dúvida teriam tropeçado e cambaleado em suas tentativas de trabalhar com clientes difíceis. Sem uma teoria psicológica para explicar as interações humanas, os diretores poderiam se perder em suas tentativas de ajuda.

Diferentes técnicas e teorias psicológicas podem ser utilizadas para ajudar e sustentar o trabalho do psicodramatista. Ken Sprague utiliza seus anos de experiência como artista gráfico para inspirar seus jovens amigos autistas. Sarah Willis recorre a sua experiência como atriz profissional para estimular e dirigir as dramatizações fortes de que seus adolescentes participam. Embora grupoterapeuta, ela nunca se esquece de que é também uma atriz. Como qualquer artista, só se pode assumir riscos se as aptidões básicas estiverem adequada e verdadeiramente sob controle.

No contexto intenso e às vezes ameaçador de uma prisão para homens condenados por delitos graves, Jinnie Jefferies poderia ter perdido seu sangue-frio profissional e pessoal, se não tivesse recursos bem fundamentados e coerentes do método psicodramático em que se apoiar, sustentada pelas teorias de John Bowlby.

Joke Meillo se apóia em sua experiência e em sua formação como terapeuta psicodinâmica individual para incentivar suas clientes anoréxicas e para ajudá-las a trabalhar suas dificuldades. Ela argumenta que pode ser criada uma mistura profissional e terapeuticamente produtiva com a integração dos aspectos sociais da vida numa comunidade terapêutica, dos poderosos aspectos intrapsíquicos do psicodrama centrado no protagonista e do potencial de trabalhar com a transferência em psicoterapia psicanalítica individual. Sua capacidade de integrar em seu trabalho essas várias vertentes de seu próprio *aquecimento* para a vida profissional possibilita-lhe ajudar adolescentes problemáticos, como Irene.

Gillie Ruscombe-King também recorre a seu conhecimento teórico sobre transferência, demonstrando que certos indivíduos são mais propensos (devido a sua história passada) a se envolver em relações muito intensas com seus terapeutas; relações que podem negar a realidade e, assim, entrar no mundo transferencial com a repetição de experiências precoces. O fato de poder contar com essa possibilidade a libera do perigo do desenvolvimento de relações excessivamente intensas, muitas vezes negativas e improdutivas, entre ela e seus clientes.

Anne Bannister, assim como Elaine Eller Goldman e Kit Wilson, demonstram que sua inspiração está associada ao conhecimento técnico e teórico de seus grupos-clientes específicos. As crianças vítimas de abuso sexual e os filhos de pais alcoolistas costumam desenvolver modos bastante específicos de lidar com o mundo. O conhecimento desses modos e suas regras de interação humana guiam o trabalho inspirado desses diretores rumo ao objetivo terapêutico. A ignorância dessas regras pode resultar em confrontos precipitados e improdutivos, que levam ao colapso dos grupos e ao abandono prematuro do tratamento por parte do indivíduo.

Neste livro, psicodramatistas atuantes e experientes descrevem como uniram seus próprios aquecimentos pessoais e teóricos para o trabalho à sua capacidade de serem inspirados e criativos. O livro não é uma enciclopédia; muitos de seus colaboradores levantam questões referentes à teoria e a prática que podem ser discutidas apenas superficialmente. Espera-se que o leitor, se inspirado, vá atrás de linhas de pensamento que tenham sua própria oportunidade. Nossos autores não são absolutamente excepcionais; há muitos outros psicodramatistas que trabalham de forma igualmente criativa, inspiradora e tecnicamente segura. Esperamos, entretanto, que a seleção de trabalhos clínicos descritos neste livro inspire nosso leitor, não apenas no sentido de desenvolver sua própria aptidão profissional como psicodramatista, mas também de integrá-la com suas experiências profissionais e com teorias de outras fontes. Por meio de tais aptidões, muitos indivíduos em sofrimento, lesionados e infelizes poderão ser ajudados. Apenas quando o indivíduo é liberado para ser criativo e espontâneo é que a ajuda profissional produtiva, tecnicamente excelente e inspirada pode ser desenvolvida.

Bibliografia complementar

Esta lista contém todas as referências sobre psicodrama. Outras referências serão fornecidas a cada capítulo.

Blatner, A. (1973) *Acting In — Practical Applications of Psychodramatic Methods*, Nova York: Springer Publishing.

Blatner, Adam & Blatner, Alec (1988) *The Foundations of Psychodrama. History, Theory and Practice*, Nova York: Springer Publishing.

Feasy, D. (1984) "Psychodrama is group psychotherapy", *The Midland Journal of Psychotherapy*, (2): 30-7.

Goldman, E. E. & Morrison, D. S. (1984) *Psychodrama: Experience and Process*, Dubuque, Iowa: Kendal Hunt.

Greenberg, I. (1975) *Psychodrama: Theory and Therapy*, Nova York: Behavioural Publications.

Holmes, P. (1984) "Bondaries or chaos: an outpatient psychodrama group for adolescents", *Journal of Adolescence 6: 333-46*.

_____ (1987) Revised version in J. Coleman (ed.) *Working with Troubled Adolescents*, Londres, Academic Press.

Leveton, E. (1977) *Psychodrama for the Timid Clinician,* Nova York: Springer Publishing.

Marineau, R. F. (1989) *Jacob Levy Moreno 1889-1974*, Londres: Tavistock/Routledge. (Editado em português pela Ágora, sob o título *Jacob Levy Moreno — 1889-1974*, 1992.)

Moreno, J. L. (1953) *Who Shall Survive? The Foundations of Sociometry, Group Psychotherapy and Psychodrama,* Beacon, NY: Beacon House.

_____ (1960) *The Sociometry Reader,* Beacon, NY: Beacon House.

_____ (1978) *Psicodrama*, São Paulo: Cultrix.

_____ (1984) *O teatro da espontaneidade*, São Paulo: Summus Editorial, 2ª edição.

_____ (1987) in J. Fox (ed.) *The Essential Moreno*, Nova York: Springer Publishing.

Moreno, J. L. & Moreno Z. T. (1969) *Psychodrama,* Vol. III, Beacon, NY: Beacon House.

_____ (1983) *Fundamentos do psicodrama*, São Paulo: Summus, Editorial.

Moreno, J. L., Moreno Z. T. & Moreno J. D. (1964) *The First Psychodramatic Family*, Beacon, NY: Beacon House.

Moreno, Z. T. (1966) "Sociogenesis of individuals and groups" in *The International Handbook of Group Psychotherapy*, Nova York: Philosophical Library Inc.

_____ (1987) "Psychodrama, role theory, and the concept of the social atom", in *The Evolution of Psychoterapy*, Nova York: Brunner Mazel.

Powell, A. (1976) "Object relations in the psychodrama group", *Group Analysis*, 19: 125-38.

Storr, A. (1977) *Psychodrama: Rehearsal for Living*, Chicago: Nelson-Hall.

Treadwell, T., Stein, S. & Kumar, V. (1988) "A review of psychodramatic warm-up techniques for children, adolescents and adults", *Journal of the British Psychodrama Association*, 13(1).

Williams, A. (1989) *The Passionate Technique. Strategic Psychodrama with Individuals, Families and Groups*, Londres e Nova York: Tavistock/Routledge.

Yablonski, L. (1976) *Psychodrama. Resolving Emotional Problems Through Role Playing*, Nova York: Basic Books.

CAPÍTULO DOIS

Psicodrama clássico: uma revisão

Paul Holmes

Os autores deste livro adaptaram os métodos do psicodrama clássico para auxiliá-los a trabalhar com diferentes grupos de clientes. Este capítulo apresenta ao leitor não familiarizado com a técnica uma revisão do psicodrama clássico (ou centrado no protagonista), em que a ação caminha da periferia de uma situação em direção às raízes das dificuldades de um membro do grupo. Além disso, há uma bibliografia adicional ao final do capítulo.

Os autores descrevem o desenvolvimento (usando suas aptidões e criatividade) do método terapêutico do psicodrama no trabalho com diferentes grupos de clientes. Creio que a capacidade de trabalhar criativamente e de maneira bem-sucedida em circunstâncias por vezes difíceis se baseia não somente na criatividade e inspiração individuais do profissional, mas também numa firme compreensão e capacidade de praticar as técnicas básicas do psicodrama. A adaptação ou os desenvolvimentos só podem ser bem-sucedidos quando as aptidões essenciais estão sob o firme domínio do profissional.

O psicodrama é um método ativo de psicoterapia de grupo criado e desenvolvido por J. L. Moreno (nascido Jacob Moreno Levi em 1889, em Bucareste, Romênia). Quando ele era criança, sua família mudou-se para Viena, onde se formou em medicina em 1917. No início, trabalhou como clínico geral, com um interesse específico nas relações emocionais e sociais das pessoas. Em 1921 (a data que Moreno registra como sendo o início do psicodrama) desenvolveu um projeto a que chamou *Die Stregreiftheater* (o teatro da espontaneidade). A partir dessas raízes, desenvolveu seu interesse pelo uso da dramatização e da interação social como métodos de psicoterapia. Em 1925, emigrou para os Estados Unidos (mudando o nome para J. L. Moreno) e continuou a desenvolver o psicodrama e a psicoterapia de grupo, criando seu hospital psiquiátrico particular em Beacon, Nova York, em 1936. O hospital se tornou o centro do desenvolvimento e da formação em psicodrama, até o fechamento em 1982 (ver Blatner & Blatner, 1988).

O psicodrama é um método de psicoterapia de grupo que utiliza um modelo dramático e procedimentos teatrais. Moreno também considerou o psicodrama como um método de vida não-limitado ao âmbito da terapia. Ele descreveu cinco instrumentos básicos:

O protagonista — que é o foco de uma dramatização, aquele membro do grupo que explora seus problemas numa determinada sessão.

O diretor — que, em colaboração com o protagonista, dirige e facilita toda dramatização individual. Esse indivíduo pode ser considerado o "terapeuta".

Os egos auxiliares — membros do grupo (ou co-terapeutas) que desempenham o papel de indivíduos significativos na vida do protagonista, auxiliando na representação do drama.

A platéia — que consiste em outros membros do grupo envolvidos não diretamente na representação. Mesmo não diretamente envolvidos na dramatização, participam ativa e positivamente no processo e podem auferir tanto prazer quanto benefícios da sessão.

O palco — na maioria dos casos, trata-se simplesmente de um espaço grande o suficiente que possibilite uma movimentação física, embora, em Beacon, Moreno tenha construído uma estrutura teatral mais complexa, que permitia o uso de espaços cênicos com diferentes níveis.

Um psicodrama clássico consiste em três etapas: aquecimento, dramatização e compartilhamento. Cada uma delas é essencial ao processo psicodramático completo.

Aquecimento

O aquecimento tem várias funções significativas:

1. Estimular a criatividade e a espontaneidade dos membros do grupo. Moreno se preocupava especialmente em fazer do psicodrama um processo em que os indivíduos (tanto os membros do grupo como o diretor) fossem encorajados a desenvolver e usar seu próprio potencial de espontaneidade e criatividade. Ele acreditava que esses processos psíquicos habilitavam o indivíduo a encontrar suas próprias vias de acesso (ou soluções) para dificuldades internas e externas de sua vida.

2. Facilitar as interações dentro do grupo, desenvolvendo um sentimento de confiança e de pertencer ao grupo através de técnicas que encoragem as interações entre os indivíduos (por exemplo, compartilhamento dos nomes, compartilhamento de experiências, atividades físicas que envolvam um nível de contato ou comunicação não-verbal). O processo de aquecimento desenvolve a coesão do grupo enquanto, ao mesmo tempo, permite que os membros obtenham uma percepção das energias e qualidades dos indivíduos do grupo. Essas fases do psicodrama

têm similaridades com os processos observados num grupo de encontro ou numa sessão de dramaterapia, ou mesmo como nós nos "aquecemos" para qualquer atividade cotidiana.

3. Auxiliar os membros a focalizar problemas pessoais com relação aos quais desejem "trabalhar" na sessão de psicodrama. Espera-se que uma ou mais pessoas emerjam do processo de aquecimento centrado no protagonista (ou em uma necessidade individual) e se disponham a se tornar o centro da representação.

Um diretor experiente sem dúvida possui um repertório mais amplo de técnicas de aquecimento. Entretanto, ele pode também (usando sua criatividade) desenvolver novos tipos de aquecimento que pareçam especificamente relevantes para determinado grupo.

Seleção do protagonista

Ao final do aquecimento, geralmente um ou mais membros do grupo terão identificado (com diferentes níveis de precisão e certeza) problemas que desejam aprofundar na sessão. Eles serão encorajados a se tornar o protagonista (do grego, "o ator principal" ou "o primeiro ator"). Seleciona-se então o indivíduo que assumirá o papel central na sessão. O protagonista pode se sobressair naturalmente (um indivíduo pode demonstrar maior desembaraço emocional que outros), ou vários membros do grupo podem estar suficientemente aquecidos para representar o papel principal. Nessa situação, há várias técnicas que permitem ao diretor e ao grupo identificar o protagonista (o protagonista pode ser escolhido através da votação dos membros do grupo; os protagonistas potenciais podem definir a decisão entre si; ou a escolha pode depender exclusivamente do diretor, que determina também os aspectos mais específicos da sessão). Qualquer que seja o processo, é importante que o protagonista seja aprovado e tenha o apoio do grupo.

Dramatização

O psicodrama se encaminha então para o processo de representação, em que o protagonista (com o apoio e a ajuda do diretor) explora as questões configuradas durante o aquecimento. Não há *script*, a dramatização é espontânea, criada no momento pelo protagonista, pelos egos auxiliares e pelo diretor. Essa fase do psicodrama geralmente começa com o esclarecimento do protagonista e do diretor acerca das questões a serem trabalhadas numa discussão que pode ser considerada uma forma de contrato entre o diretor e o protagonista. A primeira colocação do protagonista deve ser cuidadosamente ouvida (por exemplo, "Eu sempre tenho dificuldades com os homens em minha vida", ou: "O aquecimento lembrou-me meu aborrecimento com o programa da TV sobre abuso sexual, na noite passada"). O "contrato" entre diretor e protagonista proporciona um foco para a exploração de problemas específicos da sessão (Marcia Karp, comunicação pessoal).

O psicodrama é intrinsecamente um processo teatral, e a representação deve caminhar rapidamente para o drama. O diretor e o protagonista planejam a cena inicial, e a montagem física é descrita e disposta no palco.

Não se exigem suportes detalhados; televisões, mobília e paredes podem ser indicadas verbalmente ou substituídas por cadeiras ou almofadas. Entretanto, é essencial que o protagonista descreva o espaço físico com detalhes, um processo através do qual ele se tornará crescentemente sintonizado com as memórias e emoções associadas a esse espaço. O protagonista é encorajado a entrar em ação (falando com o verbo no tempo presente ao referir-se a eventos do passado). O diretor descobre os indivíduos essenciais na vida da pessoa para a encenação (por exemplo, pais, irmãos e irmãs, patrões) e pede ao protagonista que selecione outros membros do grupo que possam representar esses egos auxiliares. Não há dúvida de que a seleção de indivíduos para representar egos auxiliares específicos não ocorre ao acaso. Através da *tele* (o fluxo de sentimentos de mão dupla entre as pessoas — ver Blatner & Blatner, 1988: 129; Fox, 1987: 40) um protagonista perceberá os colegas do grupo que têm o potencial de representar pessoas importantes em seu drama. Idade e sexo têm pouca importância, e a escolha de pessoas para representar papéis específicos se baseia em fatores mais sutis e mais complexos.

Uma vez que a cena seja determinada e o elenco, selecionado, a dramatização continua. A interação entre protagonista e auxiliares inicialmente tenta recriar a realidade externa (histórica), começando com uma cena do presente (por exemplo, o protagonista e sua mulher). Uma vez que as razões psicológicas para a representação dessa interação tenham se tornado claras, o diretor se encaminha para uma relação anterior na vida do protagonista (por exemplo, dizendo: "Você já teve esse tipo de dificuldade anteriormente?"). A próxima cena pode, por exemplo, se referir ao protagonista adolescente e uma namorada. A cena então se desloca para uma interação da infância (por exemplo, o protagonista e sua mãe). Cada cena é ligada à seguinte por uma lógica específica da psicologia e das dificuldades do protagonista (ver Goldman e Morrison, 1984). Cada cena da dramatização deve ser consistente com as memórias dos eventos passados do protagonista. Se a representação fugir de seu curso, o diretor auxilia o protagonista e os egos auxiliares a incrementarem a realidade aparente.

Entretanto, usando julgamento clínico, o diretor desloca as cenas para uma área de "realidade suplementar". Nessas interações, representam-se eventos e pronunciam-se palavras que nunca aconteceram ou foram expressas na realidade (por exemplo, vivenciar atenções e bons cuidados maternos na dramatização, quando, na realidade histórica, a família era inadequada e rejeitadora) ou situações que nunca poderão ocorrer (por exemplo, a conversa do protagonista com um dos pais falecido há muitos anos, ou o encontro com alguém com quem ele poderá nunca vir a ter uma relação próxima).

Nos estágios finais da dramatização, o diretor desloca o enredo de volta às interações (numa cena da atualidade) pelas quais se iniciou a sessão. O protagonista tem seu comportamento informado tanto por sentimentos quanto por pensamentos das cenas precedentes, possibilitando a criação de diferentes soluções para as dificuldades das relações presentes. Esse processo pode ser chamado de "ensaio de papel", e possibilita que o protagonista se torne mais seguro de si em termos de capacidade de lidar com as situações, embora aquilo que foi representado não seja necessariamente um ensaio para a vida. Talvez venha a ser uma fonte de grande alívio descarregar a raiva (na dramatização) com um patrão ou um dos pais. Tais expressões podem, todavia, ser menos desejáveis na vida fora da sessão; talvez haja necessidade de se desenvolver maneiras mais apropriadas de demonstrar os sentimentos.

O diretor pode, entretanto, decidir que algum outro episódio catártico ou dramático seja desenvolvido a fim de deixar o protagonista com um sentimento de que seu drama se encerrou (ao menos com relação àquele dia!).

Há várias técnicas à disposição do diretor em sua tarefa de ajudar o protagonista:

1. *Inversão de papéis*, em que o protagonista representa "o outro" e o ego auxiliar representa o protagonista, é o motor que dirige o psicodrma. A inversão tem vários empregos no processo psicodramático — habilita outros membros do grupo a ter um quadro mais completo da visão do protagonista em relação a pessoas importantes de sua vida, através da dramatização desses indivíduos; habilita o protagonista a vivenciar o mundo a partir do ponto de vista do outro e, nessa posição, receber o seu próprio impacto (agora representado pelo ego auxiliar), tal como vivenciado pelo mundo. Essa experiência pode ser muito intensa, salutar e terapêutica. A inversão de papéis também é usada para encorajar o protagonista a desenvolver o autocontrole, se um protagonista estiver vivenciando sentimentos intensos e talvez violentos com relação "ao outro". A inversão coloca imediatamente o protagonista num papel alternativo, uma técnica que encoraja o autocontrole e também proporciona a experiência de si mesmo visto mais objetivamente. A inversão de papéis é uma maneira de transcender as limitações habituais do egocentrismo (Blatner & Blatner, 1988).

2. *Duplo*, uma técnica em que o protagonista é dublado por outro membro do grupo, que se torna um participante ativo da representa-

ção, postando-se próximo ao protagonista e obtendo "pistas" corporais pela adoção dos mesmos movimentos físicos. O papel do duplo consiste em funcionar como ajuda na apresentação da posição e do sentimento do protagonista. Através de sua ligação empática, o duplo expressa pensamentos e sentimentos que o protagonista esteja reprimindo ou censurando em cena. Uma vez exprimidos, os pensamentos e sentimentos podem ser aceitos pelo protagonista (caso em que ele recoloca os sentimentos em suas próprias palavras) ou rejeitados como incorretos (caso em que o duplo retira certas afirmações e aprende mais sobre o protagonista). Entretanto, tais situações podem auxiliar o protagonista a recompor os comentários: "Não, não é isso, é...", permitindo que ele desenvolva o autoconhecimento. Na realidade, com o tempo, o protagonista descobre que as afirmativas do duplo eram mais relevantes do que ele supôs num primeiro momento.

3. *Realidade* suplementar, define aqueles momentos, numa representação, em que cenas e eventos "que nunca aconteceram, nunca acontecerão ou podem nunca vir a acontecer" (nas palavras de Zerka Moreno) são dramatizados (comunicação pessoal). A capacidade de vivenciar essas cenas (com os medos, emoções, fantasias e desejos correspondentes) é uma das forças mágicas do processo dramático. O simples ato de vivenciar experiências na realidade suplementar é talvez um dos potenciais terapêuticos específicos do psicodrama.

4. *Espelho*, um processo em que o protagonista é re-atuado por um outro membro do grupo, o que permite que ele permaneça de fora e observe o desenrolar da cena. Isso possibilita ao protagonista ter uma percepção mais objetiva de si mesmo nas interações com os outros.

5. *Fechamento*, o processo pelo qual se encerra a representação dramática dos conflitos e situações de vida do protagonista. Goldman & Morrison (1984) descreveram a estrutura de uma sessão de psicodrama como algo que começa freqüentemente com questões atuais e, a seguir, com experiências recentes do protagonista. À medida que a dramatização progride, cenas do passado são representadas, retroagindo à infância (ou mesmo à fase de bebê). Nos estágios posteriores da encenação, o processo pode ser completado movendo-se adiante no tempo e repetindo no presente as cenas que propiciaram a dramatização, mas agora numa versão informada e alterada pelas experiências emocionais e cognitivas do psicodrama. Por exemplo, um homem que inicie sua dramatização discutindo eternas rixas com o patrão poderá, na representação, explorar dificuldades no relacionamento com o pai. No fechamento da dramatização, ele repete as cenas com o patrão, conduzindo esperançosamente sua realidade de modo diferente, atra-

vés da compreensão e experiência aguçadas com relação às ligações entre suas dificuldades de relacionamento com o pai (no passado) e com o patrão (no presente).

Compartilhamento

O compartilhamento é o estágio final do processo psicodramático, em que todos os membros são estimulados a compartilhar seus pensamentos e sentimentos, assim como suas semelhanças e identificações com o protagonista. É muito importante que nesse processo os membros do grupo não "interpretem" as dificuldades comportamentais ou emocionais do protagonista, que (isso deve ser reconhecido) pode se encontrar num estado muito vulnerável. (Numa discussão com Marcia Karp, J. L. Moreno comparou o protagonista durante o compartilhamento a um paciente na sala de recuperação após uma cirurgia difícil.) O processo de compartilhamento possibilita também que aqueles que tenham sido egos auxiliares saiam do papel. É uma experiência muito forte representar, por exemplo, um pai agonizante ou morto, e é fundamental que o indivíduo tenha oportunidade de, enquanto ele mesmo, exprimir os sentimentos relacionados com o desempenho desse papel. Deve-se notar que tais sentimentos podem ser muitas vezes positivos, mesmo quando se tenha representado um papel potencialmente negativo ou destrutivo; pode ser libertador assumir um papel que, usualmente, não se costuma adotar.

O processo de compartilhamento permite ao protagonista (que pode ter se sentido muito isolado em seu dilema) sentir ligações de comunhão entre ele próprio e os outros. Possibilita também que aqueles membros do grupo que estejam muito mobilizados pelas representações do protagonista compartilhem com o grupo seus sentimentos e pensamentos intensos. Esse processo possibilita que o diretor (como líder do grupo) identifique os membros que ainda estão se sentindo especialmente vulneráveis, que lhes proporcione apoio e encorage explorações posteriores, talvez em sessões subseqüentes. O compartilhamento aberto dessas questões dentro do grupo estimula e facilita o apoio, os cuidados e a compreensão entre seus membros.

É através da representação psicodramática da vida de um indivíduo (passada, presente e futura) que ele é capaz (usando sua própria criatividade e espontaneidade) de se reconciliar com eventos passados ou desenvolver instrumentais para a vida futura. Zerka Moreno descreve o processo como "um modo de viver sem ser punido por cometer enganos" (comunicação pessoal).

J. L. Moreno definiu o psicodrama como a ciência que explora a verdade através de métodos dramáticos.

Um de seus objetivos é ensinar as pessoas a resolver seus conflitos num microcosmo do mundo (o grupo), livres das restrições convencionais, através da atuação de seus problemas, ambições, sonhos e medos. Ele enfatiza o envolvimento máximo com os outros, a investigação de conflitos em sua forma presente imediata, e, além disso, o procedimento diante das memórias e percepções precoces do sujeito.

(J. L. Moreno, 1963)

Referências bibliográficas

Blatner, Adam & Blatner, Alec (1988) *The Foundations of Psychodrama History, Theory and Practice*, Nova York: Springer Publishing.

Fox, J. (1987) (ed.) *The Essential Moreno, Writings on Psychodrama Group Method and Spontaneity by J. L. Moreno MD*, Nova York: Springer Publishing.

Goldman, E. E. & Morrison, D. S. (1984) *Psychodrama: Experience and Process*, Dubuque, Iowa: Kendal Hunt.

Moreno, J. L. (1963) "Reflections on my methods of group psychotherapy", Ciba Symposium II: 148-57.

Bibliografia complementar

Descrições mais detalhadas do processo psicodramático clássico poderão ser encontradas nos seguintes livros:

Blatner, A. (1973) *Acting In — Practical Applications of Psychodramatic Method*, Nova York: Springer Publishing.

Leveton, E. (1977) *Psychodrama for the Timid Clinician*, Nova York: Springer Publishing.

Storr, A. (1977) *Psychodrama. Rehearsal for Living*, Chicago: Nelson Hall.

Yablonski, L. (1976) *Psychodrama. Resolving Emotional Problems Through Role Playing*, Nova York: Basic Books.

CAPÍTULO TRÊS

Adolescentes vistos pelo avesso: psicodrama intrapsíquico

Peter Pitzele

Psicodrama intrapsíquico: cenário conceitual

Os papéis não emergem do *self**, mas o *self* pode emergir dos papéis.
(Moreno (1972) *Psychodrama Volume I*: 157)

Nessa frase sintética e gnômica de J. L. Moreno (1972), reconheço uma epígrafe útil para as reflexões que se seguem. Há outros textos em que se pode buscar inspiração e técnica, mas este é bem adequado para indicar uma fonte nos escritos de Moreno relativa às idéias sobre personalidade e os métodos para exploração psicodramática a ser descrita neste capítulo. A idéia de que os papéis precedem o "self" é representativa e conclusiva de algumas abordagens ao trabalho que tenho realizado com adolescentes.

Entendo essas palavras de Moreno num sentido desenvolvimentista, segundo o qual cada um de nós é, antes de mais nada, um ser que desempenha papéis, recebe papéis e é composto por papéis. Independentemente do que Moreno queira designar por "self", com certeza não se trata da noção oriental ou platônica de uma essência preexistente, uma semente de "self" da qual todos os papéis derivam. Melhor dizendo, o "self" emerge do desempenho de papéis, em vez de constituir sua origem. Exatamente como ou o que esse "self" vem a ser, sugerirei ao final deste capítulo, embora não tenha sido capaz de determinar uma definição a partir da leitura de Moreno. Nem, para os meus presentes propósitos, há uma definição particularmente relevante; mais precisamente, meu interesse, em termos operacionais, reside em sua concepção de

---

* Em português, a palavra *self* é traduzida, num contexto psicanalítico, como "ego" ou "eu". Na concepção psicodramática de Moreno, todavia, e como o próprio autor desenvolve neste texto, esse termo recebe diferentes sentidos, diversos dos de Freud, James e Bergson, razão pela qual manteremos a grafia em inglês, entre aspas. Para maiores explicações ver Schützenberger, A. A. (1970) *O teatro da vida — Psicodrama*, São Paulo, Duas Cidades.

35

uma identidade polivalente e em sua ênfase na psique como algo que é, de algum modo, "muitas", em lugar de "uma".

Moreno parece dizer que, antes que algum "self" emerja de nossos muitos papéis, somos seres constituídos por muitos papéis. O que Moreno chama de nossos papéis são expressões de identidade inseparáveis de contextos, reciprocidades, matrizes interpessoais. A velha noção de um ego, um "eu", um "self" é questionada em sua afirmação. Ele parece dizer que bem que poderíamos nos considerar como um coletivo de papéis, como se fôssemos uma espécie de companhia teatral, que contém dentro de si muitos possíveis atores. Em outras palavras, poderia ser útil falar sobre o indivíduo não como um "eu", mas como um "nós".

Embora Moreno use a palavra "papel" para descrever as unidades definíveis de uma possível ação que nos componha, estou usando os termos "parte", "personagem" e "papel" como sinônimos. Alguns deles são representações plenamente definidas no mundo; outros são nebulosas, imaginadas, ou que se repetem apenas em nossos sonhos. Ademais, além da concepção da psique como um coletivo, realmente não sei que espécie de imagem espacial conceder a ela. Às vezes, ela parece ser constituída por níveis, ou camadas; outras vezes penso nela como uma série de planos retroativos; outras ainda, como fragmentos; às vezes, sob a forma holográfica. Talvez a psique possa ser mais bem-concebida mitologicamente, como um reino onde se possa encontrar qualquer coisa, e todas as coisas.

Em qualquer dos casos, essa idéia sobre nós — segundo a qual somos cada um uma pluralidade de papéis ou de partes — é uma visão altamente dinâmica. Não apenas somos num dado instante, quando vistos por meio de um corte transversal, um complexo e simultaneidade de papéis; mas, através do tempo, as partes ou papéis que desempenhamos evoluem, amadurecem, vacilam, adormecem, se desvanecem. Somos, num certo sentido, não apenas uma pluralidade, mas uma comunidade, uma "Nossa Cidade", um reino mitológico onde se podem encontrar personagens ou seres em vários estágios de desenvolvimento, alguns mutuamente comunicativos; outros, isolados; alguns, nascentes; outros, moribundos. Há facções, cismas, partidarismos, paixões e, ocasionalmente, acordo. Em síntese, para usar uma de suas imagens favoritas, cada um de nós pode ser pensado como um grupo.

Esse modo de pensar dá origem a um tipo particular de procedimento psicodramático, que tem sido chamado de intrapsíquico. Ele talvez possa ser mais bem definido pela referência a outros tipos de procedimento psicodramático, que não se apóiam numa teoria da personalidade diferente, mas que enfocam diferentemente através dessa teoria.

Há uma espécie de psicodrama em que o protagonista desempenha um papel, parte ou personagem principal durante a dramatização. Ele pode se engajar em numerosas inversões de papel, mas volta ao mesmo papel. Por exemplo, se a história do drama diz respeito à relação entre um protagonista masculino e os pais, o papel central, a parte do herói, é o papel do filho. Essa história poderá progredir no tempo, do presente para o passado, para o futuro; poderá se deslocar através de várias cenas, mas o fio comum será o filial. Tal psicodrama em geral toma emprestadas as convenções teatrais pertencentes ao drama narrativo e realista; ele conta uma história; deriva seus materiais da memória pessoal; organiza cenas; serve-se de personagens reais (mãe, pai, irmãos etc.); e freqüentemente resulta na expressão catártica dos sentimentos. Tal encenação talvez seja contestada pelas percepções de parceiros significativos, visto que pode haver diferentes versões da mesma cena experienciada por diferentes personagens dentro dela, mas, a menos que nosso protagonista esteja alucinado, seu drama pode ser considerado como referente a um contexto social verificável. Tal psicodrama pertence ao mundo da realidade interpessoal.

Um segundo tipo de psicodrama é surrealista, ilusório (quando não alucinatório), fantástico (enquanto pertencente à fantasia). Não é meramente o drama de sonhos, embora esse possa ser o seu modelo, mas, sim, um psicodrama em que as leis da fantasia substituem as da realidade cotidiana. Nesse tipo de cena, o protagonista pode iniciar a sessão como o filho-à-procura-do-pai e tornar-se, por certo tempo, um cão, uma árvore, uma bruxa, e todos esses papéis — no lugar de serem outros — são projeções da imaginação do protagonista. Aqui, assim como no trabalho psicodramático de sonhos, o protagonista inverte papéis com cada parte da fantasia e permite que a fantasia mude sua forma, sob a assunção de que ele é cada parte da fantasia. O "self" pessoal no sonho ou na fantasia é imaginário, e a verdade a ser encontrada nesse drama advém da exploração de todas as facetas do imaginário exibidas. O fim do psicodrama surrealista (seja um sonho noturno ou diurno) consiste em apoderar-se de todo o sonho. Esse tipo de psicodrama pertence ao mundo do que Moreno chamou de "realidade suplementar". Ela pode ser concebida como o psicodrama a serviço da metáfora.

Um terceiro tipo de psicodrama é aquele que tem sido chamado de intrapsíquico. Neste, raramente há uma história a ser contada, nem mesmo uma história tão fragmentada e estranha como a de um sonho. O psicodrama intrapsíquico pode ser pensado como uma espécie de sociometria de ação explorando o indivíduo-enquanto-grupo. Ele busca discriminar papéis e vozes interiores, partes interiores e personagens com suas tendências; impulsiona e contra-ataca à medida que elas existem num dado momento no tempo, dentro do indivíduo-enquanto-grupo. O trabalho intrapsíquico objetiva descobrir, da mesma forma que um geólogo poderia fazê-lo, as camadas da personalidade, procedendo da superfície e descendo e se aprofundando através das camadas. Considera como dado o conceito de complexidade pessoal, pluralidade, espírito grupal (os papéis que precedem o "self") e assume para si determinar as organizações e objetivos dentro do grupo.

Os três tipos de psicodrama têm suas ocasiões apropriadas. Constatei, todavia, que os encontros psicodramáticos do terceiro tipo — psicodramas intrapsíquicos — têm sido os mais eficientes no trabalho com adolescentes, e as técnicas e premissas desse trabalho formam o corpo deste capítulo.

Apresentações de adolescentes e aquecimentos intrapsíquicos

Eu já disse que nunca encontrei de forma satisfatória para mim o que Moreno designou com a palavra "self", ou em que etapa de desenvolvimento pessoal ele imagina que o "self" apareça. Eu suporia que, quando contemplava o adolescente, ele via a personalidade num estágio de pré-"self", via o ator em pleno desabrochar, e poderia ter tido a ocasião de usar um instrumento intrapsíquico para explorar as partes desse sujeito.

Minha experiência com adolescentes é derivada, em grande parte, de um referencial clínico. Nos últimos sete anos, quando trabalhei em comunidades e escolas com muitos tipos de jovens, desde os privilegiados até os deficientes, pratiquei psicodrama especialmente dentro de um referencial psiquiátrico com internos — Four Winds Hospital, em Katonah, Nova York. Embora o hospital possua muitos tipos de pacientes, há uma série de unidades com quinze leitos e chalés destinados aos cuidados, a médio e longo prazo, de adolescentes.

Os jovens de Four Winds chegam para tratamento por uma série de razões. Muitos vêm com problemas de abuso de drogas, sérios o suficiente para havê-los tirado da escola, levado à atenção dos tribunais e reenviado a nosso hospital para terapia corretiva intensiva. Muitos vêm identificados como provenientes de lares disfuncionais. Alguns trazem as cicatrizes de adoções fracassadas. Um número cada vez maior de lesões por abuso sexual. Todos sofrem de amor-próprio danificado. Suas relações com os colegas e adultos são cheias de desconfiança, negações, cautela e medo.

Cada um desses jovens tem um modo de se apresentar. Acabei por pensar neles como portadores de máscaras. Essas máscaras assumem várias formas. Algumas parecem estar cheias do mundo e entediadas, como Bert, que boceja ao falar do suicídio de sua mãe. Outras são encolerizadas, constantemente soltando fumaça, como Willie, que, no dia em que teve alta do hospital, após seis meses, acabou por se meter numa briga com os colegas em vez de sentir outras partes de si mesmo — a tristeza de estar indo embora, o medo de dar o próximo passo. Há meninas como Silvia, que, deixando os cabelos caírem sobre os olhos, parece uma caça escondida num matagal; ou Emily, que dá de ombros como resposta a cada pergunta; ou Paula, *punk* e arroxeada, que distrai nossa atenção de seus braços cheios de cicatrizes por sua exótica maquiagem. Há Denize — rude, intelectual, confrontadora —, que intimida seus colegas; ou Loni, que tem a sabedoria das ruas, cara esperto, artista extraordinário da fraude.

Eles são personagens no sentido literário ou teatral, e se nos deixarmos enredar excessivamente neles, talvez nunca consigamos ultrapassar a superfície, a máscara, rumo ao grupo interno. Apresento-os aqui sabendo que evocarão a contraparte na mente de qualquer leitor.

Acho importante colocar uma espécie de moldura ao redor de um adolescente, e considerar o "self" apresentado como uma criação. Além disso, a partir de minha experiência no hospital, percebi que, quanto mais perturbado o adolescente, mais poderoso o personagem que me fita e tenta me desafiar no grupo de psicodrama. Chamemos a máscara de resistência. Chamemos a resistência de máscara.

Constatei ser útil considerar essas faces como máscaras, pois posso ser ágil em ir ao encontro delas e penetrar através do que elas escondem. E, é claro, o fato de reconhecer essas faces como fachadas, como máscaras, e o adolescente como um criador de máscaras, coloca-me em meu próprio mundo de psicodrama, um mundo de peças, papéis, partes e, em vez de me bloquear, dá-me idéias sobre como desmascarar.

Reconheço também, a partir de uma perspectiva clínica, que essas máscaras são criadas para ajudar o jovem a lutar, e por essa razão podem ser consideradas como "máscaras de luta". Elas têm origens; foram criadas para servir a um propósito; têm uma história a contar, toda entrelaçada com sentimentos poderosos demais para serem suportados, sentimentos que requerem o serviço de uma máscara para esconder, para congelar, para cindir-se. Assim, a máscara funciona como um guardião, e também como uma porta de acesso para o reino complexo, cheio de diferentes estados de espírito e de histórias no interior desses adolescentes perturbados. Se eu puder chegar à máscara com minha espontaneidade, então, como um pesquisador que tenta ganhar acesso a um mundo secreto, poderei penetrar em seu interior.

Ao trabalhar com adolescentes, meu primeiro movimento consiste em chegar à máscara considerando-se aquilo que ela de fato é — um papel. E, do ponto de vista da técnica, faço isso com duas cadeiras, uma colocada atrás da outra. A primeira cadeira é para a máscara; a segunda, para seja lá o que estiver se passando por trás dela. As duas cadeiras me possibilitam anunciar ao cliente e ao grupo que eu sei que estou olhando para uma máscara e que o mundo por trás dela, sob ela, dentro dela, o mundo intrapsíquico, é o que almejo explorar psicodramaticamente.

Interlúdio um

> Vamos falar de Bert. No início de cada grupo, ele olha seu relógio, dá um enorme bocejo e faz com que eu note que ele está "cheio". Um dia, cheguei ao meu limite. Bert havia conseguido contaminar o grupo, e todo mundo dizia: "Estou cheio". Coloco uma cadeira no centro do grupo, e peço a Bert que se sente nela. Dou a ele uma instrução: diga apenas "Estou cheio", e peço que olhe para o relógio, e, se conseguir bocejar, que boceje ruidosamente.

Quando ele sobe ao palco para desempenhar seu próprio papel de entediado, coloco atrás dele a segunda cadeira. À medida que ele representa o papel de entediado, convido outro membro do grupo a subir ao palco e imaginar o que pode estar se passando "por detrás" da máscara de tédio. O grupo sempre responde com vivacidade e perspicácia:

— Não estou entediado, estou assustado.

— Não sei como trabalhar neste grupo; sinto-me ressentido pelo fato de os outros estarem recebendo atenção.

— Acho que as pessoas vão rir de mim se eu não fingir que não estou ligando.

— Bocejar e olhar para o relógio me ajuda a evitar sentir qualquer coisa neste grupo.

Esses tipos de colocação são típicos do trabalho "interno" de *tempestade cerebral** do qual um grupo de adolescentes é capaz, e sua participação aqui pode ser encarada como uma espécie de "duplo" oriundo do grupo. Bert senta-se e ouve esses defensores, que tentam "pescar" o que ele possa estar escondendo dentro de si, ou mesmo de si, por trás da máscara. Acreditem, ele já não se encontra entediado à medida que as coisas se desenrolam. Posso facilmente caminhar direto para a ação a partir desse ponto com Bert, à medida que ele se utiliza de qualquer desses auxiliares num encontro, enfrentando o que ele havia anteriormente escondido.

Ou posso pedir a ele que escolha alguém para desempenhar seu papel de entediado. Deixo que ele observe o interjogo entre a primeira cadeira, a máscara e a segunda cadeira. Fazê-lo significa dramatizar a própria resistência, o mascarar-se. Para alterar a metáfora, podemos manter a cena no portão de entrada do mundo interior. Dependendo do grupo e de pistas por demais específicas ao contexto para serem identificadas aqui, optarei por ter Bert trabalhando como protagonista, ou na posição de espelho de onde ele pode observar, ou, é claro, quaisquer dos auxiliares podem se tornar pontos focais, onde poderei usar suas projeções como pontos de partida. Breves entrevistas com vários dos participantes ampliam o aquecimento e me ajudam a ler o grupo. Em qualquer dos casos, um aquecimento desse tipo serve para que nós nos "liguemos". Bert teve a máscara puxada de lado e vislumbra o mundo confuso de sentimentos que jaz por trás dela.

Ou eu me lembro de Emily, de longos cabelos e olhar tímido, com seu sussurrante "Não sei" cada vez que uma pergunta lhe é feita. Tão frágil ela parece, tão pronta a escapar, tão desesperada por invisibilidade; a mesma estratégia poderá funcionar com ela. "Escolha alguém para representar a 'Emily-Eu-Não-Sei' ", peço a ela.

"Eu não sei quem escolher", diz ela. Mas já está sorrindo, de si mesma, e digo: "Perfeito", reformulando sua resistência como aquiescência a meu pedido, deixando que suas palavras sejam o texto do papel dela. Assim que uma máscara é nomeada, já ela começa a escorregar.

---

* Em inglês, *brainstorming*.

Seu sorriso me diz isso. Permito que ela permaneça onde está e peça a alguém do grupo que represente Emily-Eu-Não-Sei. Coloco a segunda cadeira. Convido o grupo a imaginar possíveis estados de sentimento na segunda cadeira.
— Estou confusa demais para saber o que dizer.
— Quero que me deixem em paz.
— Quero que alguém preste atenção em mim; é assim que faço isso.
— Estou assustada por saber o que eu sei.
— Estou tão furiosa; é assim que faço isso ficar quieto.

Dependendo da espontaneidade do grupo, cada uma dessas frases pode ser desenvolvida. Emily observa, fascinada. Como poderia não fazê-lo? O que há de mais interessante do que ver quão acurada ou inacuradamente os outros nos percebem? E, é claro, essas afirmações de "duplo" podem despertar sentimentos nela, chamar de volta partes dela que ela nem mesmo sabia possuir. Enquanto, ao mesmo tempo, ela está a salvo. Ela pode negar tudo isso. Ela pode deixar o grupo. Mas não o faz. E, é claro, todo esse trabalho com a segunda cadeira possibilita que a comunidade expresse de forma ativa sua preocupação em impulsioná-la para a frente, em conseguir conhecê-la por trás de sua máscara de luta.

Peço a Emily que ponha uma mão no ombro desses auxiliares da segunda cadeira, e, ao fazê-lo, identifique aquele ou aqueles que soam de forma semelhante a ela. Ela então tem a oportunidade de explorar uma parte em profundidade. Ela poderá também recusar o convite. Não faz mal. Eu sei, ela sabe, e o grupo sabe que estamos no domínio atrás da máscara; não importa se estejamos ou não certos; estamos estabelecendo a existência desse território. Estamos desbravando um território. E, é claro, tenho seis protagonistas disponíveis, cada um dos quais se aqueceu através de Emily e cujo trabalho com a segunda cadeira, cujas colocações de "duplo" podem nos conduzir para dentro de cada um deles.

Freqüentemente, o trabalho com a segunda cadeira que vem dos membros da comunidade emana de suas máscaras. Possivelmente será o irritado Willie que imagina raiva em Emily; ou Paula, sequiosa de atenção, que projete busca de atenção na retraída Emily. Uma pose em que um paciente talvez esteja encalhado pode ser, para um outro, uma libertação. A raiva que surge tão facilmente em Willie pode ser uma conquista para a etérea Emily, se ela for capaz de reconhecer a raiva de Willie dentro dela; inversamente, a profunda sensação de confusão de Emily pode ser um "personagem" importante, embora difícil de sentir, para o impetuoso Willie. Significaria brecá-lo e franqueá-lo às confusões que ele carrega dentro de si. À medida que os membros da comunidade constatam algumas das partes não demonstradas de si próprios manifestadas por outros na comunidade, eles podem descobrir legitimidade e mesmo modelos de papéis para seus próprios experimentos no despertar desses papéis. Essa interfertilização realça a coesão do grupo, e os membros não aceitos podem vir a ser considerados valiosos.

Uma comunidade pode usar uma máscara. Todos podem estar imersos num sombrio silêncio, tão denso quanto um nevoeiro. Não posso enxergar através dele. Posso colocar uma cadeira para o silêncio e pedir que um membro do grupo se sente nela silenciosamente. Por vezes, nenhum o fará. Eu posso. Ou um membro da equipe terapêutica, se eu dispuser de um, poderá desempenhar o papel de "o silêncio do grupo". "O que esse silêncio está dizendo?", conjecturo em voz alta, enquanto coloco outra cadeira atrás da segunda. Mesmo assim, talvez ninguém ocupe a segunda cadeira; então, eu o faço, arriscando possibilidades e, após cada uma, perguntando se alguém está disposto a representar aquele papel:

"Deixe a gente em paz; tivemos um grupo pesado hoje de manhã, e precisamos de uma folga."

"Ninguém confia em ninguém aqui. Sou o silêncio da desconfiança."

"Sou a raiva por detrás do silêncio."

"Sou a falta de esperança dentro do silêncio."

E assim por diante.

Tive um ou dois grupos em que nem isso aqueceu o silêncio para falar. Então, sentei-me diante do silêncio e perguntei-lhe do que ele precisava, e, novamente, como o grupo não apresentasse voluntários, imaginei minhas próprias respostas:

"Preciso sentir-me seguro."

"Preciso de um descanso, uma estória, uma fantasia guiada para um lugar acolhedor."

"Preciso gritar."

"Quero minha mãe."

E, mesmo que essas estratégias não tenham desalojado a máscara de silêncio que guarda e protege o grupo de mim e de si mesmo, uno-me a eles e sento-me em seu silêncio com minha segunda cadeira. Permito-me, se uma mínima noção me ocorrer, ocupar a segunda cadeira e dizer:

"Há tanta apatia em mim; sinto-me amortecido... Sou um silêncio cheio de lágrimas, como um rio subterrâneo ou um poço escuro... Sou um silêncio cheio de sonhos... Sou um silêncio que deseja se animar."

Há outras máscaras que a comunidade pode co-criar: máscaras de energia selvagem ingovernável, máscaras de inimizade e apunhalamento pelas costas, máscaras de falsa solidariedade, de cantar e de fazer gozações. Mas sei que estou me deparando com uma máscara se sinto essa separação, essa "abertura fechada" que uma máscara me faz sentir. Então, sei que posso usar o método que venho descrevendo, numa de suas muitas variações, e que então terei a possibilidade de vir a penetrar *através* ou *dentro*. Uma vez dentro, encontro-me em contato com o que é autêntico, sentido. Aí, posso tomar a iniciativa a partir do aquecimento do indivíduo e do grupo em qualquer uma dentre inúmeras direções.

Mencionei anteriormente que a máscara é um ato criativo de sobrevivência, concebida para lutar. Ela tem sua própria história a narrar, e há certos contextos que trazem a máscara firmemente — melhor dizendo, seguramente — de volta ao lugar. Às vezes, pode-se examinar esse aspecto da máscara: sua proveniência e as situações em que foi requerida no passado, e em que o será no futuro. Você coloca a máscara para enfrentar quem? O que o desafia a colocá-la? Há muitos modos pelos quais um psicodramatista presta atenção na máscara e em seu autor. Uma vez visível enquanto artefato da psique, a máscara nos levará de volta a histórias de família, ao trauma e ao medo. À medida que retornamos a eles — e o retorno está presente —, levamos conosco a segunda cadeira. Voltamos ao passado. Voltamos também aos papéis que o passado formou. Levamos conosco a segunda cadeira, e uma terceira, uma quarta, e mais. Levaremos a máscara, a primeira cadeira conosco, de modo que possamos recorrer à sua proteção, se necessário. Preenchemos as novas cadeiras com partes do interior; nelas, o que outrora foi reprimido pode agora ser manifestado. Nossas cadeiras permitem que sejamos concretos com relação ao que poderia ser exibido e o que teve que ser escondido, sobre o que está protegido e protegendo — para quem, de quem, e por quê.

Para o adolescente, essa cadeira-atrás-da-primeira parece arriscada, sem dúvida não familiar. A máscara cobre o ferimento. Se eles puderem aprender a mostrar o ferimento, este cicatrizará, e os papéis atrofiados pelo ferimento poderão florescer novamente. Se isso não ocorrer, a máscara se torna uma prisão; nossa resistência, uma cortina de ferro. A máscara é um papel em que estamos congelados, e sua própria fixidez indica quão brutas, inexploradas e não desenvolvidas são suas partes internas. O mais necessário, então, seria esse tipo de dramatização que nos introduz a esses papéis-anteriores-ao-"self", de modo que um "self" possa se formar.

Hamlet: convenções e formas intrapsíquicas

A técnica da segunda cadeira serve, como acontece freqüentemente em meus grupos, como aquecimento. É um modo de administrar as apresentações do grupo ou de indivíduos dentro dele e estruturar as apresentações de modo a possibilitar que ocorra o trabalho psicodramático. Além disso, e mais importante, a segunda cadeira estabelece o mundo interno. Para reconhecer que espécie de mundo é esse, que formas e procedimentos são apropriados à sua exploração, dificilmente encontraríamos melhor modelo que o *Hamlet*, de Shakespeare.

Hamlet representa uma versão teatral tão completa quanto qualquer outra que eu possa conhecer do complexo "mundo interno". Ela pode ser considerada a única tentativa de Shakespeare de escrever uma tragédia intrapsíquica. E uma série de convenções na peça, e mesmo sua forma, fornece um arquétipo dramático para o psicodrama intrapsíquico. Que *Hamlet* seja a melhor peça de Shakespeare sobre adolescência e interpretação só vem reforçar minha sensação de que essa dramatização do mundo interno é especialmente adequada para jovens.

O freudiano Ernst Jones, ao comparar Hamlet aos outros príncipes e figuras heróicas shakespearianas (1976), acusou-o de ser um herói incapaz de agir. Isso é quase paradoxal, dado o fato de que a peça é tão cheia de ação e movimentação dramática, mas Jones quis apontar que as cenas dificilmente chegam, como o fazem as cenas de outras tragédias shakespearianas, a qualquer tipo de conclusão inevitável e fatal. Irresoluto, parcial, complexo até o fim, Hamlet age decisivamente apenas através de um estratagema ao qual ele deve responder. Assuntos além de seu controle ou vontade precipitam o brusco desenlace das cenas finais. Como peça, *Hamlet* é caracterizada por um movimento de conluio que constantemente volta atrás, desenrola o que acabou de ser enrolado, repensa o que acabou de concluir, e é, como o herói, "empalidecida com a pálida tonalidade do pensamento". Esse tipo de "pensamento" — essa imagem da peça como um tipo de meditação sobre a complexidade — poderia se manter como uma imagem para o psicodrama intrapsíquico de adolescentes.

Hamlet é uma obra-prima intrapsíquica. Cena após cena, o protagonista experimenta uma série deslumbrante de papéis imaginados. Imagens para si mesmo abundam na peça, à medida que Hamlet luta com as demandas de diferentes facetas de si mesmo. Velhaco, escravo pagão, soldado, cortesão, amigo, filho, príncipe, herdeiro, órfão, pranteador, amante, poeta, estadista, estudante, *voyeur*, duelista, louco, comediante, ator, dramaturgo, idiota, assassino, pária e — o mais difícil de todos de aceitar — vingador. Que personagem na literatura dramática exibe uma tal pluralidade de papéis? Que peça explora tanto a variação de papéis de um protagonista mais que seu destino em cada uma delas? Não admira que um grupo de atores itinerantes entre em Elsinore, uma vez que são uma imagem objetiva para a companhia de teatro — o universo do ator — que Hamlet encontra dentro de si.

Os papéis externos, que Hamlet representa *fora*, e os papéis internos, que ele imaginariamente representa *dentro*, constituem o cerne da dramatização. A peça versa sobre essas auto-atribuições de papel, as atribuições de papel que Hamlet faz à medida que ele procura um "self", um lugar autêntico e unificado a partir do qual representar. Eu argumentaria que ele nunca encontra esse "self", descartado cedo demais, ou incorporado excessivamente à visão de homem de Shakespeare, como ser teatral, como ator.

Shakespeare achava que para seu protagonista, Hamlet, o recurso teatral necessário, adequado à sua essência e complexidade, era o solilóquio. E igualmente o diretor do psicodrama intrapsíquico descobre que o solilóquio torna-se uma técnica dominante.

O solilóquio é a forma mais direta de auto-apresentação verbal. Assim como Hamlet se fantasia em solilóquio, do mesmo modo cada membro do mundo interno do protagonista num psicodrama ocupa por sua vez o palco central, com cada um deles necessitando sua fala. Fornecidos pelo protagonista através da inversão de papéis, ou criados a partir da espontaneidade dos egos auxiliares e corrigidos pelo protagonista, os solilóquios representam um aspecto significativo da criatividade do psicodrama intrapsíquico.

Uma segunda forma é o gesto ou ação correspondente. Hamlet, teatral até a ponta dos dedos, é, em cada produção a que tenho assistido, um exibidor de poses. Para ele, é exatamente o posar que parece zombar da ação autêntica. Hamlet é agudamente consciente de que suas ações não passam de encenação. Por outro lado, nossos adolescentes, ao contrário de Hamlet, necessitam desenvolver novas formas de atuar. Para eles, a representação libera. Podemos capitalizar em cima do adolescente fazedor de poses, ajudando-o a expandir seu repertório de papéis. O diretor de psicodrama de adolescentes faz bem em não zombar das poses, mas desenvolvê-las enquanto aspectos da atuação de um papel.

Diferentemente do psicodrama interpessoal, mais realístico, a qualidade de representação no psicodrama intrapsíquico tende à estilização, devido a muitos dos personagens internos não terem sido ainda definidos pelo estilo pessoal do protagonista: eles são, na verdade, papéis potenciais, retirados da conserva — imaginária ou derivada da literatura, observação, cultura popular —, e podem assumir uma aparência quase alegórica. Os papéis — de raiva, vingança, perdão, ternura; os personagens de poeta, idiota ou pária — podem ser estilizados na produção psicodramática, às vezes com um toque de indumentária ou uma postura representativa.

A espontaneidade dos egos-auxiliares é mais limitada nesse tipo de trabalho que no psicodrama interpessoal, pois o objetivo é, acima de tudo, estabelecer o mundo interior do protagonista. Entretanto, onde a espontaneidade do grupo e o trabalho dos egos-auxiliares entram em ação é na ajuda ao protagonista para que descubra partes que ele possa não estar contatando, e permitindo que o protagonista tenha a possibilidade de experimentar (ou deveríamos dizer experimentar *dentro*?) essas partes. O grupo ajuda a detectar onde uma parte realmente começa á se ajustar numa outra e onde precisamos de um papel à parte; o grupo também ajuda a fundir as partes numa única.

Um tipo específico de aprendizagem e destreza é exercitado nesse procedimento. Defrontado com sua alta hospitalar, o protagonista, digamos assim, está contatando com sua raiva e medo, e essas duas partes internas são trazidas para o palco. É preciso que alguém do grupo sugira ao protagonista que ele talvez também esteja triste. (E freqüentemente será alguém próximo ao protagonista, e que se sente entristecido com sua partida, que chamará nossa atenção para essa parte.) Então, alguém mais do grupo sugerirá que o protagonista possa estar sentindo pesar, pelas coisas não terminadas, por comunicações deixadas incompletas. Novamente, a pessoa que oferece essa parte pode estar, ela própria, sentindo incompletude com relação ao protagonista; ou pode ser uma projeção que o protagonista rejeite; ou que não esteja desejoso de levar adiante. Em ambos os casos, um tipo muito complexo de imaginação e empatia está em curso, uma inversão de papéis em que um membro do grupo se pergunta a si mesmo: "O que eu sentiria se estivesse indo embora?", e compara sua resposta com a que o protagonista está descobrindo. Então, o membro do grupo é encorajado a soliloquiar a parte que ele põe a descoberto e levantar-se, se aceito, e juntar-se aos personagens que estão se organizando no palco.

Há um outro papel para o grupo, conhecido como treinamento de papel. Nesse caso, o protagonista talvez tenha necessidade de um contrapapel, talvez de assertividade ou de ternura, e pode ser convidado a escolher alguém do grupo para representá-lo. Freqüentemente uma dramatização utiliza todo o tempo disponível desenvolvendo um novo papel para o repertório. Esse empenho interromperá e terá precedência em relação ao inventário do mundo interno.

Numa tal dramatização, os participantes usam uns aos outros com uma notável intuição. A pessoa selecionada para representar a "assertividade", ou a "ternura", encarna para o protagonista as qualidades que ele necessita para expandir seu elenco interno de personagens. A escolha do protagonista com relação à pessoa do grupo que representará essa parte para ele é uma afirmação sobre o que ele vê no elenco de personagens disponíveis dessa pessoa.

Os participantes participam entre si no sentido literal da palavra, participando pelo assumir das partes*, achando partes em si mesmos para achar refletidas nas partes dos outros. Dessa forma, uma espécie de universalidade é dramatizada no grupo; uma sensação de comunidade compartilhada, dentre e entre, é celebrada.

Através de tudo isso, o primeiro objetivo do psicodramatista é representar os personagens, por voz e gesto, de forma que a comunidade interna se torne dramaticamente viva. Formalmente, então, a tendência do psicodrama intrapsíquico, assim como em *Hamlet*, é na direção da elaboração, mais que da simplificação, e pode tratar-se de uma elaboração que, como o dr. Jones sugere (1976), coagula a ação. Mas o propósito e o processo do psicodrama intrapsíquico é a proliferação dos personagens; após a segunda cadeira, descobre-se um fosso de orquestra cheio de vozes. À medida que os personagens proliferam, o diretor sente que está criando um caos; é por isso que, após a estimulação e a apresentação dos personagens enquanto respostas a algum estímulo externo — em *Hamlet*, a morte do pai — num paciente, a alta do hospital, a visita de um dos pais, a notícia da morte de um amigo — a segunda tarefa é sociométrica: a atribuição de forma e estrutura a esse elenco.

---

* Em inglês, temos *taking parts by taking parts*, onde *taking parts* quer dizer igualmente *participar* e *assumir partes*.

Interlúdio dois

Mas voltemos a Bert e Emily e avancemos para além do aquecimento, em direção a um possível truque de direção.

Quando esse grupo se iniciou, trabalhei para reformular a resistência, a cautela, oferecendo uma cadeira para a máscara e uma segunda para quaisquer eventuais sentimentos que a máscara pudesse dissimular. O grupo aceita, como geralmente o faz, as possibilidades de "duplo", e oferece algumas afirmações que podem ser usadas de uma dentre duas maneiras: como sondagens que nos levam para *dentro* de Bert ou de Emily ou como afirmações projetivas oferecidas ostensivamente pelos membros do grupo sobre Bert ou Emily, mas que são, na verdade, auto-revelações. Qualquer que seja a atividade, esse é o aquecimento do grupo em resposta ao movimento inicial do diretor, a colocação das cadeiras.

Imaginemos que Bert aceite o "duplo": isso o deixa intrigado. Vejo pelas mudanças da postura que ele está se aquecendo. Peço-lhe que escolha alguém para representar "o Bocejador" (ele escolhe Loni) e convido-o a ocupar a segunda cadeira: "Quais das afirmativas de 'duplo' servem para você aqui?", pergunto a ele.

Subitamente, ele congela de novo: "Não sei", responde.

"Escolha alguém que possa assumir essas palavras", continuo. Ele escolhe Emily. Eu o faço ver essa história. Bocejo... seguido pelo "Não sei". Coloco uma terceira cadeira; Bert a assume. Ele ouve o bocejo e o "Não sei" e arrisca: "Acho que estou com medo". Ele está com medo. É evidente. Ele está esfregando as palmas das mãos nos "jeans" e seu rosto está levemente enrubescido. O medo é freqüentemente o primeiro sentimento intenso com o qual me deparo quando a máscara realmente começa a ser puxada de lado.

Bert está com medo, e eu defino a cadeira em que está se sentando como o lugar do "Medo". Peço a Bert que escolha alguém para desempenhar o papel do "Medo". Ele escolhe Denise. Assim que Bert sai fora desse papel, ele conta uma piada. Ele não está em contato com o medo nesse momento. No palco, temos Loni "o Bocejador", Emily como "Não sei", e Denise como o "Medo". Bert assiste. É importante para mim começar com esse quadro; será algo de que Bert se lembrará. Repetimos o mesmo duas vezes, com cada pessoa da tríade representando seus papéis.

Voltamos ao medo. Convido Bert a conduzir uma entrevista. "Então, do que qui ocê tá cum medo?", pergunta ele.

Ao ser convidado a inverter os papéis, Bert titubeia quando lhe fazem a pergunta nesse tom. "Eu me sinto como se ele (o entrevistador) estivesse dizendo: "Do que qui ocê tá cum medo, seu idiota?".

Instruo o entrevistador para acrescentar esse epíteto. Bert diz em resposta: "Não sei". Rimos quando ele volta a Emily na segunda cadeira.

"Escolha alguém para representar o entrevistador", digo. Ele escolhe Willie. A partir de uma série de questões, esse personagem, também, é denominado Impaciência. Podemos fazê-lo em espelho, de modo que ele possa começar a perceber o padrão: a Impaciência o leva de volta às suas defesas, de volta a uma pretensa indiferença ou tédio.

Trago Bert de volta à Impaciência. Sugiro que a Impaciência aborde o Medo novamente, e veja se consegue descobrir um modo de falar que dê ao Medo um sentimento de maior segurança. A Impaciência diz que não sabe como fazê-lo, e dou-lhe permissão para ficar impaciente comigo. Ri um pouco. Ponho Bert de volta no papel do Medo. Pergunto-lhe do que ele precisa.

"De alguém que não vá caçoar de mim", responde ele.

Coloco uma cadeira vazia ao lado do Medo. É uma cadeira para "alguém que não vá caçoar de você".

"De que você precisa?", pergunto.

"De alguém que se importe", diz ele.

Então, deixamos que essa cadeira seja chamada "importar-se". Trago Denise de volta para representar o Medo.

"Bert, existe uma parte sua que se importa?"

"Claro que sim."

Noto impaciência em seu tom de voz, como se ele me houvesse dito: "Claro que sim, idiota".

Dou a deixa à Impaciência, de modo que Bert possa ouvir sua resposta: "Claro que sim, idiota".

Bert ri: "Sim", diz ele, seu tom de voz se abrandando, "eu me importo com as pessoas. Eu simplesmente não o demonstro."

Convido Bert a assumir a cadeira do Importar-se, para falar com o Medo: "Ei, cara, o que deixou você tão assustado nessa situação? Pode dizer pra mim".

Peço a Bert que escolha alguém para representar o papel. Paula, escolhe ele. Ocorre uma inversão de papéis, e, na seqüência da sessão, o Medo e o Importar-se conversam, e a qualidade de afeto do grupo e de Bert muda visivelmente. A imagem do Importar-se é poderosa, a forma pela qual ele fala, sua proximidade, nos proporciona uma imagem tocante de algo de que cada um deles necessita e valoriza. Uma parte, tímida e escondida em Bert, persuade-o a prosseguir, enquanto Paula, como que numa gangorra com Bert, experiencia as partes de si mesma oscilando entre o Medo e o Importar-se com as inversões de papel.

Isso não constitui absolutamente o fim da sessão, mas já temos o suficiente para algum processamento. Os diretores experientes notarão em quantos diferentes momentos optei por estar *dentro* em vez de fora. A escola de psicologia das relações objetais fala persuasivamente em introjeções e nos ajuda a perceber como os aspectos do nosso mundo interior, seus personagens e crenças, são internalizados a partir de modelos encontrados na infância.

Tal referência conceptual dá ao psicodrama permissão de perguntar ao protagonista em qualquer momento (como poderíamos ter perguntado a Bert em face da Impaciência): "Onde você ouviu essa voz anteriormente?", ou: "Há alguém em sua família de quem isso o faça lembrar-se?".

Na maior parte das vezes, o protagonista tem consciência de quem ele está imitando. Todavia, tenho constatado que o trabalho real de mudança pode ser conduzido bastante bem procedendo como o fiz previamente: permanecendo *dentro* e pressionando o protagonista para que perceba seus próprios padrões operativos e lute com facetas de seu potencial destituídas ou marginais que tendem a fortalecer-se — como no caso do Importar-se.

Além disso, essa maneira de trabalhar dá uma atenção bem específica aos bolsões de resistência; como o Bocejo é seguido por "Não sei", e, assim como "Não sei", é uma máscara defensiva à qual o protagonista poderá voltar a qualquer instante. Trabalhar *dentro* significa freqüentemente identificar camadas de resistência. A identificação das camadas respeita a estrutura da psique de uma pessoa, enquanto, ao mesmo tempo, torna-a concreta. A concretização continua trazendo uma espécie de humor e teatralidade ao processo: a psique está sendo constantemente posta em cena. Esse colocar em cena possibilita gradativamente ao psicodrama um clima lúdico, um brincar com aquilo que encontramos no interior.

Finalmente, creio que esse trabalho intrapsíquico nos ajuda a manter uma fidelidade ao aquecimento do protagonista à medida que este se desenrola. Não damos saltos, como o salto oferecido por "De quem essa voz o faz lembrar-se?" É muito melhor quando o protagonista ou os membros do grupo dizem: "Meu Deus, é igualzinho ao meu pai falando!" Mesmo quando acho que é válido reconhecê-lo e permanecer na exploração e no realinhamento de materiais no mundo interior. Precisamos descobrir ou criar, mais cedo ou mais tarde, os papéis positivos através dos quais uma pessoa possa restabelecer uma comunidade interior mais funcional. A voz da Impaciência nunca será silenciada; pelo contrário, outra voz interna precisa ser ouvida.

Sociometria intrapsíquica: encenação e resultados

Imediatamente antes do segundo interlúdio, usei a imagem do caos para descrever a confusão de personagens que o diretor evoca no protagonista. O esforço do trabalho de Bert, ao mostrar a emergência de personagens, indica como eles são encaminhados para o palco. Não há qualquer tentativa, na primeira fase deste trabalho, de encenar ou bloquear as representações à medida que aparecem. Com Bert, preservei as camadas à medida que foram sendo reveladas, mas freqüentemente, como ocorreu com Paula, quando foi a vez de ela ter alta do hospital, seus sentimentos não estavam claramente aninhados um dentro do outro; eles pareciam mais um caleidoscópio quebrado, presentes todos de uma só vez. Seus sentimentos eram uma vozeria de fragmentos, seu elenco de personagens, excêntrico, desorganizado; a matéria-prima para uma dor de cabeça.

A transformação dessa confusão num quadro cênico é o próximo estágio do trabalho. Esse trabalho de transformação é um evento considerável, em termos estéticos, dramáticos e psicológicos. Nessa fase da dramatização, a mão do sociometrista é evidente.

Em torno de cada figura de nosso mundo interno desenvolve-se uma sociometria. Cada figura, vindo ao centro, faz gravitar em torno de si, como num sociograma, os outros significativos do mundo interno. Quando a raiva domina a cena — que pode ser designada simplesmente pelo nome emocional, "Raiva", ou ser representada alegoricamente como "O Demônio Vermelho" — , "Tristeza", "Compaixão" e "Responsabilidade" podem estar nas áreas periféricas. A "Raiva" merece sua cena, sua fantasia de vingança; a "Raiva" tem tanto um solilóquio quanto uma fome de atos, e há ocasiões em que o psicodramatista precisa ajudar a "Raiva" a se dar conta de sua peça. Mas é mais provável, após tal cena, que um outro estado de sentimentos, um outro personagem, um outro ponto de vista, venha a necessitar de seu solilóquio e de seu tempo no palco, talvez para as lágrimas.

A sociometria é um método para compreender a estrutura de um grupo. O psicodramatista intrapsíquico utiliza constantemente e ensina recursos sociométricos a fim de descobrir a organização do mundo interno do protagonista. A passagem do caos dos personagens ao seu posicionamento representa um avanço do reconhecimento ao valor. Colocar as figuras umas em relação às outras é um ato de avaliação e julgamento, e a montagem resultante — muitas vezes fruto de entrevistas, mediações e vários "bloqueios" — representa uma conquista moral e estética. Para consegui-lo, o protagonista se desloca do papel de advogado para o de escultor, no sentido em que o esculpir é usado na expressão "escultura de família".

Como advogado, o trabalho do protagonista é atribuir voz e gesto a seus personagens internos. Como escultor, sua tarefa consiste em dar um passo para trás, pesquisar seu elenco e modelá-lo numa forma que organize seu mundo interno. Nessa mudança de papel de advogado para testemunha, o protagonista assume o papel de espelho, como Moreno definiu o protagonista em sua posição de observador.

Realmente não podemos superestimar a importância desse papel para o nosso protagonista, especialmente nosso protagonista adolescente. Ser capaz de encontrar esse papel testemunhante dentro de nós — o papel que T. S. Elliot designa como "o ponto imóvel do mundo em movimento" — tem sido para algumas religiões o fim e o objetivo último da prática espiritual. A psicologia valoriza esse papel como sendo "o ego observador", enquanto um outro poeta, Keats, declarava que a capacidade desse tipo de desprendimento do presente era indispensável para a criação poética; ele a chamava de "habilidade negativa" e a descrevia como "a capacidade de estar entre dúvidas, distrações e medos sem uma procura ansiosa pelo fato".

Esse papel, essa parte, de testemunha torna-se o "locus" de um aquecimento para a próxima cena, em que o protagonista se torna um sociometrista e procura a ordenação de suas questões internas. Após observar a confusão, o grupo, é tempo de organizá-la. Depois de ouvir suas vozes, é hora de governá-las.

Usei duas imagens nos parágrafos precedentes, uma oriunda das artes plásticas — esculpir — e a outra da política — governar. Talvez seja aqui, onde o escultor e o governador se encontram, que o "self" nasça, onde o "self" seja o líder do conjunto, líder em função de sua consciência das vozes, necessidades e fomes de atos dos membros, e capaz de chegar a uma ação consensual em benefício deles. O "self" pode ser, na realidade, o psicodramatista/sociometrista, um personagem que precisemos criar, que não faz parte do problema, não-partidário, de modo que mesmo a voz mais solitária e isolada dentre nós — dentro de nós — possa ser ouvida.

Estamos agora de posse de uma espécie de paradigma intrapsíquico. Talvez não cheguemos a esse paradigma numa única sessão, mas podemos ser capazes de colocar uma parte de nosso trabalho dentro de sua estrutura. No aquecimento, a segunda cadeira dá acesso para o interior do clamor da turba, seu caos. Aqui encontramos o tumulto, a horda bárbara ingovernada. O protagonista foi advogado desses personagens com a ajuda do grupo. Quando todos os personagens estão no palco, o diretor cria um friso. "Congele."*

O próximo movimento é do friso para a escultura, em que um espírito tanto observador quanto modelador é deixado livre para trabalhar as figuras de nosso mundo interior, dirigindo com gentileza cooperativa, firme ao discriminar, mediar, procurar as conexões e relação entre as partes internas em guerra ou em discórdia umas com as outras, persuadindo, ensinando e sempre ouvindo o que cada parte está dizendo. Todas as habilidades do psicodramatista e sociometrista tornam-se disponíveis para essa nova figura interna. Em nosso trabalho com o espelho — deslocando o protagonista do trabalho em andamento para observar, colocando de volta nele para interagir e participar —, estamos arquetipicamente treinando o príncipe ou princesa e o futuro rei ou rainha. Essa figura, de movimento fluente entre participante e observador, é o protótipo do "self". Ele é uma espécie de filósofo-rei (ou rainha), como Platão definiu esse personagem em *A República*. O chefe de nosso Estado pode passar de participante a observador, pode ser passivo e ativo, receptivo e capaz de decisão. Esse personagem torna-se poderoso graças à advocacia, empatia, preocupação com todos.

A prática implícita nesse tipo de trabalho psicodramático nos proporciona um treinamento para irmos além da autocompreensão. O exer-

---

* O autor faz um jogo de palavras entre *frieze* (friso) e *freeze* (congele), que, em inglês, são homófonas.

cício intrapsíquico promove uma compreensão do "self", do grupo e da sociedade. Ele desenvolve o instrumental necessário não apenas para funcionar nessas três arenas, mas para reconhecer que, de alguma forma essencial, elas estão todas espelhadas uma na outra. A capacidade de governar na circunscrição do "self" é um pré-requisito para a capacidade de liderar um grupo, de liderar uma sociedade. Essa é a clássica visão de liderança, derivada da Antiguidade e transmitida para nós através da Renascença, que reconhecia o "self" como uma imagem do mundo. "Sou um pequeno mundo feito astuciosamente", escreveu o contemporâneo de Shakespeare, John Donne. Hamlet poderia tê-lo dito.

Psicodrama de adolescentes: um rito de passagem

Muitas culturas tradicionais assinalam um ponto de desenvolvimento para seus membros jovens com um evento ou cerimônia. Comumente chamada de rito de passagem, ou ritual de iniciação, essa ocasião marca uma mudança de *status* de uma pessoa com relação à família e outros grupos sociais. Os ritos definem mudanças de papéis.

Iniciação deriva do latim *in* mais *initio*, uma preposição e uma forma verbal traduzidas como *entrando em* ou *dentro*. Comumente, a iniciação é considerada uma saída da infância, uma saída do estado protegido e despreocupado de inocência na família, para entrar no mundo de responsabilidade pessoal e social. Essa noção é parcialmente sustentada pelas imagens que temos da iniciação como um encontro com provações estafantes, tarefas exigentes, que levam um jovem a se defrontar com poderes e desafios externos.

Entretanto, os ritos de iniciação, mesmo na forma mais árdua, são na realidade incursões na direção da interioridade. As provações externas objetivam mobilizar recursos internos, lançar uma pessoa de volta a si mesmo, drenar e manifestar as dimensões interiores de poder, lucidez, fé e visão.

Em muitas culturas, o rito iniciatório assume a forma de uma busca de visão, que dramatiza a passagem do ver com o olho físico para o ver com o olho interior. Porém, mais do que uma nova forma de ver, ele ajuda a iniciar uma pessoa numa nova maneira de ver dentro.

Dessa forma, a busca de visão, aparentemente um encontro perigoso de sobrevivência entre um jovem e o rigoroso mundo externo, é o primeiro empreendimento "solo" de uma pessoa no mundo interior do sonho, da visão, do ancestral, do guia e do totem. De acordo com Jung, o jovem procura papéis, personagens ou imagens que fazem parte de um inconsciente coletivo, mais do que pessoal. Esse mundo rico e interior revelado no rito de iniciação torna-se um recurso para o resto da vida da pessoa. Nesse sentido, o rito de iniciação é espiritual; a porta que ele descerra abre-se para dentro.

Nas culturas antigas e tradicionais, os estados internos eram bem definidos e designados. Os deuses, as figuras totêmicas, os guias animais, os heróis do mundo do espírito tinham seus domínios dentro da alma de cada homem, assim como uma habitação na aldeia ou na pólis. Nós, os modernos, estamos comparativamente empobrecidos. Com o desaparecimento do mundo politeísta, que tinha sua imagem de espelho dentro de cada um de nós, com a perda de nosso senso de nós mesmos enquanto "*selves*"*, com o advento do deus-uno e o todo-poderoso ego único, deixamo-nos sem mitos, exceto um, patológico — a síndrome de múltipla personalidade —, para dar conta dessa diversidade interior que cada um de nós pode na prática experimentar. Sem um modelo complexo para nossa natureza humana, falsificaremos, simplificaremos e imporemos uma unidade, quando somos, na realidade, uma pluralidade. Tentamos criar uma máscara para controlar o que temos ser a loucura de nossas múltiplas facetas. Para ninguém a ameaça dessa loucura é mais real do que para o adolescente, e para nenhuma faixa etária a validação de um mundo interior pluralístico é mais libertadora.

O adolescente sente agudamente o poder de muitos senhores. Seu mundo interno, como vimos revelado através do psicodrama intrapsíquico, é feudal; a guerra civil é freqüentemente seu estado normal.

Antes que a ação coerente ou responsável se instale no mundo — ação que não seja revisada ou contraditada no momento seguinte —, o adolescente precisa encontrar os impulsos de ação dentro de si. Ele precisa olhar dentro de si e lá descobrir o mundo complexo, de muitas cabeças, de sua vida interior. Esse olhar para dentro, essa exploração do interior, preenche o objetivo ancestral de iniciação e pode, como este capítulo sugeriu, ser trazido para a nossa era pela experiência do psicodrama.

O psicodrama, usado como indiquei aqui, paga tributo aos papéis e personagens emergentes na alma dos adolescentes. Através dele, eles podem explorar novas possibilidades de expressão pessoal e experiência grupal. Por meio das diversas atividades do psicodrama, um jovem trava amizade com os papéis que precedem o "self", e pode ocorrer, então, a emergência de um "self", flexível e espontâneo, que pode criar um mundo.

Referências bibliográficas

Jones, E. (1976) *Hamlet and Oedipus*, Nova York: W. W. Norton.
Moreno, J. L. (1978) *Psicodrama*, São Paulo, Cultrix.

---

* Plural de *self*, e que manteremos no original, entre aspas.

* Você é capaz, filho.

CAPÍTULO QUATRO

Todo mundo é um alguém
Métodos dramáticos para jovens
com dificuldades graves de aprendizagem

Ken Sprague

Qual o objetivo deste capítulo?

Este capítulo pretende o seguinte:

1. Mostrar como jovens com dificuldades graves de aprendizagem tiveram uma iniciação e foram auxiliados por métodos dramáticos.

2. Explicar como um psicodramatista que trabalha como professor de arte pode se tornar um agente de mudança.

3. Explicar as alegrias e dificuldades de se trabalhar psicodramaticamente com dois grupos em andamento constituídos por jovens, todos eles com graves dificuldades de aprendizagem, e explorar os instrumentos e as técnicas usados para liberar a espontaneidade e a criatividade humanas.

4. Comparar o que ocorreu em dois grupos similares sob diferentes condições: um deles constituído por portadores da síndrome de Down, e o outro, por autistas.

A reivindicação de Jacob Levi Moreno, de que um procedimento verdadeiramente terapêutico não pode ter um objetivo menor que o todo da humanidade, não é uma reivindicação modesta. Ela advém claramente de um homem que acreditava que o desenvolvimento do psicodrama era muito mais que o desenvolvimento de um instrumental de especialista para ser usado na clínica ou em salas de aula. Sendo tão importante o uso cotidiano do método, Moreno sabia que estava criando algo maior — uma filosofia de vida —, um método de vida, na realidade. Trata-se de um método baseado na constatação de que a humanidade não é uma unidade social e orgânica. Continuamente emergem tendências entre as diferentes partes dessa unidade que, por vezes, as une, e em outras, as separa.

A idéia de estudar e intervir criativamente nessa relação global de atração e repulsão me parece particularmente relevante na era das armas nucleares e guerra nas estrelas. O conceito de guerra nas estrelas ao envolver, como o faz, a exportação da loucura terrestre nuclear para o cosmos deve certamente representar a blasfêmia última. Numa era como essa, as idéias de Moreno sobre homens e mulheres, não apenas como seres sociais ou individuais, mas como seres cósmicos, têm, assim creio, uma importância especial. Constatei uma imediata aceitação do "método de vida" de Moreno entre jovens com graves problemas de aprendizagem. Eles aceitam o potencial criativo espontâneo de todos nós, e repetidamente me dizem: "É uma idéia sensata", ou: "Que boa idéia — por que não fizemos isso antes?". Eles se referem ao simples conceito moreniano: "Não me diga, mostre-me". As pessoas importantes em nossa vida precisam ser trazidas à ação através da representação de seus papéis por outros membros do grupo. Isso nos possibilita observar o que ocorre na relação e a aprender através da inversão de papéis.

São idéias basicamente simples, criativas. Deve-se admitir, todavia, que geralmente não são assim tão simples de serem postas em prática. É a isso que este capítulo se refere.

De que história se trata?

As histórias e "suas estórias" por trás dos grupos discutidos neste capítulo vêm de longa data. Durante os anos 30, na Inglaterra, os deficientes físicos e mentais eram geralmente enclausurados em instituições, separados do que era considerada a sociedade normal. Essas instituições eram com freqüência internatos, ou extensões das casas de correção ou asilos de eras anteriores. A maior parte das cidades de qualquer tamanho tinha suas instituições com nomes curiosos. "Fairmile"* era um dos favoritos, e deve-se assinalar que ela se situava a pelo menos uma milha de razoável distância das áreas residenciais e de trabalho dos mais afortunados.

De lá para cá, ocorreram consideráveis mudanças políticas e sociais que promoveram maior responsabilidade por parte da comunidade e atitudes de cuidados com relação aos necessitados. Unidades menores estão substituindo as antigas instituições tipo "navios de guerra". O objetivo é introduzir maior grau de normalidade nas vidas dos deficientes.

O que mudou em 1981?

O clima de mudanças sociais ajudou a trazer uma mudança substancial na mentalidade do governo. O governo conservador criou o Ato de

---

* *Fairmile* se traduz literalmente por "milha razoável", que significa a distância convencionada como razoável para se manter como limite para as instituições de deficientes físicos e/ou mentais. É o que se pode chamar de "distância psicológica", que estabelece o limite de segurança emocional que separaria e protegeria imaginariamente os indivíduos "normais" do contato dos "anormais". (N.T.)

Educação 1981, que propõe medidas educacionais especiais para os jovens que necessitam de métodos educacionais especiais. Se por um lado pode-se considerar que foi uma mudança positiva o fato de a lei ter sido aprovada, parece que, infelizmente, o foi mais por razões políticas do que para proporcionar suporte à educação para a vida. O plano nunca recebeu os recursos necessários para ser implementado na comunidade. Ele é pouco divulgado, e é realizado em grande parte por pessoal desqualificado. Nem a implementação, nem a formação necessárias foram devidamente consideradas, desde o início. Em especial, os cursos intensivos e os centros adultos destinados a fornecer alimentos e serviços aos jovens ao final de sua escolaridade são ainda inadequados. Apesar de todas essas dificuldades, houve um progresso considerável, devido especialmente ao cuidado e enorme dedicação dos professores, chefes de unidades e terapeutas envolvidos, e ao amparo afetivo dos próprios jovens.

Como isso tudo começou para mim

Comecei a trabalhar num hospital psiquiátrico que realizava sessões psicodramáticas com pacientes crônicos. O trabalho era difícil e gratificante, mas meu interesse se voltava cada vez mais para pessoas que não estivessem doentes. Antes da formação em psicodrama, eu havia trabalhado muitos anos na política local, em organizações sindicais e jornalismo. Havia sido também ativista em movimentos pela paz e questões ecológicas. Para mim era evidente que os pacientes dos hospitais psiquiátricos não fazem bombas H nem ameaçam uns aos outros com elas, nem desmatam florestas. Na realidade, os internos de hospitais despendem boa parte de seu tempo envolvendo-se nos cuidados com os outros. Muitas instituições não poderiam funcionar sem esse investimento amoroso por parte dos que estão sendo cuidados. Mesmo um olhar superficial no modo pelo qual as pessoas e governos "normais" se comportam entre si sugere que eles precisam de ajuda. Parece que eles podem até sofrer, de tempos em tempos, de alguma espécie de doença detestável — chamemo-la de "normose". Tais pensamentos me levaram a trabalhar com dois colegas ingleses, Peter Haworth e Susie Combes, que dirigiam sessões abertas sobre questões de interesse social. Eu também havia freqüentado oficinas de sociodrama com Claire Danielson nos Estados Unidos e dado cursos de métodos dramáticos para encarregados de compras da British Transport e da General Workers Union.

Continuando a ampliar minha experiência e testar a relevância do método, assumi um emprego como professor de gravura e desenho numa escola de arte ligada a uma faculdade técnica. Tanto para a turma de gravura quanto para a de desenho, eu me utilizava de aquecimentos dramáticos para estimular a imaginação dos jovens artistas.

Como ocorreu o envolvimento?

O envolvimento ocorreu por eu estar aberto a uma situação criativa. Numa fria manhã de inverno, uma multidão de rostos surgiu nas janelas da classe de arte da faculdade, gesticulando e pedindo alegremente para entrar. Era um grupo de unidade especial de estudantes com dificuldades graves de aprendizagem. Eles haviam saído com o professor para uma caminhada vigorosa. A faculdade permitia que os estudantes assistissem a aulas de disciplinas de seu interesse que não faziam parte de seus cursos normais, mas, na prática, poucos estudantes de um departamento demonstravam interesse pelos outros. Os estudantes com dificuldades de aprendizado, com suas deficiências e cadeiras-de-roda, nada sabiam sobre isso, e ligavam menos ainda: sua espontaneidade não conhecia fronteiras, seu interesse era grande, e, ao olhar a sala de arte com todas as suas cores e atividades, eles simplesmente a desejaram.
Fiquei encantado com o entusiasmo deles e convidei-os a se juntar a nós — os artistas precisam de espontaneidade. O resultado foi um encontro caótico e bem-sucedido de um grupo de estudantes com dificuldades de aprendizagem e uma classe de estudantes de arte. Isso acabou resultando em classes mistas uma vez por semana e o começo de uma maior integração dos estudantes com dificuldades graves de aprendizagem com as atividades gerais da faculdade. Referir-me-ei a esses estudantes como "o Grupo de Down", devido ao grande número de pessoas portadoras da síndrome de Down e para diferenciá-los do grupo autista, que será mencionado adiante.

Quais os resultados imediatos?

Os integrantes do Grupo de Down começaram a fazer esboços ao lado dos estudantes de arte, considerados pelo grupo estudantes "adequados" e trabalhadores "profissionais". Eles se sentiam bem por terem aulas dentro do edifício da faculdade, em lugar dos barracões pré-fabricados "lá nos fundos". A aventura de deixar seu próprio território foi útil para um comportamento mais criativo.

Os estudantes de arte rapidamente se refizeram do embaraço inicial e, com ajuda, do receio com relação aos problemas mentais. Descobriram que tinham modelos desejosos de posar para eles. Logo os modelos quiseram inverter os papéis e tornar-se os artistas. A troca promoveu novas relações entre os dois grupos de estudantes. Os estudantes de arte ficaram profundamente tocados pelos esforços a que assistiram, feitos para superar a deficiência. A criatividade geral melhorou, e o Grupo de Down foi o responsável por trazer uma nova espontaneidade e ingenuidade às aulas e ao trabalho artístico resultante. Os estudantes de arte que estavam aprisionados em seu profissionalismo foram ajudados pela ingenuidade dos novos colegas. As amizades continuaram fora do âmbito das aulas e, a longo prazo, ajudaram a influenciar a atmosfera social de aceitação na faculdade. Um laço mais forte se estabeleceu entre os departamentos, e recebi um convite para integrar a equipe da unidade do Grupo de Down, a fim de dirigir sessões de psicodrama criativo duas vezes por semana.

Havia um sucesso específico anterior?

Inicialmente, apenas um pequeno número foi convidado a participar das classes de estudantes de arte, e daí para a frente os estudantes com síndrome de Down se esforçaram para serem incluídos. O fato de que os estudantes tinham que conquistar um lugar levou a uma situação interessante e deliciosa, em que alguns promoviam outros. "Tom merece ser incluído", por exemplo. Algo meio mágico ocorreu na terceira sessão. Não havia sala de arte disponível nessa ocasião, de modo que a aula foi dada no corredor da faculdade — não era ideal, mas adequado. Isso provou que a localização é o menos importante se a motivação for grande. Quatro estudantes com síndrome de Down se uniram à classe — Peter, Jack, Carol e Tom. Os estudantes de arte receberam instruções para usar os visitantes como modelos — ou seja, desenhar exatamente o que viam, sem nada acrescentar a seus relatórios visuais. Eu queria que o Grupo de Down se visse a si próprio do mesmo modo como os outros os viam, mas pedi que eles, em contrapartida, desenhassem seus desenhistas tão fidedignamente quanto possível, com verrugas e tudo. O exercício produziu um contato emocional entre os dois grupos; houve lágrimas e consolo de ambos os lados. A lição não foi fácil. Cada um dos quatro visitantes reagiu de modo diferente ao estímulo da lição.

Quais foram as diferenças?

Peter, um rapaz alto e muito forte, alternava agressividade e desinteresse durante todo o processo. Não obstante, ele fez um desenho simples do estudante de arte desenhando-o, e ficou particularmente impressionado como os brincos do outro, que ele observou e dos quais fez um belo desenho. Em seguida, perdeu o interesse, começou a perturbar, e foi mandado de volta ao barracão. O resto da classe ia indo bem, de modo que voltei com ele, estabelecendo uma relação melhor durante o trajeto e dissipando qualquer traço de punição. Peter ficou feliz por ter-me só para ele.

Enquanto isso, Jack tornou-se amigo de um dos estudantes de arte mais amadurecidos e fez dois grandes desenhos cheios de rostos de seu novo amigo. Eles haviam chorado diante da fidelidade dos seus desenhos. Jack foi tremendamente desfigurado. Carol trabalhou diligentemente, cuidando maternalmente dos outros de vez em quando e demonstrando bom senso de cor.

Tom, o menor e mais retraído, reclamou sentir que seu companheiro o estava olhando fixamente. Uma vez que ele estava sendo desenhado, isso era verdade. Deixei que ele mesmo administrasse o problema, mas uma ou duas vezes encorajei-o do outro lado da sala, mantendo distância. Tom optou por sentar-se na única carteira da sala, mas recusou-se a puxar a cadeira para perto da carteira. Ele deixou pender a cabeça e tentou se esconder. Fiz sinal ao companheiro de Tom que ele devia continuar desenhando-o, forçando-o a reagir de outra forma em vez de esconder-se, e, ao mesmo tempo, empurrando a carteira na direção da cadeira de Tom e colocando sobre ela canetas coloridas grossas e duas grandes folhas de papel.

Tom pegou uma caneta e desenhou um quadradinho na parte inferior do papel. Desenhou selvagemente, e com tal energia, que sua caneta furou o papel em vários lugares. Quando terminou um quadrado, pegou uma outra folha de papel e atacou-a com outro quadrado. Fiquei de olho nele, mas continuei circulando entre os outros estudantes, mantendo distância de Tom.

Seu comportamento foi mudando lentamente. Ele começou a olhar para aqueles que o estavam desenhando. Todos estavam concentrados, trabalhando com afinco e intrigados pelo que estava ocorrendo. Tom se afastou da carteira, ajeitou uma folha de papel no chão, arrumou as canetas numa formação quase militar, sentou-se de pernas cruzadas, olhou atentamente para o seu companheiro e desenhou uma figura da metade do seu próprio tamanho em verde-claro. O estudante próximo a ele usava um macacão verde-claro. Todos se admiraram e verbalizaram seus cumprimentos. Tom reagiu com orgulho, pegou a caneta e escreveu cuidadosamente "TM" ao lado da cabeça do desenho. Perguntei suavemente: "Está faltando alguma coisa, Tom?". Pegando a caneta novamente e com determinação, Tom orgulhosamente inseriu a letra "O".

Quais foram meus pensamentos?

Ao voltar para casa, mais tarde, pensei no obstetra que insiste em que as mulheres dêem à luz deitadas numa mesa, de modo que ele possa ver melhor e, ao fazê-lo, talvez iniba a posição natural de parir.

Do mesmo modo, e talvez particularmente no que se refere a pessoas com dificuldades de aprendizagem, elas deveriam ser encorajadas a descobrir sua posição criativa confortável, como Tom o fez, ao abandonar a carteira. Numa aula de não mais que meia hora, Tom saiu da posição de isolamento e desconforto para uma situação de criatividade, sentando-se no chão: ele havia encontrado sua posição "ativa". Ele havia personalizado a ação do artista. Os desenhos de Tom eram um tanto infantis, seu trabalho equivalente ao de uma criança esforçada de quatro anos, não o de um jovem Rembrandt, mas o salto do isolamento para a criação foi rembrandtiano, na sua devida proporção.

Nesse ponto, decidi usar os métodos dramáticos grupais de forma mais terapêutica; uma forma que fosse adequada a necessidades do Grupo de Down. Como novo membro da equipe, eu também pretendia usar o desenho como parte integrante da dramatização. Tenho amor e entusiasmo pelo desenho, e uso-o, dessa forma, como uma importante contribuição ao ensino. A aplicação mais geral da idéia é que os professores deveriam levar seus entusiasmos para dentro da sala de aula. Assim como o riso, o entusiasmo é contagioso.

Quais foram os passos seguintes?

Dei uma olhada nas anotações médicas relevantes referentes aos estudantes que necessitavam de cuidados especiais. Claire, por exemplo, tinha uma grave deficiência cardíaca e não podia subir escadas ou fazer exercícios cansativos. Sem dúvida, era importante que eu estivesse a par desses problemas. No entanto, nesse momento, não me envolvi demais com as anotações médicas, mas preferi descobrir as dificuldades através de uma troca direta com os estudantes e confrontar mais tarde minhas descobertas com as anotações. A troca direta envolveu exercícios de aquecimento em que os estudantes imitavam as próprias deficiências e as dos outros. Os desempenhos que se seguiram eram despreocupados, e, às vezes, muito engraçados. Houve uma "expedição de compras" divertida, que incluía desde dificuldades de fala, problemas de visão, até assoalhos molhados em banheiros e tremedeiras violentas que tornariam qualquer refeição um desastre.

> Os exercícios de aquecimento viraram um jogo agradável, e Arthur, um rapaz de dezoito anos, meio rude, começou a imitar o andar desengonçado do ator John Cleese. O grupo entrou no espírito da coisa e marchou pela sala, cada um deles tentando apresentar estilos cômicos de andar. Subitamente, Annie, que havia sido cutucada por Robert, desforrou-se, dizendo: "Robert anda mesmo desse jeito, no fim das contas!". Ele pareceu meio ofendido, mas saiu-se muito bem, exagerando a própria dificuldade de locomoção. O clima mudou, e ele demonstrou a frustração de estar aprisionado em sua deficiência. Pedi-lhe que adicionasse som a seu movimento, e com sua grande dificuldade em falar o que quer que fosse, deu vazão a um angustiado grito. Ele havia se tornado a personificação das dificuldades de todo o grupo. Em termos de dramatização grupal, havia se tornado o protagonista de um sociodrama.

Quanto disso foi planejado?

O aquecimento havia sido planejado com antecedência; no começo, mostrei minha própria dificuldade com uma dor de cabeça forte e algumas palhaçadas relacionadas com o que ocorrera quando eu estava me recuperando de uma cirurgia no joelho. Esse toque de exibicionismo e de exagero na representação encorajou os membros do grupo a se mostrarem, cada um por sua vez, tentando, em alguns casos, superar os outros. A súbita resposta mais séria às ações e à posição de protagonista de Robert surgiram espontaneamente. Deve-se ter em mente, todavia, que, embora isso não tenha sido *planejado*, as condições para a espontaneidade haviam sido *criadas*. Se tomarmos um exemplo paralelo da arte, algumas criações decorrem de acidentes felizes. A verdade, é claro, é que o artista cria constantemente as condições necessárias para que os acidentes possam ser criativos. O artista escolhe as condições e confia em seu método. Isso ocorre também com o psicodramatista. O impacto de Robert sobre o grupo permitiu que vários participantes se livrassem da angústia e que outros demonstrassem empatia. Foi nesse momento que um segundo acidente feliz ocorreu, o que novamente enfatizou a importância de se estar aberto para possibilidades criativas.

Haviamo-nos deslocado para o teatro da faculdade. Não era necessário pagar aluguel, e tínhamos conquistado o direito de usá-lo. Um técnico atravessou o teatro carregando um *spot* de luz e fio. Pedi-lhe que o ligasse, o colocasse no chão e iluminasse uma parede de fundo. Todas as outras luzes foram apagadas. Mediante a apresentação por parte de cada membro do grupo de suas dificuldades, dentro do foco e próximo à luz, grandes sombras foram projetadas na parede e no teto do teatro. A atenção se deslocou do indivíduo para as sombras, o que nos possibilitou ver os problemas de todo o grupo, em vez de nos concentrarmos nos problemas individuais. A fase de dramatização se encerrou com a alegria e entusiasmo de todos "em alta". A sessão havia ultrapassado o tempo, mas o sentimento de "ser um grupo" estava forte. No caminho de volta ao pavilhão, para a próxima aula, o compartilhamento assumiu a forma de ajuda e encorajamento mútuos ao galgar as escadas, transpor portas basculantes e um *play-ground* molhado, enquanto conversavam alegremente sobre a cena das sombras da qual haviam participado.

Quais foram as minhas conclusões?

A partir dessas experiências, concluí que as sessões deveriam ser planejadas antecipadamente, mas que as idéias preconcebidas deveriam ser prontamente abandonadas em favor do que estivesse acontecendo no momento. O diretor deve observar continuamente tanto o grupo quanto o que está acontecendo em torno do grupo, e ser responsivo com relação ao potencial criativo, à medida que ele for emergindo. Decidi também controlar melhor o tempo de cada sessão, de modo a garantir um período adequado para o compartilhamento, e não comprimido ao final. Nessa sessão em particular, um bom compartilhamento ocorreu mais por sorte do que por planejamento. Mais tarde, decidi acompanhar os estudantes até a próxima sala de aula após cada sessão, para possibilitar um encerramento de relações que haviam se desenvolvido durante a sessão e auxiliar meu próprio fechamento. Isso se tornou uma prática padrão. O grupo começou a ansiar por sessões, e muitos esperavam por minha chegada no estacionamento, observando através das janelas do pavilhão. Comecei a levar caixotes e outras parafernálias no porta-malas do carro e a chamar os estudantes para ajudar a descarregar os apetrechos e levá-los para o pavilhão ou para o teatro. Às vezes, os apetrechos eram usados para a ação que se seguia, às vezes não, mas o acotovelamento e a farra me davam tempo para perguntar: "O que vocês têm feito?", ou: "Quais as novidades desta semana?". Esse estratagema quase sempre resultava num aquecimento e, ocasionalmente, no tema da dramatização, como no caso de "eu caí no ônibus", que será descrito mais adiante. Creio que as sessões começam no estacionamento!

Como as novidades se espalharam?

A central de boatos local logo levou as notícias sobre os acontecimentos a um entusiástico supervisor de crianças autistas de um internato. A escola é gerida por uma sociedade voluntária de pais e amigos que me pediram que iniciasse sessões de criatividade semanais à tarde e à noite. O acordo feito foi o de que essas sessões se baseariam em métodos dramáticos e envolveriam doze jovens autistas com idades entre 17 e 19 anos.

Após algumas semanas, comecei a trabalhar com o segundo grupo, "o Grupo Autista". As circunstâncias eram bem diferentes. Todos os membros do Grupo de Down moravam em centros residenciais, instituições ou casas particulares e vinham para a escola técnica todos os dias de ônibus ou táxi. Os integrantes do Grupo Autista moravam num internato e iam para a minha casa num microônibus dirigido por um supervisor escolar. Eu moro numa pequena fazenda na montanha, que foi convertida num centro de ensino baseado nas idéias e métodos de Moreno. Ela possui um teatro construído num velho celeiro e oficinas destinadas ao meu entusiasmo por gravura e desenho.

> Com as lições aprendidas do aquecimento no estacionamento, fui ao encontro dos jovens quando o ônibus chegou e conduzi-os ao teatro, estabelecendo tentativas de contatos. Com exceção de dois, todos os demais foram amistosos e estavam felizes com o que consideravam ser um dia de passeio: Sam e Jason eram as exceções, ambos muito fechados em si mesmos. Após algumas brincadeiras iniciais de atirar almofadas e dizer seus nomes, repeti a idéia de representar meu sofrimento com a dor de cabeça (do Grupo de Down) e pedi que os jovens autistas demonstrassem suas dificuldades. A idéia não teve a menor repercussão, e após uma outra brincadeira de almofadas fomos para a cozinha tomar chá com biscoitos. Isso começou a interessar a todos, e teve lugar uma exploração da chaleira, da lata de biscoitos, dos apetrechos de cozinha, dos banheiros e de toda a casa. Todos se divertiram, inclusive Sam e Jason. Voltamos para o microônibus, e eles foram embora alegremente.

Quais foram os meus sentimentos?

Voltei para casa, consciente de que o sucesso do grupo se devia à espontaneidade dos jovens e não ao meu planejamento. Uma idéia bem-sucedida no Grupo de Down não havia servido para esse novo grupo. Era cedo demais para esperar que os jovens demonstrassem suas dificuldades, antes que a confiança houvesse sido estabelecida. Além disso, a dificuldade de cada membro era similar à dos outros; todos eram autistas. Não havia muito espaço para expansividade e mímica. Eu havia cometido um erro elementar.

Nas semanas seguintes, e à luz de eventos subseqüentes, tive que considerar o fato de que os erros podem ter diferentes naturezas e efeitos. Um erro ao deslocar a mobília liberando uma área para o palco ou uma dramatização pode causar ferimentos nos membros do grupo. Outros erros menos físicos podem franquear a porta a um processo mais criativo. Depende de como o diretor os conduz.

Para traçar um paralelo com o mundo da arte novamente, um gravurista que não emprega convenientemente seus instrumentos acabará se ferindo e atribuirá o incidente à falta de sorte. Muitos gravuristas admitirão estar abertos ao potencial criativo dos acidentes no processo. Um erro ao cortar uma chapa, ou mesmo uma falha na chapa, poderá resultar numa apresentação simplificada e mais audaciosa. Poucos artistas chegarão mesmo a admitir conscientemente o estabelecimento de condições para que ocorram esses acidentes felizes. Todos os artistas aprendem errando. O mesmo ocorre com as pessoas que trabalham com métodos dramáticos. No caso deles, todavia, precisam tomar precauções para que os erros e acidentes não causem danos aos clientes.

Eu havia falhado em perceber que, para o Grupo Autista, a visita ao meu centro havia sido vivida como um passeio — uma folga na rotina do internato. A confiança foi desenvolvida não através dos exercícios planejados, mas pela apreciação espontânea que os jovens demonstraram com relação à minha casa, à viagem e à própria coesão entre eles. Na sessão seguinte, quando todos estavam sentados ao redor da grande mesa da cozinha, admiti ter cometido um erro na semana anterior, ao usar exercícios inadequados a eles. O próprio entusiasmo deles com relação ao espaço e tempo havia sido mais importante. Os jovens podem ou não ter entendido minha honestidade, mas certamente a apreciaram!

Os professores também erram!

O que estava acontecendo?

O processo grupal agora estava muito mais enraizado no aqui e agora. O interesse do grupo era grande, e um outro membro, Jessie, propôs: "Vamos desenhá-lo", querendo dizer com isso desenhar as dificuldades de ser autista. Jessie tem dezoito anos, é inteligente, retraída, calada, mas é muito talentosa como artista. Uma caixa de lápis de cor e algumas folhas de papel foram rapidamente providenciadas, e Jessie logo ficou absorvida no desenho de uma cabeça sem boca. Houve uma série longa, colorida e complexa de desenhos, um após o outro.

Circulei ao redor da mesa, encorajando cada pessoa a desenhar algum símbolo visual de suas dificuldades, e, então, a representá-lo individualmente comigo, levantando-se da cadeira e ocupando o espaço ao longo da mesa. Os outros prestaram atenção por alguns momentos, mas voltaram rapidamente aos seus desenhos. Foi uma terapia individual dentro do trabalho de grupo. Quando surgia um problema de compreensão e colocação no papel, representávamos primeiro para depois desenhá-lo, ou fazer uma tentativa de desenhá-lo. Às vezes, funcionava; outras, não; mas todos ficaram sintonizados. Começaram a surgir manifestações de isolamento, dissimulação, maneirismo e incapacidade de falar, mas quando um rapaz começou a representar o cambalear de um amigo, todo o grupo respondeu e entrou numa ação conjunta.

Uma seqüência de ações sociodramáticas se desenvolveu, em que os membros do grupo representaram seus próprios maneirismos, ou os dos outros. Ela diferiu das abordagens mais baseadas no psicodrama usadas com o Grupo de Down no sentido de que estávamos observando não dificuldades, deficiências, maneirismos ou sentimentos individuais, mas a luta universal do deficiente. Cada um deles se tornou advogado dos outros. O compartilhamento fluiu naturalmente da ação e assumiu a forma de toques, risos ou risadinhas contidas entre eles; houve pouca troca verbal.

Se o desenhar conduziu à ação, será que a ação conduziria ao desenhar?

Minhas extravagâncias (ação) na primeira sessão levaram Jessie a colocar seus sentimentos no papel, sob a forma de desenhos. Mas, como artista privilegiada que era, provavelmente teria desenhado em qualquer circunstância. Ela se lembrava da idéia da semana anterior sobre expressar o autismo. Seu desenhar imaginativo (ação) encorajou os outros membros do grupo a seguir seu exemplo e a se divertir usando linhas e cores. Metade dos desenhos produzidos pelo grupo teria parecido a um observador leigo rabiscos sem sentido. Na realidade, cada desenho estava repleto de significados: eles diziam respeito a envolvimento e alegria. Eles também significavam uma experiência compartilhada. A questão que eu agora me colocava era como desenvolver um sistema para ensinar esse grupo alternando experiências compartilhadas e expressão compartilhada.

Quando o grupo chegou para a sessão seguinte no microônibus, fiz com que eles passeassem pelos campos, apreciando carneiros, árvores e peixes de um lago.

No teatro, cada um foi encorajado a assumir os papéis dos animais e o movimento das árvores. Do grupo de doze, cerca de metade respondeu. Não se fez nenhuma tentativa de pressionar aqueles que eram tímidos demais para representar. Eles ficaram aguardando em silêncio, enquanto alguns observavam, com diferentes graus de interesse. Três permaneceram isolados. Após dez minutos de dramatização, todos fomos para a cozinha, onde canetas coloridas e papéis já haviam sido dispostos sobre uma mesa grande. Por 45 minutos, todos desenharam excitadamente as árvores e os animais que haviam representado, e algumas figuras humanas foram introduzidas. Os desenhos foram muito mais expressivos que anteriormente. Todos participaram, e, com alguma ajuda, até os mais retraídos responderam num certo nível. A sessão terminou ao redor da mesa de compartilhamento com a troca e a apreciação mútua dos desenhos, regada a chá e biscoitos.

Houve um salto qualitativo?

Após várias semanas, o progresso do grupo continuou estável e houve maior número de membros envolvidos criativamente por períodos mais longos. Às vezes, o nível de envolvimento era bastante grande; outras vezes, menor; às vezes, as representações simplesmente fluíam, e outras, precisavam de muito encorajamento, e mesmo empurrões. O progresso poderia ser descrito como quantitativo.

Programou-se uma visita a uma fazenda vizinha. O fazendeiro e sua mulher estavam próximos da aposentadoria e se encontravam entristecidos pela perda recente de um filho. Eles ficaram muito satisfeitos por terem crianças circulando por ali novamente. Organizaram uma mostra de tosquia de carneiros e fizeram com que os jovens ajudassem a carregar a lã e a amarrar os fardos. A visita terminou ao redor do fogão, com um bolo de chocolate preparado especialmente para a ocasião.

Durante a sessão seguinte ocorreram a representação da vida rural e a inversão de papéis com o fazendeiro e sua mulher, e cada membro do grupo se tornou um participante ativo. A visita à fazenda acrescentou qualidade à quantidade. O salto qualitativo obtido durante aquela saída estabeleceu novas condições para promover maior envolvimento e liberação de espontaneidade. O grupo ainda não atingiu um ponto tal que possibilitasse sessões plenas de psicodrama, embora o desempenho de papéis e o treinamento de papéis sejam usados regularmente e com sucesso.

Teria ocorrido uma fecundação cruzada?

Um resultado inesperado do progresso do Grupo Autista foi conseqüência de uma fecundação cruzada com o Grupo de Down. É interessante o fato de que foi justamente o grupo mais inibido que deflagrou o processo do grupo menos inibido. Por várias semanas, tantos desenhos expressivos haviam sido feitos nas sessões do Grupo Autista, que eu os fotografei e transformei em *slides*. Providenciei então uma exibição para a sessão seguinte do Grupo de Down.

A excitação frente ao telão, aos assentos grupais nos tapetes do chão, à oportunidade de manipular o projetor e a um teatro no escuro criou à cena para uma sessão divertida. Os desenhos, inclusive aqueles dos membros mais retraídos, exibiam notáveis exemplos de observação (por exemplo, os sulcos deixados nos carneiros tosquiados pelas tesouras elétricas). Como jovens que haviam também sido criados em áreas rurais, o Grupo de Down respondeu aos desenhos de animais e paisagens campestres. Eles ficaram encantados em recriar no teatro da faculdade suas próprias representações sobre fazendas e episódios de suas vidas, ou da vida de suas famílias. Tudo foi representado de forma entusiástica. Os aquecimentos, em que eles se rivalizavam entre si por uma oportunidade de "mostrar", resultaram em um psicodrama completo. Comecei a perceber as pressões e encorajamento que eles recebiam fora da vida escolar, e pude planejar uma ajuda individual de modo mais sensível, bem como considerar uma intervenção com as famílias ou a equipe dos internatos. O compartilhamento se tornou mais íntimo, e alguns deles até se revezaram na direção da montagem da cena.

Como isso ocorreu?

Das muitas sessões de psicodrama/sociodrama clássico que fluíram durante semanas a partir de fecundação cruzada, o seguinte exemplo do Grupo de Down sintetiza o processo:

Humphrey desejava mostrar seu quarto na casa da fazenda da família. O tempo era exíguo, e ele teve que esperar toda uma semana por uma oportunidade. Seu entusiasmo manteve-se intato. O quarto, suas cores, objetos e atmosfera foram montados no espaço cênico, usando-se membros do grupo para representar o guarda-roupa, pias e toca-discos. Seguiu-se uma barulheira produzida por portas batendo, torneiras pingando e fitas *cassette* de música *pop*. Todos participaram, e Humphrey adorou colocar pessoas da equipe no papel de vasos sanitários e outros itens perjorativos. O aquecimento foi bem-humorado, e, por vezes, muito engraçado. Encorajei a "humanização" da cena, e o desenvolvimento de relações. Humphrey deitou-se na cama. Sua mãe, representada pela ego auxiliar que ele havia feito representar previamente um vaso sanitário, bateu baixinho na porta e, a seu convite, entrou. Seguiu-se uma cena terna, com algumas lágrimas. A cena mudou, Humphrey ainda estava na cama, mas desta vez seu pai irrompeu no quarto sem bater e ordenou que ele laçasse alguns novilhos que haviam fugido durante a noite.

Vários incidentes com os irmãos e o pai entrando no quarto foram explorados, de volta ao passado. Em cada ocasião, a pessoa que entrava no quarto o fazia sem bater, representando um intruso. Veio à tona o fato de que todos os filhos recebiam salários ou gratificações, dependendo da idade, pelo trabalho na fazenda. Humphrey, no entanto, era considerado pelo pai e irmãos como o "bobo" da família, embora fosse competente em tarefas como laçar o gado ou dirigir o trator. Ele nunca recebera pagamento. A sessão, nesse momento, irrompeu em participação, com os membros do grupo pressionando-o a que negociasse com o pai. Todo o grupo estava em ebulição, pois suas próprias frustrações de vida subitamente encontravam expressão. Humphrey obteve permissão para explodir sua raiva com relação ao pai e irmãos, e sentou-se exausto, porém triunfante, enquanto o compartilhamento fluía.

Essa notável sessão foi seguida por uma aula de treinamento de papéis em que Humphrey conversou sobre salário com o pai. Com a participação de todos, a sessão se tornou sociodramática, animada por sentimentos de apoio ao trabalho de Humphrey realizado na sessão anterior. Os membros do grupo criticaram Humphrey, gritando: "Você é uma pessoa boa demais para dizer isso pro seu pai", e, então, invertendo os papéis com ele para demonstrar o que eles consideravam ser uma abordagem mais persuasiva ou mais de acordo com sua capacidade. Num dado momento, todo o grupo entrou num processo de debate com a elaboração de uma tabela de pagamentos e o cálculo de pagamentos atrasados. Um nível de habilidades matemáticas nunca visto durante as aulas de matemática surgiu! A sessão foi centrada no protagonista, enquanto na primeira sessão com Humphrey ocorreu um psicodrama clássico. O treinamento de papéis se tornou teste de papéis e, num dado momento, Joseph, de sua cadeira de rodas, assumiu o papel de diretor, enquanto eu me tornava seu supervisor. (No compartilhamento, foi explicitado que Joseph havia passado por um episódio quase idêntico com o padrasto.)

O que se seguiu na vida real?

Humphrey não falou com o pai. Ele não foi bem-sucedido em reivindicar pagamentos atrasados, e só o foi marginalmente em seu pedido por um salário. Mas isso não lhe importava. Ele conseguira atingir seu objetivo, e, quando me encontrei com seu pai no Dia dos Pais, ele demonstrava claramente um maior respeito pelo rapaz, e vislumbrava-se o início de um sentimento de orgulho com relação ao desenvolvimento do filho.

O amor-próprio de Humphrey tem continuado a se desenvolver. Ele assume regularmente a direção das sessões por breves períodos e critica seu próprio trabalho e o dos outros mais prontamente. Está mais orgulhoso de si mesmo e se veste com esmero. Seu comportamento é mais "masculino" e, conseqüentemente, ele está se sentindo mais à vontade com as mulheres que freqüentam a aula.

O que ocorreu na sessão com Humphrey é um bom exemplo da observação de Alice Miller (1986), segundo a qual "a verdadeira saciação de antigas necessidades não é mais possível, uma vez que o tempo adequado a isso jaz irrevogavelmente no passado", uma afirmativa que, para mim, parece justificar o psicodrama. No psicodrama, o passado *pode* ser repenetrado. Humphrey foi capaz de experimentar novamente os diferentes períodos e encarar o pai em diferentes estágios de repressão. Ele encontrou advogados que respondessem por ele, e, por sua vez, aprendeu a falar em sua própria defesa. Ele se tornou, a cada nível da relação, aquilo que não havia sido capaz de ser na vida real. Em vez de ser punido, como o teria sido na realidade, ele obteve respeito por parte daqueles que desempenhavam os papéis familiares, bem como aplausos da platéia.

Ele saiu com uma confiança recém-descoberta e uma crença hesitante, porém crescente, de que pode efetuar mudanças em sua vida.

Qual foi o efeito no grupo?

As sessões de Humphrey estimularam o Grupo de Down e a equipe, no mínimo porque todos haviam participado e, assim, sentiam que haviam contribuído para o seu crescimento. A crença deles em sua própria eficiência como amigos e egos-auxiliares se acentuou, e o orgulho por pertencer ao grupo cresceu.

Annie, uma jovem meio gorda que raramente falava e tinha uma autoestima muito baixa, sentiu-se claramente sensibilizada pelo que ela percebia como sendo a coragem de Humphrey em "demonstrar" suas dificuldades. Ela pediu para mostrar seu quarto, na casa dela, ao grupo.

O quarto não tinha importância, mas ela se aferrou a isso, depois de ter presenciado o início de Humphrey, o que possibilitou um ponto de partida e permitiu que a cena se estabelecesse. Era um caso em que não importava onde a dramatização fosse iniciada, mas sim o fato de iniciar-se. A avó de Annie sempre a havia defendido, e fora uma boa ouvinte. Ela havia falecido algumas semanas antes. Annie não foi ao enterro, pois seus tutores tinham um senso de proteção inadequado e também admitiram estarem temerosos pelo que pudesse vir a ocorrer.

Annie dissimulou seu desapontamento, mas ficou magoada. Perguntou-se a ela se gostaria de dizer adeus à vovó, e onde a despedida deveria ocorrer. Annie respondeu com energia e muita clareza de detalhes. Ela então criou no palco a cena que era importante. Tratava-se da cozinha de sua avó, e ela se divertiu ao colocar as panelas, xícaras, cortinas e cores.

Para representar a amada vovó, ela escolheu um rapaz da idade dela, que usava cadeira de rodas, aceitando, sem pestanejar, a ausência de barreiras do psicodrama, quer se trate de homens, mulheres, crianças, capazes ou incapazes. Annie colocou a avó na mesa da cozinha; falou baixinho, quase sussurrando, sobre seu amor e sobre a despedida. Ela dispôs então os outros membros do grupo ao lado da tumba para o enterro. O procedimento normal se desenrolou, e via-se claramente que tinha pouca importância para Annie. Ela considerou tudo aquilo simplesmente um meio para chegar ao ponto culminante, que, para ela, era a colocação de flores sobre o túmulo. Papel e canetas coloridas sempre se encontravam à disposição, em meio a uma boa quantidade de recursos cênicos. Flores de todos os formatos, tamanhos e cores foram desenhadas. Mesmo os braços que sofrem de espasmos são capazes de desenhar uma corola de flor. O túmulo da vovó foi adornado com cores e alegria. "O que vamos fazer agora?", perguntei, e Annie respondeu firmemente: "Vamos para casa tomar chá e comer sanduíche de presunto".

Ela se sentou entre os imaginários, porém bastante reais, sanduíches, e chorou incontrolavelmente por vários minutos. Estava visivelmente cansada e acompanhou o compartilhamento, sem ouvir, mas em paz. Sua catarse havia ocorrido, não no ponto culminante da cena, mas ao som da sua própria voz encapsulando os componentes básicos do comportamento num velório britânico de classe média — chá e sanduíches de presunto.

Qual é a importância dos desenhos?

Cada membro do grupo desenhou uma flor ou uma corola de flor e a dispôs sobre o túmulo da vovó. Tudo isso foi feito com seriedade e com o maior respeito pelo ente amado de Annie, que ninguém jamais havia visto, mas que se tornou viva e morreu novamente diante de seus olhos. Eles sentiram o viver e o falecer da velha senhora, e sabiam, na plena acepção da palavra, da afeição de sua amiga com relação à vovó. Alguns choraram; todos estavam emocionados. O desenho foi uma outra forma de passagem ao ato, mas sua importância reside no fato de ser uma parte integral da ação, não uma aula de desenho em separado.

Dei-me conta de que meu entusiasmo pelo desenho ou a introdução de outras formas de expressão dentro de uma sessão, seja ela arte ou ciência, deve ser integrada ao todo da ação. O objetivo do desenho em cada sessão deveria consistir na criação de um fluxo de atividades em que todas as verdades espontâneas, criativas e essenciais fluíssem conjuntamente. As aulas individuais eram agora descartadas, em favor do "fluir da vida". Os estudantes e a equipe foram encorajados a pensar nas sessões e nas aulas em termos de padrões de vida normal em continuidade. Pagar as mercadorias numa loja não é uma atividade matemática separada. A caminho da loja, uma parada para admirar o jardim de alguém ou uma construção arquitetônica interessante não constitui uma experiência estética internalizada. A atividade física de passear durante as compras ou pegar um ônibus são todas partes respectivas do evento conjunto de se sair para fazer compras. Geografia, história, matemática, escultura, trabalhos domésticos e mesmo física são entretecidos às sessões, no decorrer do drama e da terapia. Introduzo essa filosofia em todos os meus grupos. Faço também com que os estudantes e a equipe funcionem como participantes intercambiáveis. Mesmo eventuais visitas, técnicos ou pessoal de manutenção que circulam pelo teatro são encorajados a contribuir com algo para as sessões. O uso do foco de luz já mencionado é um exemplo. Desencorajo observadores, exceto no caso de estudantes novos, tímidos, ou excessivamente retraídos, que necessitam aclimatar-se com vagar.

Como se percebem as falhas?

À medida que o trabalho se desenvolveu e os dois grupos se tornaram mais coerentes e orgulhosos de suas conquistas, igualmente o conceito de fracasso se tornou menos importante. Foram necessários três períodos, cada um de doze a treze sessões, para que chegássemos a esse ponto. O fracasso não apenas é admissível, mas considerado um passo na direção de algo mais. Mesmo as palavras "bom" e "mau" são menos ouvidas, sendo substituídas por atitudes positivas, numa cultura de grupo menos preocupada com o julgamento.

À medida que a equipe e os auxiliares tornam-se mais experientes e menos inibidos, as atitudes policiadoras e as respostas do tipo "Não faça isso" tendem a ser abandonadas. Elas são consideradas e compreendidas como métodos redundantes. A equipe e os auxiliares são ainda bem pouco especializados, e essa deveria ser uma providência urgente a ser tomada em breve.

A contribuição de cada estudante é valorizada, por mais que possa parecer bizarra ou oposta.

> Frank, deficiente e autista, foi pego se masturbando diante de algumas estudantes de uma escola de cabeleireiras das redondezas. Os moralistas tiveram um prato cheio. Realizamos uma sessão sobre comportamento sexual, inclusive uma aula sobre o desenvolvimento humano. A intenção era explicar que a comoção moral era um desperdício de tempo, uma vez que cerca de 1 milhão de anos de desenvolvimento dirige as pessoas para a satisfação sexual. As duas verdades relacionadas a ser deficiente, e talvez não tão atraente com relação ao sexo oposto, não foram evitadas. A ação e a discussão foram mescladas; havia, é claro, muito humor. Frank não foi excluído; ele também participou — como um membro do grupo.
>
> Realizou-se uma segunda sessão, psicodramática na forma, dentro de algumas horas, na qual Frank tornou-se o protagonista, e o contrato feito foi o de que ele teria uma aula sobre geografia; ou seja, como os lugares se relacionam às atividades. Caminhando juntos como grupo através da cidade no cenário estabelecido no palco, Frank e outros aprenderam que há lugares onde se podem fazer certas coisas e lugares onde não se permitem realizar determinadas coisas. Situações e relações amorosas, ou quartos solitários, mesmo banheiros, podem ser lugares adequados à masturbação. Lugares públicos, diante de uma platéia de cabeleireiras, não devem sê-lo.

A tristeza e o isolamento que um quarto pode representar em tal situação não foi evitada, mas encarada sem enfeites. Isso trouxe de volta um compartilhamento cheio de compaixão e revelações íntimas. Eu raramente havia presenciado tal empatia nesses dois grupos. Eles estavam vendo a si próprios. A mensagem era simples, enunciada com clareza, compaixão e humor. Frank viu-se não apenas entre amigos, mas também diante de paladinos. Não houve reincidência do problema.

Que tipos de luta existem?

Robert é o oposto do retraído. Ele costuma se deslocar com movimentos agressivos, pronunciando longas sentenças inteligíveis, ou cantando com estrépito. Geralmente é jovial, embora muitas vezes seja difícil saber por que, e costuma cantar repetidamente o primeiro verso de um hino. Essa cantoria é capaz de levar os outros à loucura, e, conseqüentemente, ele ouve "Pare com isso!" mais que qualquer outra frase.

Ele vive se oferecendo como protagonista, ou declara com orgulho: "É a minha vez". Suas sessões são ininteligíveis para a maioria das pessoas, mas muito agradáveis para ele, já que consistem, no mais das vezes, em performances *solo* de suas delícias vocais. Essas sessões precisam ser abreviadas, sob pena de que o grupo perca o interesse e se desintegre.

Uma ofensiva ocorreu, de modo bastante inesperado, numa manhã de inverno. Ao transportar algumas caixas de material cênico do estacionamento, Robert anunciou: "Eu caí do ônibus". Um ônibus de cadeiras e mesas foi construído rapidamente na classe, e escolheram-se os estudantes que deveriam ser os passageiros e o motorista. Três rapazes começaram a brigar pelo assento do motorista. Estava claro que quem venceria seria o grandão do Peter, de modo que fiz com que o pequeno Tom se tornasse o inspetor do ônibus, que teria que fiscalizar a condução feita por Peter. Joe, o terceiro dos rapazes enfurecidos, foi nomeado dono da companhia de ônibus, e assim todos ficaram satisfeitos e prontos a colaborarem com Robert. Enquanto isso, ele ficou perambulando por lá, deliciado com a "sua cena", mas sem desempenhar nenhum papel a não ser o de um ativo observador.

As passagens foram pagas e emitidas, juntamente com cálculos e discussões sobre preços. Ocorreu uma altercação moralista entre vários passageiros com relação a um "caroneiro" que havia saltado do ônibus sem pagar a passagem. Tudo isso foi tratado com muita seriedade, exceto por Robert, que continuou a circular pelo aposento, aplaudindo entusiasmado a "sua cena".

Com alguma dificuldade, foi persuadido a cair da plataforma, e ainda com maior dificuldade, a permanecer razoavelmente imóvel na rua. Alguns telefonaram pedindo uma ambulância, e os estudantes se revezaram no telefone para descobrir uma frase concisa e clara que transmitisse a urgência do pedido à telefonista do hospital. Os médicos chegaram, e Robert foi atendido com razoável competência, já que todos os estudantes tinham uma grande experiência com condutas médicas! Robert ainda permaneceu relutante no chão e na cama do hospital, mantendo seu papel de observador. Os membros do grupo foram encorajados a visitar o amigo no hospital. Eles chegaram com magníficos presentes, competindo entre si em criatividade. Robert, agora profundamente emocionado, chorou com algumas das visitas, e saiu de seu isolamento de observador. Formou-se um círculo, com Robert no centro: pediu-se ao grupo que o mantivesse em sua prisão circular. Era importante que se liberasse de sua energia reprimida. Ele lutou arduamente para se livrar dela, e descobriu que podia consegui-lo fazendo cócegas num dos carcereiros. Foi, ao mesmo tempo, uma libertação e uma ofensiva. Robert rapidamente voltou ao papel de observador solitário e cantador, mas agora sabia, assim como o resto do grupo, que podia sair dele quando quisesse. Foi o que ele fez nos meses seguintes, e cada vez mais.

O método é democrático?

O crescimento dentro do método psicodramático/sociodramático é o potencial real para a democracia. Poderia vir a tornar-se uma realidade? Creio que sim, mas é difícil chegar a isso na prática. São necessários vários ingredientes.

O primeiro deles seria um alto nível de participação ativa de todos os membros, que deveriam mobilizar o melhor de suas capacidades. Isso será sempre difícil num sistema educacional de métodos autoritários ainda bastante entranhados, freqüentemente encorajados, e que tornam-se, assim, um modelo. Esses métodos, por sua vez, são reforçados pela sociedade em geral, onde o dinheiro representa poder, e o poder não favorece a democracia. Tal situação encoraja o conformismo e a abdicação da responsabilidade pessoal em favor dos professores, administradores, burocratas e líderes políticos.

Uma dificuldade adicional residiria no fato de a participação ativa implicar um trabalho árduo, e é muito mais fácil delegar essa tarefa a alguém que queira o emprego, ou que diz querer o emprego. Quando se trata de pessoas que têm uma baixa auto-estima devido à deficiência, o trabalhador empenhado, o benfeitor que se autopromove e o líder carismático de grupo podem representar uma ameaça de golpe. As pessoas carismáticas precisam de controles e este século nos mostrou muitos exemplos. Os métodos de Moreno, se adequadamente usados, oferecem alguns controles necessários. O primeiro é o seu método de liberação, através da ação experimental de grupo, da espontaneidade, criatividade e reponsabilidade individual e coletiva. O segundo é a idéia e a prática contínua da inversão de papéis.

Um grupo que trabalha junto de modo prático e cuidadoso pode ser muito criativo, mas a pressão no interior de um grupo pode se tornar tirânica para alguns membros. A discórdia e as diferenças não devem ser apenas toleradas — o que, em si, pode ser arrogante ao extremo —, mas encorajadas como parte da sanidade do grupo.

Esses são alguns dos mais difíceis obstáculos à democracia do grupo, que não pode ocorrer só porque o líder ou os membros do grupo dizem que é desejável, não importa quão eloqüente seja o apelo. Isso precisa ser desenvolvido no sistema pelos participantes. Uma grande responsabilidade quanto a isso está nas mãos dos professores, líderes de grupo e diretores de sessões.

Todos nós já tivemos a experiência de assistir a palestras em que o orador começa por dizer: "Por favor, interrompam-me se tiverem alguma dúvida ou discordância". Na prática, poucas pessoas ousam interromper, pois, embora o orador tenha verbalizado a permissão, a "idéia" de interromper uma conferência não é desenvolvida na situação. Os ouvintes não têm um papel na promoção ou aceitação da idéia, e, portanto, não respondem. A construção de tal aceitação e da participação ativa nos dois grupos discutidos precisou de três períodos de trabalho conjunto, e muitas vezes sofreu reveses por parte de recém-chegados. Mesmo agora, após quatro anos, muito tempo e esforço tiveram que ser dispendidos na renovação do compromisso do grupo com o processo democrático. Os resultados, todavia, em termos de orgulho grupal e crescimento individual, justificam o tempo e o esforço.

Haveria linhas-mestras?

Desconfio de regras ou respostas já estabelecidas. Critérios diferentes produzem resultados diferentes. O que serve para mim hoje poderá não servir amanhã. Os seis pontos que se seguem tiveram validade no estabelecimento dos dois grupos coesos e democráticos mencionados neste capítulo.

1. Todos os dias, a vida se encarrega de lembrar às pessoas com deficiência as coisas que elas *não podem fazer*. É, portanto, importante encorajar e promover a crença e o orgulho pelo que eles *podem fazer*. Einstein falou diretamente a jovens com graves dificuldades de aprendizagem quando disse: "A imaginação é mais importante que o conhecimento".

2. Um diretor adequadamente formado e experiente, comprometido com o processo de aprendizagem em andamento.

3. Um ambiente solidário e afetivo, onde a confiança é estabelecida e os membros do grupo podem fazer revelações bastante íntimas sem se sentirem policiados ou punidos.

4. A determinação de encarar o desprazeroso e o feio no modo pelo qual tratamos a nós mesmos e somos tratados pelos outros.

5. Uma mesma determinação de se divertir juntos e valorizar o senso de humor que mantém a sanidade.

6. Uma cuidadosa administração do tempo de cada sessão e um amplo compartilhamento que possibilita que as pessoas sejam reapresentadas à realidade do mundo lá fora.

7. Constatei também ser da maior utilidade anotar as sessões; em primeiro lugar, o planejamento básico, com o compromisso de abandoná-lo em favor da ação do aqui-e-agora; a seguir, o que realmente ocorreu, e, em terceiro lugar, as conclusões (a serem incorporadas a trabalhos futuros).

Isso tudo vale a pena?

No final do período, ocorreu uma sessão. Ela foi particularmente intensa, e todos os membros que se haviam envolvido, trabalhado conjuntamente ou concordado em divergir, contemplaram o lado sombrio, assim como a luz do sol, e compartilharam tudo longa e intensamente. Enquanto o grupo se dispersava, uma jovem com síndrome de Down veio ao meu encontro e disse, com energia e afeto: "Foi sensacional, Ken; como se todo mundo fosse um alguém!".

Referências bibliográficas

Muller, A. (1986) *Pictures of a Childhood*, Nova York: Simon & Schuster.

Bibliografia complementar

Crum, T. F. (1981) *in* G. Schattner & R. Courteney (eds.) *Drama in Theraphy*, Nova York: Drama Book Specialists.
Gray, N. (1979) "I'll Take You to Mrs. Cole", publicação particular, comunicada via correspondência.
Pearson, D. (1989) "The Drama", texto apresentado à Australia New Zealand Psychodrama Association.

* Eu não me divorciei do papai.

CAPÍTULO CINCO

Tempo, espaço, realidade e família
Psicodrama com uma família reconstruída

Zerka T. Moreno

Introdução

Este capítulo aborda um conjunto relativamente raro de circunstâncias, em que toda uma família tomou a decisão de se submeter a uma internação e passar uma semana — a única semana disponível em suas várias programações para o verão — fazendo uma avaliação e recebendo algumas orientações básicas para a conduta futura. Como eles moram longe, não temos condições de ter um contato contínuo. O relato de nossas explorações psicodramáticas tem que ser menos detalhado do que seria normalmente, devido à falta de espaço e ao número razoavelmente grande de participantes. Assim, as sessões são apresentadas de forma esquemática.

É o segundo casamento de ambos os genitores. O pai tem cinco filhos; ele se divorciou há três anos. A mãe era viúva, e trouxe um filho junto com ela. (Ver Figura 5.1)

O foco principal parece ser encontrar uma solução para algumas ações cotidianas, e avaliar que mudanças devem ser efetuadas.

Os pais desejam que a família prossiga o tratamento quando voltarem para casa, se necessário, com outros terapeutas; de forma alternativa, poderemos nos deslocar até eles para reavaliá-los e orientá-los em direção a novos progressos.

Decidimos proceder o mais sistematicamente possível, examinando juntos os fatos, os indivíduos e suas várias necessidades, a estrutura da família em termos de sistema geral e subsistemas, as fronteiras, os níveis de intimidade e comunicação, os conflitos de gerações e intergerações, as interações de papel, as considerações éticas, os impulsos e refreamentos, a história passada, e aquilo que alguns terapeutas apontam como obrigações e direitos (Karpel & Strauss, 1983). "Nós" significa J. L. Moreno e eu, trabalhando como equipe de co-terapeutas.

Primeiro contato

O telefonema interurbano que cruza o continente é o nosso primeiro contato. A família procurava um local para tratamento com internação em que toda a família pudesse ser acomodada. Os pais conhecem nosso trabalho, e o processo de psicodrama é uma das razões que os fizeram optar por esse tratamento. A família reservara duas semanas de suas férias de verão para esse projeto. Metade desse tempo se destinaria à viagem, a ser feita num ônibus da família.

"Vocês podem atender a todos nós?"
"Sim, claro, teremos prazer em recebê-los. Quantos vocês são?"
"Oito, dois adultos e seis jovens."
"Qual a idade dos jovens?"
"Entre doze e dezenove anos." (Ver Figura 5.1.)
"O que você considera como os problemas mais prementes?"
"Um conflito cada vez mais violento entre os dois rapazes. As outras crianças são meninas."
"Você sente que um dos meninos é o instigador principal, ou ambos são igualmente responsáveis?"
"Parece-nos que se trata do mais velho."

Temos o problema apresentado, e um paciente identificado. Sabemos que isso é tão-somente o início.

Determinamos datas mutuamente satisfatórias e preparamos acomodações adequadas. Já sabemos que não devemos colocar os dois rapazes num quarto com duas camas e, além disso, que os outros quatro filhos são meninas. Também somos informados de que cinco dos filhos são do pai, sendo que a menina de treze anos é só da mãe.

Primeiro encontro e sessão de abertura

Logo após a chegada, acomodamos os membros da família em seus quartos e nos dirigimos para o teatro. Explicamos a utilização do teatro, e damos uma idéia do nosso processo de trabalho. Fica claro que o aspecto lúdico tem um apelo para eles; mostram-se abertos e parecem desejosos de iniciar.

Como vieram num veículo relativamente grande e a viagem durou vários dias, despenderam boa parte do tempo em situação de confinamento. Decidimos começar por aí, indo da assim chamada periferia para o centro, mas conscientes de que isso pode revelar algumas das características essenciais da interação entre os membros da família.

O diretor inicia a sessão:

"Por favor, subam ao nível superior do palco e disponham os assentos do ônibus de vocês."

Ação realizada rapidamente (ver Figura 5.2.).

Agora temos um sociograma de assentos visível. A disposição é como eles escolheram estar juntos.

"Houve mudança de lugar durante a viagem?"

Figura 5.1 Estrutura da família

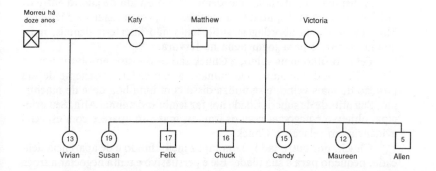

Figura 5.2 Disposição dos lugares no ônibus da família.

Matthew
(Pai, motorista)
Katy
(Mãe, madrasta)
Chuck
(16 anos)
Maureen
(12 anos)

Felix
(17 anos)
Susan
(19 anos)
Candy
(15 anos)
Vivian
13 anos)

"Não, mas isso também foi a causa de discussões entre os dois rapazes, as únicas discussões."

Matthew, o pai, é o principal porta-voz, e Katty, a mãe, de vez em quando arrisca alguns detalhes; eles possuem uma interação harmoniosa.

"Por favor, continuem e mostrem-nos a essência da interação durante a viagem."

A disputa é moderada, mas demonstra o estado de guerra entre os dois filhos, ambos disputando a atenção e a proximidade de Matthew. Matthew usa uma abordagem sutil, tenta não interferir demais, mas, quando o faz, é para jogar água na fervura.

Felix, o filho mais velho, e Chuck são os opostos absolutos um do outro. Felix é dominador, determinado a não ceder, consciente de sua posição de mais velho, e se utiliza disso com uma boa dose de machismo. Sua atitude de superioridade nos faz lembrar o animal Alfa. Seu principal objetivo é negociar com os irmãos, mas isso aparece com especial evidência em relação a Chuck.

Chuck, por outro lado, é um rapaz meio tímido e de aparência delicada, pequeno para a sua idade. Ele é persuasivo e tenta negociar a troca de assento com Felix, mas sem sucesso. Matthew evidentemente está consciente de que a reorganização dos lugares favorecerá a sublevação entre os outros, na medida em que eles tendem a temer Felix.

À medida que a discussão entre eles evolui, Susan começa a empertigar-se em seu banco; ela parece tornar-se cada vez mais incomodada. Como permanece em silêncio e está sentada próxima a uma figura protetora, sua madrasta, e todos os outros não exibem nenhum comportamento exterior nessa linha, um "duplo" é designado para ela, e sua função é explicada. Ele pretende procurar sentir a razão para o desconforto de Susan. A tarefa do duplo é trazer à luz os processos internos silenciosos. Ele nota que o pé direito de Candy está apoiado nas costas de Susan, e parece estar pressionando-a. Sentindo no lugar de Susan a tensão, a raiva, o duplo subitamente vira-se para Candy e explode:

"Quem você pensa que é, colocando esse pé assim nas minhas costas? Você quer me jogar pra fora? Não está certo. Estou ficando cheia disso. Vê se pára!"

A tensão no grupo se desloca do que parecia ser um problema central de interação para uma nova área, para surpresa de todos. Candy fica estupefata e silenciosa. A razão da surpresa surge mais tarde no compartilhamento após a dramatização.

Susan se ruboriza, enquanto explica delicadamente a Candy:

"É verdade. Nunca consegui dizer isso para você, mas tenho sentido sua hostilidade em relação a mim já há algum tempo. Eu não entendo. Não sei o que fiz para você me tratar assim."

Candy é incapaz de falar.

Reconhecemos que essa é uma segunda área que demanda um exame posterior. A dramatização termina aqui, e o compartilhamento e diálogo se iniciam. A surpresa com relação à interação Susan-Candy aparece:

"*O duplo fez certinho. Candy é uma outra personalidade mandona da família, e Susan tem dificuldade com esse tipo de pessoa. Mas não percebemos o que aconteceu entre elas durante a viagem*".

Alguns dos conflitos não tão visíveis estão começando a emergir.

Segunda sessão — divórcio e efeitos posteriores

É hora de examinar como eram as famílias antes do divórcio.

A entrevista revela primeiramente a história de Matthew, a qual, por ele ser o pai da grande prole que trouxe para o casamento, é mais complexa que a da mãe-madrasta. A única filha dela é Vivian.

Matthew tem cinqüenta anos, e é um profissional bem-sucedido. Ultimamente, começou a sondar uma nova carreira, na qual sinta que terá maior satisfação e se sentirá mais útil. Financeiramente, como sua mulher trabalha, essa mudança seria viável. Katy tem 38 anos; mas sua carreira é mais recente. Desde a morte do seu primeiro marido, quando Vivian era bebê, ela é a única responsável pelo sustento da filha. Ao casar-se pela primeira vez, abandonou os estudos secundários. O seguro de vida do marido ajudou a sustentá-la e à sua filha enquanto ela trabalhou meio período, mas o segundo casamento possibilitou sua atual atividade profissional. Matthew aplaude sinceramente as conquistas dela. Eles estão casados há dois anos.

O casamento anterior de Katy não teve duração suficiente para a ocorrência de problemas dignos de nota, exceto a doença do marido e seu falecimento precoce. Ela conduziu sua vida extremamente bem, e é uma pessoa calorosa e estável.

Está na hora de explorar a relação entre Matthew e a primeira mulher, a mãe de seus filhos. Descobrimos a existência de mais um filho, Allen, um menino de cinco anos que vive com a mãe.

O ego-auxiliar que vai representar a primeira mulher é a madrasta (segunda mulher). Ela conhece Victoria, e todos concordam em que ela será uma representante adequada; o diretor pergunta a Katy se ela aceitará correções por parte dos membros da família, com possível duplo para Victoria à medida que eles acharem conveniente. Ela concorda. O resto da família está bem aquecido, e torna-se cada vez mais disponível para o processo psicodramático. Na realidade, estamos bastante surpresos com a pequena resistência que até então encontramos entre eles. Claramente, estão sequiosos por descobrir resoluções pacíficas para algumas de suas dificuldades interacionais. Apesar de novas, as crianças parecem estar conscientes do impacto psicológico da história delas, e o aspecto lúdico do psicodrama as atrai. Estão também aprendendo muitas coisas novas sobre si próprias e sobre cada um dos outros.

Matthew confronta "Victoria" com sua decisão de deixá-la e às crianças e começar a viver sozinho. Essa cena ocorreu quatro anos atrás. Não há outra mulher em sua vida, mas os conflitos com Victoria tornaram-se difíceis demais, e o trabalho dele tem se ressentido dessa pressão.

Um dos elementos essenciais da dissolução da relação é que Victoria é reconhecidamente uma depressiva grave, que se recusa a submeter-se a tratamento. Ela não é simplesmente retraída, mas desconfiada e hostil. Mostra-se especialmente implicante com Candy, a quem acusa de todos os tipos de falta aparentemente infundados. Matthew diz a "Victoria" que a razão principal pela qual ela rejeita Candy é que a menina é uma versão sadia dela própria, Victoria, felizmente sem depressão. Quanto mais acusadora "Victoria" se torna, explica ele, mais ele tende a proteger Candy, e assim as coisas se tornam cada vez piores.

Ainda que retirar-se do campo de ação pareça ser um comportamento tanto insensível quanto covarde, ele acha isso absolutamente necessário, quando não por razões econômicas. Ele precisa ao menos ser capaz de ganhar um salário decente para sustentar uma família tão numerosa. Quando solicitado a virar a cabeça e fazer um solilóquio, ele revela o quanto foi idiota por não haver se dado conta mais cedo da doença de Victoria, para que decisões adequadas pudessem ter sido tomadas. Mas agora é tarde demais, e ele precisa fazer qualquer coisa para salvar a família. Ele acha que essa é sua única saída.

Tudo isso é uma verdadeira revelação para as crianças, que nunca, como costuma acontecer, tiveram acesso às razões das dificuldades da família. Ao mesmo tempo, Matthew não acusa "Victoria", mas deixa claro que percebe a responsabilidade dele próprio nisso tudo.

Katy, no papel de Victoria, acusa-o de deserção, de ser infiel, mau marido, mau pai e um mau exemplo para as crianças. Estamos conscientes de que essa é também uma maneira de depurar Katy dos sentimentos que ela absorveu a partir das informações dadas a ela por Matthew e os jovens nos últimos anos.

Sua atuação tem o reconhecimento dos outros, que acham ter muito pouco a acrescentar, exceto por alguns deles afirmarem que tinham ouvido diretamente comentários desse tipo, especialmente depois que Matthew se casou novamente.

É digno de nota que os vários membros da família tenham diferentes percepções sobre os outros, mas que, dadas as evidências aqui descritas, a mãe ausente e ex-mulher representa para eles uma fonte insolúvel de conflitos. Tiramos Katy do papel e lhe agradecemos pelo bom desempenho.

Devido a isso e a sua própria decisão subseqüente de sair da casa da mãe, Susan solicita permissão para confrontar sua mãe como não havia sido capaz de fazer na vida real, devido ao estado emocional da mãe.

Agora é Susan que, em lágrimas e cheia de remorsos, explica à sua "mãe" na cadeira vazia por que precisou ir embora. Ela relata que não pôde mais suportar as divisões na família, as tentativas da mãe de se aliar a Susan contra Matthew, a quem Susan ama, e sua relação com Felix, usando-o como aliado e agente para disciplinar as crianças menores. Susan acusa Victoria em especial por sua rejeição com relação a Chuck e Candy, atitude que considera injusta e inadequada. É verdade que Candy tenta se defender, mas Chuck está completamente subjugado e atemorizado, assim como o caçula, Allen, que fica perturbado com a confusão.

Nesse ponto, começamos a entender parte do comportamento de Felix até então. Ele foi treinado desde o divórcio para ser o homem da família, e esse comportamento o coloca agora, na nova família, em oposição a Chuck, como Victoria o havia insuflado.

Susan termina a cena informando sua mãe de que, em favor de sua própria sanidade, ela precisa partir e não está mais em condições de ajudar.

Na realidade, essa cena nunca ocorreu, é uma interação na "realidade suplementar", mas deveríamos recordar que no psicodrama cenas, relações, eventos que nunca ocorreram são freqüentemente a fonte da catarse mais profunda para o protagonista que necessita dela para sarar. É essencial ao psicodrama lembrar sua prosopopéia, que certamente é uma idéia central em termos de realidade suplementar, na medida em que esta significa tanto a personificação de coisas inanimadas, a representação de uma pessoa imaginária, ausente ou falecida, quanto o falar ou atuar.

Há muito compartilhamento e discussão, e os familiares sentem que estão começando a esclarecer os vários passos dados por cada um deles, com um certo alívio pelas culpas expressas à medida que vêem que não agiram de má-fé, mas se baseavam num pressuposto racional.

Fica claro que a única pessoa presente que não estava envolvida em conflitos com Victoria é Maureen. Ela era ainda muito pequena, embora, como seu irmão mais novo, fosse surpreendida com os problemas; mas aprendeu a ser a mascote de todos como compensação, de forma razoavelmente bem-sucedida. Esse comportamento inócuo a manteve em segurança, mas também enfraqueceu as ligações emocionais com o resto da família. De forma benigna, ela também é uma solitária, assim como o pequeno Allen. Reservamos isso para futura referência, se necessário.

O impressionante contraste de imagens de masculinidade representado pelos rapazes mais velhos é outro aspecto com que temos que lidar.

Estamos vendo algumas das subestruturas dessa família: Matthew-Katy (atração mútua); Felix-Chuck (rejeição mútua); Susan-Candy (ambivalente); Vivian-Maureen (ainda não esclarecida, mas parecem manter um bom relacionamento); Chuck-Candy (mutuamente suportiva, muito próximos em idade, mas com alguma ambivalência); Katy-Susan (mutuamente suportiva); Katy-Vivian (levemente conflituada desde a chegada dos membros adicionais; Matthew-Felix (ambivalente). Sem dúvida, novos sub-grupos serão revelados à medida que prosseguirmos, possivelmente alguns triângulos, bem como outros pares.

Terceira sessão — como vocês se conheceram?

A terceira sessão trabalha a família recém-reconstruída.

Katy e Matthew se conheceram em casa de amigos, após sua saída de casa. O romance floresceu rapidamente. Para mostrar o período inicial de casamento, Matthew, Katy e Vivian, sentados à mesa de jantar, com vinho e luz de velas, representam um trio de aparência irreal, com Vivian aquecida por sua felicidade recém-descoberta. Ela não lembra de seu pai, e dá-se bem com Matthew. Ele, por sua vez, não tem dificuldade em se relacionar com uma criança mais nova, e mostra em geral ser um pai atencioso, o mesmo ocorrendo com relação à sua própria prole. Aqui, o vívido contraste entre o velho e o novo emerge e desperta nossa atenção.

Tomamos conhecimento de que Vivian, outrora a princesinha do segundo casamento, está em vias de ser destronada pela emergência dos filhos do padrasto, e precisamos avaliar o que isso significa para ela. Desvelamos alguns dos fios que ligam o passado ao presente.

O diretor encerra a cena, e pergunta:

"Como as coisas mudaram? Quando seus filhos chegam para ficar, Matthew?".

Após breve discussão, prepara-se a próxima cena.

Estamos um dia ou dois antes do Natal do ano anterior, no início das férias escolares. Matthew, Katy e Vivian estão decorando a árvore de Natal. O período de lua-de-mel não terminou ainda, e a alegria por estarem juntos é evidente. Os filhos de Matthew vieram para passar as férias e alguns fins-de-semana, mas voltam para casa no início das aulas. A nova família mudou-se da casa anterior para uma maior, para acomodar os novos integrantes.

A procissão começa: há uma visitante inesperada, Susan. Ela chega carregada de malas, em férias escolares. Assim que entra, começa a chorar. Os três rodeiam Susan; Katy a consola até que ela se acalme. Numa voz ainda tensa e contida, Susan anuncia ter saído em definitivo da casa da mãe. Após o primeiro semestre na faculdade, constata ser insuportável viver naquele lugar tão perturbado. Ela não planeja voltar para lá.

Achamos que é preciso ouvir o solilóquio de cada um. É um procedimento muito dramático, que irá criar uma justaposição na família.

"Como vocês se sentem em relação ao que está acontecendo? Matthew, por favor, comece. Você já sabe como fazê-lo. Precisamos ouvir suas reflexões e sentimentos. Não fale para os outros. Isso não é diálogo, é conversa com o 'self' que normalmente os outros não ouvem. Mas aqui fazemos isso em voz alta."

Matthew (parecendo muito preocupado, franze a testa no início): "Deus do Céu, como Victoria reagirá a isso? Estou satisfeito por ver Susan aqui, mas isso pode ter outras conseqüências. Será que Victoria descontará nos outros? Vejo Katy sendo útil a Susan. É melhor que eu vá logo e veja como o resto do pessoal está se virando."

Katy (sem revelar qualquer perplexidade, preocupada com Susan): "Isso era inevitável. De qualquer modo, Matthew sabe que eu estava preparada para algo nesse sentido. Mas eu não sabia que seria tão cedo. Imagino como Vivian reagirá a isso! (Olha para a filha que está de pé e assiste a tudo com muito interesse.) Pode ser complicado, mas precisamos estar preparados para enfrentar essa questão. Creio que posso dar conta do recado. É bom saber que Susan se sente suficientemente segura para vir."

Diretor: "Você também, Vivian, vamos ouvi-la."

Vivian: "Puxa, como será ter uma irmã mais velha? Gosto mais ou menos de Susan; em todo caso, ela fica na faculdade a maior parte do tempo. Acho que posso dar conta disso. Esperemos para ver."

Susan (um aceno de cabeça do diretor na direção dela): "Saí-me melhor do que pensei. Espero que os outros não fiquem muito aborrecidos, mas eu não suporto mais."

Terminamos a exploração dramática aqui, e descobrimos que havia um hiato de vários meses antes que os outros filhos se juntassem ao pai e a Katy. Decidimos que isso seria levado para a próxima sessão. Pedimos aos jovens que pensassem em sua entrada na nova casa, não para discuti-la ainda, mas que saíssem e relaxassem de alguma forma. Já discutimos problemas suficientes para um dia.

Vemos agora algumas subestruturas mais complexas; triângulos se desenvolveram, assim como um quadrângulo: Matthew-Katy-Vivian, Matthew-Katy-Susan, Matthew-Katy-Vivian-Susan. Estamos na expectativa de saber sobre a migração dos outros membros, mas, assim como Matthew, lamentamos por Victoria, que parece ficar cada vez mais isolada.

Quarta sessão — os outros seguem

Felix é o segundo a chegar, e torna-se nosso protagonista.

Vemo-lo sozinho em seu quarto na casa da mãe, agitado, pensando. Ele não fala a ninguém sobre seus sentimentos, de forma que pedimos que ele faça um solilóquio. Felix é um rapaz atlético, de altura média. Enquanto Susan sempre foi uma boa estudante, ele dá um jeito de sobreviver, preferindo os esportes aos estudos. No entanto, nunca foi reprovado. Possivelmente, é mais afetado pelas várias distrações em casa, as quais Susan conseguiu superar. Na realidade, ela dá evidências de haver mergulhado em seus estudos para se isolar dos conflitos. Matthew tem mantido Felix num nível aceitável, insistindo em que ele se esforce a fim de ser aceito nas atividades esportivas.

Felix (notem quão freqüentemente apelamos para o solilóquio a fim de dar ao protagonista uma chance de se abrir sem ter suas revelações discutidas ou contestadas, aceitando-as como elas ocorrem, uma vez que raramente os membros de uma família são suficientemente abertos entre si, e tal abertura deixa-os vulneráveis):

"Uma vez que Susan se foi, mamãe depende ainda mais de mim. Sinto falta de papai. Não posso substituí-lo. Além disso, mamãe exige tanto que eu me sinto estrangulado (põe as mãos em torno do pescoço). Nada do que faço está certo. Gostaria de sair-me melhor. Mamãe está tão infeliz!".

(Ele sai de casa e começa a andar para cima e para baixo no quintal da casa da mãe, brincando com uma bola de basquete imaginária e atirando-a na área designada para a cesta. A movimentação e essa atividade parecem acalmá-lo.)

"Gostaria que papai e mamãe pudessem ter-se entendido melhor e não tivessem se separado. Papai tem uma relação muito melhor com Katy. E Katy realmente está se esforçando um bocado para ser amiga. Acho que irei falar com eles."

(Ele pega sua bicicleta e sai.)

Diretor: "Vamos ouvir o que você está sentindo enquanto pedala, ou em que está pensando".

Felix (pedala sentado numa cadeira):

"Estou preocupado com Allen. Eu gosto muito dele. Ele ainda é muito pequeno e eu sou novo demais para cuidar dele. Vou falar com papai sobre Allen".

(Notem que ele parece ignorar os dois irmãos menores mais próximos a ele em idade; há um ano de diferença entre ele e Chuck, dois anos entre ele e Candy. Registramos isso, e posteriormente descobrimos mais coisas sobre essa tríade.)

Felix pára: "É isso!"

Diretor: "Quem está em casa de seu pai e de Katy?"

Felix: "Os dois e Vivian. Susan está na escola".

Diretor: "Continue, e fale com Matthew e Katy. Vivian também está lá?"

Felix: "Acho que não". (Eles sobem no palco.)

Diretor: "Vamos entrar no encontro entre vocês três".

Matthew: "Alô, Felix, entre. O que o traz aqui? Aconteceu alguma coisa de errado?"

(Matthew está sempre consciente de que a velha situação familiar tem uma base muito frágil, e de que há problemas freqüentes.)

Katy parece apreensiva, diferente do dia em que Susan chegou; claramente, ela sente que sua relação com Felix é mais complicada. Uma exploração posterior revelará algo sobre a história emocional de Katy relacionada com essa dificuldade.

Felix diz-lhes aproximadamente as mesmas coisas que já ouvimos no solilóquio, mas, subitamente, explode:

"Acho que não agüento mais viver com mamãe. Posso vir morar com vocês?"

Aqui, pedimos a cada um dos pais que façam um solilóquio sobre suas reações.

Matthew: "Lá vamos nós de novo. Exatamente como eu e Katy havíamos conversado. Mais cedo ou mais tarde, isso provavelmente aconteceria. Quando Susan chegou, Victoria se amargurou muito. Isso irá feri-la ainda mais. Felix é seu maior apoio. Meu Deus, está cada vez mais pesado. Ela é muito infeliz, e nós simplesmente não parecemos capazes de ajudá-la".

Os filhos ouvem atentamente; todas as revelações ampliam a sua visão e os tornam mais sensíveis com relação aos mais velhos e suas preocupações.

Katy: "Nunca tive um filho homem. Matthew e eu teremos que trabalhar juntos nisso. Bem, os jovens sem dúvida necessitam de ajuda. Victoria realmente não tem condições de cuidar deles. É uma família numerosa, e seria complicado, mesmo nas melhores circunstâncias".

Diretor: "Vivian, você se lembra do que sentiu quando isso aconteceu?"

Vivian (demora um pouco para responder): "Pode ser interessante, mas não tenho certeza de como me sinto em relação a isso. Nunca tive irmãs ou irmãos; às vezes me sinto um pouco atolada. É mais difícil para mamãe e eu estarmos próximas como costumávamos estar".

Agora Felix confronta o pai, e pergunta o que deveria ser feito com relação a Allen. Matthew observa que ele ainda precisa de sua mãe, e ela, por sua vez, também necessita ficar com ele. Além disso, ele lembra que, devido às discrepâncias de idade, sempre que Allen vier visitá-los, Katy deverá ser encarregada de cuidar dele, uma vez que todos têm seus amigos e não abrem mão de suas atividades. Seria bastante injusto, de toda maneira, tomar a drástica medida de tirá-lo da única casa que ele conhece, e, além disso, destituir totalmente sua mãe.

Durante o compartilhamento e a discussão, descobrimos que Felix é o único dos filhos que ainda costuma visitar a mãe e Allen de vez em quando.

O diretor pede a Felix que mostre essas visitas, e Felix escolhe Katy para ser a mãe, e Maureen para representar Allen. Fica claro, a partir das inversões de papel com Victoria, que ela se sente muito carente por sua partida, e o acusa, assim como o fez com Matthew, de deslealdade. Felix tem uma boa carga de culpa residual, mas sua necessidade de estabilidade emocional o ajuda a repelir algumas das acusações. Uma cena tocante se desenrola quando ele inverte papéis com Allen, que lhe pergunta o que quer dizer divórcio, e, nesse papel, diz a Felix: "Eu não me divorciei de papai".

Essa parece ser uma das áreas mais perturbadas e não resolvidas a ser enfrentada pela família. O filho caçula pôs o dedo em um dos aspectos mais difíceis da ruptura familiar.

Desenterramos um outro triângulo, Felix-Victoria-Allen, e a díade ausente, Victoria-Allen. A família comenta o fato de que Allen defende sua mãe sempre que vem visitá-los; está claro que o garoto se tornou precocemente consciente de alguns dos substratos dos conflitos, e se transformou no protetor de sua mãe.

Quinta sessão — a vez de Chuck e Candy

Os dois filhos mais velhos a seguir, informa-nos Matthew, por serem de idades tão próximas, foram criados como trigêmeos, juntamente com Felix. Ele acredita que foi nesse ponto que Victoria começou a sentir que sua carga era grande demais e o casamento começou a ruir. Foi a isso que Matthew havia se referido anteriormente, culpando-se por não haver compreendido como e quando isso ocorreu. Esse fato lança também uma nova luz sobre o conflito entre os dois rapazes. Como Felix era claramente o filho preferido, a negligência emocional com relação ao filho nascido a seguir era quase inevitável, e quando Candy, uma menina sapeca e cheia de energia, surgiu, a dissolução tornou-se ainda mais óbvia. Além disso, Felix exibe características que, de algum modo, lembram as de sua mãe, talvez aprendidas, enquanto Chuck é completamente diferente. Sendo a irmã mais nova sua melhor amiga, e Susan sua protetora, sua idéia de como não ser um homem está personificada pela atitude de assumir uma posição totalmente oposta à de Felix.

Pode-se dizer que Felix era o "bebê psicodramático" de sua mãe, seu filho ideal. Evidentemente, ela não desejava ou necessitava de nenhum outro. Mas eles vieram, e aqui estão, pequenos filhotes carentes de um ninho.

> Voltamos nossa atenção a seguir para Chuck e Candy, uma vez que sabemos que eles vieram juntos para a casa do pai. Eles sobem ao palco e mostram o que aconteceu. É cerca de uma hora da madrugada, durante os feriados de Páscoa. Descobrimos que Chuck freqüenta uma escola particular, porque apresenta pequenas dificuldades de aprendizagem. A data de seu feriado difere em cerca de um dia da de Candy, de modo que ela esperou que ele começasse. Eles haviam falado a respeito de sair de casa e planejam fazê-lo agora. Juntam apressadamente algumas peças de roupa, e lá vão eles.

Não há muitas informações novas sobre suas razões, exceto que Victoria tornou-se ainda mais dura com os dois, e eles com freqüência têm que se ajudar um ao outro. Até então, todos os jovens apresentam mecanismos de autoproteção intatos, embora Chuck seja o menos bem dotado. A chegada deles, apesar da hora tardia, era mais ou menos esperada, e, no momento, as mudanças estão se tornando rotineiras. Katy e Matthew sabiam que se tratava apenas de uma questão de tempo.

Tecnicamente, a mãe deles tem a custódia, mas em seu Estado, a partir de certa idade, os filhos têm permissão para escolher com qual dos pais desejam viver.

Supõe-se que Victoria esteja razoavelmente aliviada por se livrar dos dois filhos que ela menos queria e com quem mantém relações problemáticas. Agora, apenas Maureen e Allen estão morando com ela; o consenso é de que ela pode dar conta disso razoavelmente melhor.

Decidimos deixar que Chuck tenha sua sessão, e, novamente, sofremos o impacto referente à assombrosa diversidade existente na família.

> Chuck prossegue, de forma monodramática, assumindo ele próprio todos os papéis para mostrar como despende o tempo como auxiliar de monitor durante as férias de verão, num acampamento para crianças deficientes. Ele é um conselheiro afetuoso e cuidadoso, e fica claro que desempenha sua função de forma magnífica. Em casa, avalia-se que é um pouco desajustado, mas, agora que todos podem vê-lo num ambiente diferente, algo sobre sua verdadeira natureza se revela. É evidente que tudo isso é novo para o resto da família; embora os pais recebam informações positivas sobre seu trabalho, não o haviam presenciado em ação.

A conscientização de que o adolescente tem muitos papéis, e que esses potenciais não são sempre ativados no meio familiar, ajuda os outros a verem-no de forma diferente.

> Um aspecto significativo da estrutura familiar é sua estrutura de papel — ou seja, os papéis que são designados e assumidos pelos indivíduos na família e as relações entre eles ou os papéis. A discussão não se refere aos papéis familiares no sentido funcional, isto é, o papel da mãe ou pai etc., mas a papéis no sentido de identidades agregadas, tais como a do "anjinho" ou a do "pacificador". O termo "papel" é usado com freqüência para descrever as apresentações do "self" que todos nós assumimos em situações sociais ou profissionais. Os papéis são em geral meio temporários e limitados, e assumidos consciente e deliberadamente. Em outras palavras, há na verdade muito pouca superposição entre o que sentimos que realmente somos e como podemos atuar diante do dono da mercearia da esquina ou de um vizinho.
>
> Todavia, quando falamos de papéis na família, estamos discutindo um fenômeno bem diferente. Os papéis que nos são dados e que assumimos em nossas famílias são mais permanentes, menos flexíveis e geralmente menos conscientes. Nesses casos, há uma grande superposição entre quem somos em nossas famílias e quem sentimos que realmente somos. Podemos entrar e sair de papéis que desempenhamos junto a nossos vizinhos com a mesma facilidade com que vestimos ou tiramos um casaco, mas tentar mudar nossos papéis na família é com freqüência mais parecido com tentar escapar de uma camisa-de-força.
> (Karpel & Strauss, 1983: 26)

O fato de que Chuck tenha sido visto numa posição de força nos ajuda a decidir a entrar na realidade do problema presente, a saber, as brigas entre ele e Felix. Registramos esse plano em nossas mentes para a sessão seguinte.

Sexta sessão — os rapazes e seu conflito

Como a disposição dos aposentos onde vive a família é desconhecida, Katy e Matthew desenharam um esquema da casa e seus ocupantes (ver Figura 5.3.). Assim como na maioria das famílias, há critérios sexuais no agrupamento dos jovens. Mas as dificuldades entre os rapazes fazem tal proximidade ser meio indesejável, e podem ampliar o problema entre eles. Na próxima cena, veremos como o "imperativo territorial" funciona aqui (Z. Moreno, 1966: 235). Somos informados de que as piores cenas ocorrem à noite, nos fins de semana e durante os feriados, períodos em que o compartilhamento de tempo e espaço estão particularmente em evidência. Sociometricamente, o compartilhamento de tempo e espaço são categorias dinâmicas vivas, oportunidades para contato interpessoal de impacto tanto positivo quanto negativo.

PRIMEIRO ANDAR

Quarto de dormir	Banheiro	Quarto de dormir
Felix		Chuck

SEGUNDO ANDAR

Quarto de dormir		Quarto de dormir
Matthew e Katy		Susan
Banheiro		Banheiro
Quarto de dormir		Quarto de dormir
Vivian e Maureen		Candy
Banheiro		

TÉRREO

Sala de estar	Cozinha	Sala de jantar
Sala íntima		Lavabo

ENTRADA

Figura 5.3. Área residencial

É noite. Os rapazes estão no andar de cima, nos quartos, fazendo lição ou o que quer que precise ser feito, cada qual em seu canto. Cada um deles tem um televisor, providência tomada para reduzir os choques. Há visitantes embaixo, na sala de estar, o que faz com que os pais desejem particularmente um pouco de paz e silêncio, um outro aspecto do compartilhamento de tempo e espaço. Os outros filhos observam a cena. Em casa, não são apenas espectadores, mas também atores envolvidos. Decidimos enfocar os vínculos centrais.

Súbito, estoura a briga. Felix entra no banheiro, sai e grita com Chuck, pois ele deixou o banheiro desarrumado, não pendurou as toalhas, não limpou a banheira, nem enxugou o chão, como deveria ter feito, já que era sua vez. Essas tarefas são executadas em rodízio, e Felix acha que ele as desempenha bem, enquanto acusa Chuck de ser negligente e relaxado. Chuck tenta se defender, mas Felix começa a agredi-lo fisicamente. Esse é o padrão que ele aprendeu em sua primeira casa, e é a única maneira pela qual sua mãe conseguia lidar com o que considerava comportamentos desleixados dos filhos. Katy voa para cima deles, tenta acalmá-los e proteger Chuck, mas Felix se volta contra ela com uma atitude ameaçadora; embora não a tenha realmente atingido, fica claro que chega bem próximo disso. Katy parece petrificada; incapaz de responder a isso, chama Matthew para socorrê-la, e a cena termina, com o pai tornando-se o mediador.

Nessa altura, toda a casa está mobilizada, e o estado de espírito varia entre a irritação e a raiva controlada.

De acordo com o compartilhamento após a dramatização, essa é uma série bastante freqüente de eventos, e obteve-se muita pouca mudança através de discussões verbais. O que fazer?

Reorganização do espaço de vida.

Voltamos ao esquema da casa, e notamos que Susan não fica em casa grande parte do tempo, por estar na faculdade. Que tal tentar o seguinte: uma vez que a proximidade é um arranjo muito difícil, por que não deslocar Chuck para o andar de baixo da casa, para o quarto dela, e fazer com que Susan se mude para o dele? Pergunta-se a Susan o que ela acha desse arranjo, e, após pensar por uns momentos, ela concorda, observando que, se isso trouxer mais tranqüilidade à casa, ela o aprova totalmente.

Felix concorda, enquanto enfatizamos que agora a limpeza do banheiro será mais de sua responsabilidade. Mas, uma vez que ele e Susan parecem ser mais compatíveis, e, de qualquer modo, ela fica fora de casa a maior parte do tempo, ele se sente aliviado. Ele terá mais espaço para si e pode determinar suas próprias obrigações.

O alívio maior é demonstrado por Chuck, que está claramente intimidado pelo conflito com Felix. Ele também está convocado a assumir sua responsabilidade pelas tarefas no banheiro compartilhado com Candy. Eles o aceitam, e Candy deixa claro para ele que ela também espera que ele assuma seu quinhão. Devido à melhor relação entre esses dois, a tarefa parece ser mais positiva. Agora, só resta ser levada para casa e testada.

Há uma boa dose de discussão e compartilhamento no final. Notamos o temor de Katy durante a briga, e decidimos ter uma conversa só com os pais, de modo que pudessem comentar suas raivas e preocupações, antes da próxima sessão.

Sétima sessão — entrevista a sós com Katy e Matthew

Revisamos o que até então havíamos experienciado, e os vários fundamentos dinâmicos. Dirigimos nossa atenção para Katy, para perguntar como se sente quanto ao conflito entre os rapazes, do qual a proximidade do banheiro e do quarto é apenas uma parte, e, em particular, sua opinião sobre a sugestão de separá-los. Ela admite que é provável que isso reduza pelo menos essa dificuldade específica, mas afirma que a agressão de Felix é muito difícil para ela, bem como assustadora. Ele está crescendo e se tornando mais forte, e ela teme que esse tipo de comportamento possa levar a dificuldades posteriores, se não for corrigido, e não somente em casa.

Embora em nenhum momento tenhamos mitigado a ameaça enquanto tal, perguntamos se o comportamento agressivo de Felix a lembra de alguém em seu passado. Ela admite que o pai dela era alcoolista, agressivo com a mãe e com ela. Ele morreu em conseqüência de sua doença quando ela era adolescente, mas o temor permanece.

Dá-se oportunidade a Katy de se dirigir à cadeira vazia e liberar muitos sentimentos em seu próprio papel. Quando inquirida sobre o que necessita dele agora, ela afirma que ele deveria pedir perdão a ela. Sugerimos uma inversão de papel com ele, e ela custa para entrar no papel dele. O que emerge, ao contrário, é o quanto ele lamenta não ter sido um bom pai e como se sente orgulhoso pela forma como ela conduziu a vida dela. Além disso, ele reconhece que os cuidados maternais dessa família aumentada devem-se em parte às experiências dela, carente dessa atenção. Além disso, ele sugere que ela não misture Felix com ele, seu pai.

Não é incomum descobrir numa inversão de papéis o que o protagonista realmente precisa receber de uma pessoa ausente e que não é exatamente aquilo que pensava precisar. A inversão de papéis foi, na verdade, um encontro muito mais completo do que um simples pedido de perdão.

Propositadamente, não pedimos que Matthew assuma o papel do pai de Katy, a fim de não confundir a relação deles. Esperamos que as conclusões a partir da cadeira vazia de Katy facilitem sua interação com Felix.

Nesse ponto, Matthew dá-se conta de que ele acha que Felix está confuso por sua atração física por Katy. Katy é mais jovem que a mãe dele, cheia de energia, e bonita. Matthew observa o quão ansioso Felix se mostra para exibir suas conquistas atléticas e o quanto fica desapontado se Katy não puder estar presente para testemunhar seu sucesso. Os clássicos conflitos pai-filho, filha-pai sobem à tona, assim como o triângulo pai-mãe-filho. Katy concorda que os três fatores podem ter um peso em sua incapacidade de ser receptiva para com o rapaz.

Um esclarecimento surge quando Matthew afirma que há traços de caráter em Felix que ele vê igualmente em Victoria, e que não são os que ele considera os mais enaltecedores. Há a situação que envolve Allen, já mencionada. Matthew acha que Felix se encontra em competição parental com ele, e quer caracterizá-lo como um pai incompetente. Há um triângulo pai-filho mais velho-filho mais novo, mas também um quadrângulo pai-filho mais velho-filho mais novo-mãe, em evidência.

Ao inverter papéis com Felix, pergunta-se a ele o que ele considera difícil em Matthew; ele diz que nunca será capaz de se ombrear com o pai em termos de realização profissional. Ele acha que deve ser independente da família. Deseja freqüentar uma escola particular local, em que há maior ênfase nos esportes do que em sua atual escola pública. De volta ao seu próprio papel, perguntamos a Matthew que mudanças a satisfação do desejo de Felix acarretaria. Matthew diz que, financeiramente, isso significaria que Chuck teria que passar para uma escola pública em vez da escola particular que freqüenta no momento.

Aventamos a hipótese de que talvez Felix ache que deva ter uma oportunidade de freqüentar uma escola de sua escolha; e que isso, também, poderia ser uma outra causa de sua rejeição por Chuck. Será que ele não poderia estar interpretando a escolha de Chuck como um benefício ao qual ele também tem direito? Isso é discutido como uma possibilidade que ainda não havia lhes ocorrido, uma vez que parecia haver uma boa razão para a presente decisão. Perguntamos: será que o atual nível de desenvolvimento de Chuck não é bom o suficiente para atingir os padrões da escola pública?

Concordamos em que eles examinem a questão. Abordamos os benefícios que essa mudança poderia trazer a Felix, como dar-lhe uma sensação necessária de realização e apoiar sua necessidade de individuação. De qualquer modo, a mudança dá aos pais a oportunidade de estabelecer limites, de modo que Felix atinja seu objetivo. Matthew encerra a entrevista pegando a mão de Katy e dizendo-lhe, num tom emocionado, o quanto ele aprecia o casamento deles e a devoção dela aos filhos. Ele acredita que os filhos possam nunca vir a entender plenamente os ajustes e sacrifícios que ela já fez e continua a fazer no sentido de assegurar um desenvolvimento sadio para eles. Aplaudimos, e acrescentamos que isso foi quase heróico, e quão fundamental é o papel dela na família. Katy se emociona e mostra-se ligeiramente encabulada com os comentários. Para nós, são claros o amor de Matthew por Katy, o apreço que tem por ela e seu alívio por tê-la como parceira.

Oitava sessão — a última a chegar

Maureen é a mais nova das meninas, a imigrante final.

Seu solilóquio anterior à partida da casa da mãe revela sua infelicidade. Ela tem passado fins de semana e feriados na nova casa do pai, mas os dias que passa na escola são angustiantes para ela. Sente-se particularmente atraída pela nova família devido a sua relação com Vivian, e essa é uma das grande motivações, em seu caso. Ela não havia tido uma companhia de idade tão próxima à sua na família até então. Vivian, no momento, já está bastante acostumada aos acréscimos e, bem-humoradamente, aceita a presença de Maureen, com reservas de ordem menor.

Quando ela termina a cena de decisão, que ocorre antes de um fim de semana prolongado, pedimos que Maureen e Vivian apresentem uma interação típica entre elas.

> Embora se dêem bastante bem, existem algumas áreas de atrito, pois Vivian, sendo mais velha e mais amadurecida, tem dificuldade de lidar com a tendência de Maureen de adulá-la e imitá-la, pendurando-se nela mais do que ela consegue suportar. Há algumas altercações entre elas em relação a roupas e ao empréstimo de coisas. Sugerimos inversões de papel, que ajudam a esclarecer os sentimentos de ambos os lados.

É digno de nota que Vivian tenha conseguido fazer valer seus direitos sem ser totalmente subjugada. Possivelmente isso seja devido ao ritmo progressivo no qual os filhos do pai foram entrando no grupo familiar, ou à maneira específica pela qual os pais foram capazes de conduzir o rebanho, assim como o fato de Katy haver percebido que a família iria aumentar muito e ter preparado Vivian para essa eventualidade.

Por outro lado, Maureen evitou conflitos no passado, como já foi dito, por ser geralmente bem aceita, e conseguiu manter-se à tona nas águas outrora turbulentas. No geral, está claro que o que nos impressiona é o fato de uma família inicialmente problemática não ter um impacto negativo como poderia se esperar. Os terapeutas tendem a considerar essas dificuldades de forma muito pessimista; na realidade, pode haver mais sanidade do que presumimos. Entretanto, quando Maureen ficou sozinha com a mãe e o irmão caçula, sentiu demais o impacto da depressão da mãe e, como os outros, viu-se incapaz de ajudá-la. Além disso, ela sentia falta dos irmãos.

Há uma outra dupla de irmãs que necessita ser trabalhada, Susan e Candy.

> Enfocaremos a interação entre elas, e pediremos que tenham uma boa conversa, como nunca foram capazes de ter anteriormente.
> Segue-se um confronto bastante tocante, em que Candy explica a Susan o que acha que é a causa de sua raiva, emergida na cena do ônibus. Susan protegeu a ela e a Chuck contra os graves ataques de Victoria, e sua partida fez com que a vida ficasse especialmente insustentável em casa. Sua protetora deixou-os ainda mais vulneráveis. Tanto Susan quanto Candy soluçam, e Susan pede perdão a Candy, e diz-lhe o quanto admira seu espírito batalhador. Susan considera Candy mais forte do que ela, e portanto não consciente do quanto sua retirada da cena de batalha significou para a irmã mais nova. A inversão de papéis nesse ponto reforça a troca. Quando voltam a seus papéis, elas se abraçam, admitem que se gostam e que ficam felizes por estarem reconciliadas.

O compartilhamento e a discussão posterior conduzem à conclusão de que os pais detêm um poder em relação aos filhos, e que isso é bom, desde que não abusem dele.

Após se obter uma boa dose de revelação emocional, decidimos que a próxima sessão será dedicada à "Butique Mágica", a última. Isso possibilita um modo mais cognitivo de examinar necessidades, e é com freqüência bastante alegre.

Nona sessão — a butique mágica

A butique mágica é um lugar onde as pessoas podem entrar e expressar o desejo de alguma coisa que almejam obter, não de natureza material, mas sim objetivos, sentimentos ou atributos. O dono da butique pedirá algo em troca, pois a loja não deve nunca ficar vazia; ela precisa ter um certo estoque, de modo que todos possam encontrar algo que solicitem.

Todos sobem ao palco, e alguns encontram uma satisfação para seus desejos. Excepcionalmente notável é o fato de que todos entram no espírito do jogo, como quando Matthew expressa desejar novos talentos que possibilitem a construção de uma nova carreira profissional. Quando o dono da butique lhe pede que dê em troca precisamente os talentos que fizeram dele uma pessoa bem-sucedida, porque são valiosos e necessários para outras pessoas, ele aceita, cumprimenta o ego auxiliar e declara que acha a troca aceitável.

O que parece ser pura brincadeira ajudou a tornar o encerramento mais alegre do que poderia ter sido, devido às boas gargalhadas no decorrer da sessão.

Acompanhamento

Um contato feito três meses mais tarde informa que as mudanças relativas aos quartos e à escola foram efetivamente realizadas; no geral, a atmosfera melhorou bastante e as interações são menos carregadas de sentimentos negativos. Matthew começou a pesquisar suas necessidades especiais de formação para se preparar para a eventual mudança de profissão, que se encontra, não obstante, distante.

Durante um encontro com os pais uma década mais tarde, somos informados de que os jovens estão desenvolvendo suas carreiras, alguns deles no exterior, e estão se saindo bem nas áreas escolhidas. Matthew atingiu seu objetivo de mudança profissional e se sente mais realizado.

Sumário

Tentamos proceder de maneira consistente com os princípios sociométricos e psicodramáticos, não impondo nossas idéias, mas permitindo que as informações nos guiassem passo a passo. O solilóquio foi usado como um tipo de "realidade suplementar", em grande parte porque o tipo de comunicação e informação que ele põe em destaque raramente aparece em relações complexas e íntimas. É também muito útil como instrumento educacional, para ajudar os membros da família a se tornarem conscientes do que pode não ser comunicado, mas talvez tenha que ser procurado. Outras técnicas psicodramáticas foram usadas com moderação; não estávamos trabalhando na formação dessas pessoas para que se tornassem terapeutas uns dos outros, mas tentávamos sensibilizá-los quanto a suas próprias necessidades e às dos outros. A plena inversão de papéis foi usada apenas duas vezes, entre os dois pares de irmãos, para consolidar a relação, ou facilitá-la. Não foi usada onde pudesse ser interpretada como uma arma para ferir o outro através de novas percepções de vulnerabilidade, ou como uma sensação deslocada de poder ou autoridade em relação ao outro. Usamos principalmente a auto-apresentação para afirmar, suportar e esclarecer.

Partimos de um modelo de sanidade, não de patologia. No caso de uma patologia diminuir a capacidade de os aspectos sadios se manifestarem, a melhor contribuição da terapia seria atingir o centro autônomo de cura dos indivíduos envolvidos. Isso significa que, embora o problema apresentado não devesse ser subestimado, queríamos mais informações antes de elegê-lo o problema mais importante. Portanto, não começamos por aí, mas entramos na organização familiar com a experiência mais recente e comum. Os membros da família nos guiaram e, de mãos dadas, permitiram que nós os guiássemos.

Nós já havíamos utilizado em orientação familiar explorações sobre a integração de tempo e espaço. Com base no desejo expresso pelos filhos, de terem parceiros à mesa de refeições — o que estava em discordância com o arranjo estabelecido pelos pais —, mudamos a disposição dos lugares ao redor da mesa e, assim, eliminamos o problema presente: guerra de comida entre dois dos irmãos por sobre a mesa... Num internato para crianças com disfunções neurológicas, a disposição dos lugares também foi mudada de acordo com as escolhas sociométricas das crianças, alterando as designações feitas pelos profissionais. A equipe constatou uma grande redução no índice de acidentes, derramamento de comida, explosões emocionais, quebra de louça, discussões e nível de ruídos. Mas, após um mês nesse solo emocional sociometricamente fertilizado, a descoberta mais assombrosa foi feita pelo pessoal de enfermagem e medicina, a de que houve uma melhora geral nas condições físicas de toda a população escolar, uma melhora refletida nos boletins médicos várias vezes maior que a curva anterior com relação a esse item específico (Z. Moreno, 1966: 231-42).

A idéia de que as fugas num internato de meninas adolescentes freqüentemente surgem em ondas, e não como ocorrências isoladas, foi esclarecida através de investigações sociométricas das relações. Tais relações não precisaram ser, como foi o caso da família descrita acima, relações face a face, mas eram um aspecto do efeito de cadeia. Nossa família tinha, portanto, uma intensidade bem maior de interação e de influência recíproca direta (J. L. Moreno, 1953: 441-5).

A questão permanece: será que esta família ter-se-ia saído bem sem aconselhamento? O que poderia ter ocorrido se eles não houvessem solicitado ajuda? Isso não pode ser respondido, porque realmente não sabemos. É possível, embora não seja provável, que algumas mudanças felizes e bem-vindas pudessem ter ocorrido espontaneamente, ou que outras formas de terapia pudessem ter sido eficientes. O fato é que as mudanças foram obtidas de forma razoavelmente rápida, onde, anteriormente, não o haviam sido, e que certos padrões relacionados tanto com o passado quanto com o presente dificultavam a mudança sem uma intervenção externa.

Os papéis e a interação de papéis muitas vezes tornam-se fixos e enredam os membros de uma família de tal forma que necessitam de ajuda externa. Certamente, a doença de um membro ausente da família pairou difusamente sobre várias fases de desenvolvimento, e essa pessoa permaneceu sem tratamento e sem orientação.

Pode-se considerar que algumas das mudanças se devam tanto à consciência cognitiva quanto a satisfações emocionais, catarse e integração, ou ao reenquadramento. Talvez uma das coisas aprendidas se refira a que, para *agir* de forma diferente, é preciso que se aprenda como *ver* o mundo de forma diferente.

> Os problemas que queremos resolver não são relacionados com as propriedades de objetos ou de situações — com a *realidade da primeira ordem*, como propus chamá-la —, mas estão relacionados ao significado, ao sentido e ao valor que acabamos atribuindo a esses objetos ou situações (sua *realidade de segunda ordem*). "Não são as coisas em si que nos preocupam, mas as opiniões que temos com relação a essas coisas", disse Epictetus cerca de 1900 anos atrás (Watzlawick, 1987: 140-2).

Portanto, se pudemos ser úteis, pode bem ser porque fomos capazes de mudar algumas maneiras pelas quais eles percebiam e se experienciavam uns aos outros. Isso, por sua vez, levou a uma mudança nas interações e à aquisição de uma integração intrapessoal e interpessoal melhor. Não apenas o mundo interior deles mudou, mas também o mundo exterior, assim como as várias áreas de interação.

Seria essa uma abordagem artística ou científica? Podemos realmente fazer essa distinção em psicoterapia? Não se trataria, essencialmente, de uma mistura ou síntese? Eis o que Otto Rank disse sobre o brincar, que, afinal, é a que o psicodrama se refere; brincar com a vida, mas também brincar com sérias intenções:

> Pois o brincar, no fim das contas, difere não apenas conceitualmente, mas factualmente, da arte. Ele tem em comum com a arte a combinação do real e do aparente; no entanto, não é meramente uma fantasia objetivizada, mas uma fantasia traduzida para a realidade, atuada e vivida. Ele compartilha com a arte a dupla consciência de aparência e realidade; no entanto, contém mais realidade, enquanto a arte é conteúdo com a aparência.
> (Rank, 1968: 356)

Comentários gerais

Os terapeutas familiais diferem um pouco com relação às suas várias abordagens. Alguns lidarão apenas com a família total quando todos estiverem presentes e se recusarão a ver qualquer dos membros individualmente; outros combinarão essas duas formas de intervenção. Reservamo-nos a opção de ver uma ou outra pessoa individualmente ou em subgrupos, de acordo com a necessidade. Colocamos isso claramente no início, fazendo um contrato sigiloso sobre o que ali emergir, como requerido pela pessoa ou pessoas envolvidas. O emaranhamento dos membros da família e seu temor de retaliação fora da terapia podem fazer com que uma abertura constante seja por vezes difícil. Além disso, os adultos da família trazem para o casamento suas experiências prévias de vida, que podem não ter relação com a situação presente, mas conseguem colori-la de forma profunda e podem distorcê-la. Tais descobertas forçam-nos a examinar essas experiências sem os constrangimentos da presença de todos os integrantes.

Geralmente, os segredos não são apoiados na terapia familiar, havendo uma crença de que a abertura possibilita melhor relação; constatamos que essa apregoada abertura pode, na realidade, ser perigosa e infligir ferimentos permanentes e difíceis de cicatrizar. A avaliação dessa abertura com a família faz parte da aliança terapêutica e precisa de um cuidadoso manejo.

O fato de que o psicodrama seja largamente realizado em grupos para maximizar sua eficiência não significa que eliminamos a intervenção individual quando indicada. Optamos duas vezes por deixar de fora alguns dos membros, uma vez atendendo apenas os pais, e outra a geração mais jovem. Percebemos que havia uma necessidade de separá-los, e as interações resultantes foram bastantes frutíferas. Isso teria ocorrido com todas as pessoas presentes? Claro que não; cada participante pede interações diferentes. Teriam sido mais produtivas? Não sabemos; só sabemos que algumas barreiras pareceram ser erguidas.

Quais as diferenças entre a abordagem psicodramática de famílias e outras formas? O psicodrama, na realidade, amolda-se muito bem às teorias de terapia familiar. O que ele oferece é um conjunto de instrumentos úteis ao aprofundamento do processo de aprendizagem. Um dos mais intensos é o de inversão de papéis. Mas a maneira pela qual lidamos com o tempo e espaço em nosso modelo é uma outra contribuição. Os terapeutas familiais descrevem-se a si mesmos como orientados para a ação. Os psicodramatistas vão mais longe, na medida em que as interações são exploradas não como relatadas, mas como reatuadas, corporificadas em tempo e espaço, nos espaços em que os eventos ocorreram; dentro de um contexto lúdico, a dramatização logo se torna intensa à medida que o processo de aquecimento se desenrola.

Uma boa justificativa para o psicodrama pode ser tirada da seguinte afirmação:

Quando há conflito dentro da família, seus membros tentam perceber o que está certo e o que está errado. Mas, quanto mais eles tentam provar o certo e o errado, mais o conflito se acentua. Muito poucas pessoas têm sido treinadas para tomarem consciência do processo. Uma forma de entender a utilidade do conflito, ou de tentar provar o que é certo e o que é errado, seria considerá-lo como um modo de definir o processo, e como as pessoas se colocam em relação ao outro. Um dos procedimentos mais úteis para o trabalho com famílias em terapia é manter-se sintonizado com o processo, e não ser aprisionado no conteúdo que as pessoas apresentam.

(Howells, 1979: 12)

Referências bibliográficas

Howells, J. G. (ed.) (1979) *Advances in Family Psychiatry*, Vol. I, Nova York: International University Press.
Karpel, M. A. & Strauss, E. S. (1983) *Family Evaluation*, Nova York e Londres: Gardner Press.
Moreno, J. L. (1953) *Who Shall Survive? The Foundations of Sociometry, Group Psychotherapy and Psychodrama*, Beacon, Nova York: Beacon House.
Moreno, Z. T. (1966) "Sociogenesis of individual and groups", *in* J. L. Moreno (ed.) *The International Handbook of Group Psychotherapy*, Nova York: Philosophical Library Inc.
Rank, O. (1968) *Art and Artist*, Nova York: A. A. Knopf.
Watzlawick, P. (1987) "If You Desire to See, Learn How to Act", *in* J. Zeig (ed.) *The Evolution of Psychotherapy*, Nova York: Brunner Mazel.

Bibliografia complementar

Ardrey, R. (1966) *The Territorial Imperative*, Nova York: Atheneum.
Moreno, J. L. (1978) *Psicodrama*, São Paulo: Cultrix.
Moreno, J. L. (1987) *The Essential Moreno*, Beacon, Nova York: Springer.
Moreno, Z. T. (1987) "Psychodrama, role theory and the concept of the social atom", *in* J. L. Zeig (ed.) *The Evolution of Psychotherapy*, Nova York: Brunner Mazel.
Moreno, J. L. & Moreno Z. T. (1969) *Psychodrama Vol. III*, Beacon, Nova York: Beacon House.
Moreno, J. L. & Moreno Z. T. (1983) *Fundamentos do Psicodrama*, São Paulo: Summus Editorial.
Moreno J. L., Moreno, Z. T. & Jonathan, D. (1964) *The First Psycodramatic Family*, Beacon, Nova York: Beacon House.
Satir, V. M. (1966) "Family therapy: an approach to the treatment of mental and emotional disorder", *in* J. L. Moreno (ed.) *The International Handbook of Group Psychotherapy*, Nova York: Philosophical Library Inc.

* Amigo da família.

CAPÍTULO SEIS

Aprendendo a viver de novo
Técnicas psicodramáticas com jovens vítimas de abusos sexuais

Anne Bannister

"Eu aprendi a confiar em nosso grupo de psicodrama. Não consigo me lembrar da última vez em que confiei em alguém."

Debbie fora acariciada de forma íntima por um amigo de sua família durante muito tempo, desde os onze anos. Seus pais eram emocionalmente frios, e o amigo da família, juntamente com esposa e filho, pareciam oferecer calor e afeto. O acariciamento progrediu para a masturbação mútua, e o molestador usou a educação religiosa rígida de Debbie para aterrorizá-la com ameaças de maldição eterna se ela revelasse alguma coisa. Ele também tirou proveito dos sentimentos de culpa dela, de modo que ela realmente veio a acreditar que era uma pessoa perversa. O aprendizado da confiança se relacionava também com confiança em si mesma, a confiança em seus sentimentos, em seu julgamento e no seu próprio valor.

Caroline e Rita haviam sido molestadas dentro de suas famílias. O pai de Caroline a havia acariciado e penetrado com o dedo a partir dos quatro anos de idade, até que ela contou a alguém, que acreditou nela, dois anos mais tarde. O irmão adotivo de Rita estuprou-a quando ela tinha doze anos. "Eu precisava desesperadamente de alguém em quem confiar", disse ela. "No psicodrama, fiz o que não pude realizar na vida real: contei a minha avó, e ela me confortou. Ela me disse que não era culpa minha, e acreditei nela."

Entre os quatro e seis anos, Caroline expressou sua raiva da única maneira que conhecia, simbolicamente, através de graves e violentas crises temperamentais. No psicodrama esse comportamento foi "permitido", e era controlável e seguro. Através do uso de marionetes, Caroline reuniu a parte "amorosa" do pai e o que ela chamava de "o monstro". O mundo dos pesadelos povoado por monstros e gigantes poderosos era real para essa criança. Moreno, o fundador do psicodrama, encorajava seus pacientes a atuar seus medos e fantasias dentro de um contexto controlado, de modo que os medos pudessem ser incorporados ao conhecimento dos pacientes sobre si mesmos e seus mundos (Moreno, 1977). Aos seis anos, Caroline conseguiu destruir a parte "monstro" do pai sem destruir a parte afetuosa, e, dessa forma, começou a ocupar-se de seus sentimentos ambivalentes.

O padrasto de Sam exigia que ele, de quatro anos, e seu irmão, de dois, o estimulassem sexualmente, chupando o pênis dele. Já aos quatro anos Sam se ressentia por sofrer esses abusos. Ele era capaz de falar sobre o irmão mais facilmente do que sobre si mesmo. Numa ocasião, através do uso de técnicas psicodramáticas, ele conseguiu falar e "se apropriar" de sua experiência e, assim, expressar sua raiva, dor e mágoa. Sam já estava atacando sexualmente outros garotos em sua classe da escola maternal, talvez de modo a controlar a situação. Esse comportamento cessou assim que se iniciou o tratamento.

O que é abuso sexual infantil?

Esses casos (com nomes e detalhes alterados) são apresentados de modo a mostrar que o abuso sexual de crianças assume muitas formas, desde o acariciamento até o estupro, sendo o dano causado mais pela traição da confiança e pelo abuso do poder do que pela natureza do ato sexual. Os sedutores tendem a escolher uma criança mais próxima do seu relacionamento, razão pela qual a maior parte dos abusos ocorre dentro da família ou dentro de um círculo extensivo à família e aos amigos. Tanto os meninos quanto as meninas sofrem abusos, embora estudos recentes revelem que a proporção de meninas que sofrem esse tipo de ataque é duas vezes maior em relação aos meninos. O abuso de meninos está sendo mais revelado à medida que a pesquisa prossegue; é provável que os meninos achem ainda mais difícil denunciar o fato do que as meninas (Finkelhor, 1986). Isso talvez se deva às implicações homossexuais, uma vez que a maior parte dos molestadores pertence ao sexo masculino (acima de 90 por cento nos estudos). A estigmatização, entretanto, atinge as vítimas de ambos os sexos, e é uma das razões pelas quais a incidência de abuso sexual infantil provavelmente é sub-relatada na população.

Com que freqüência ocorre esse tipo de sedução?

A incidência de abuso vem sendo estudada nos Estados Unidos desde 1929, e na Grã-Bretanha nos últimos dez anos. As taxas de incidência têm crescido à medida que a pesquisa vai se tornando mais precisa e os pesquisadores desenvolvem suas técnicas de entrevista (Herman, 1981; Baker & Duncan, 1985). Geralmente, os levantamentos retrospectivos constituem a maneira usual de realizar a pesquisa de forma realista, e os números mostram que entre 10 e 50 por cento da população infantil provavelmente sofreram abuso sexual antes dos dezoito anos. As taxas mais altas geralmente incluem abuso sem contato (exibicionismo) e se referem mais a mulheres do que a amostras mistas da população (Russel, 1984).

Os índices baseados em relatos de casos são provavelmente ainda mais seriamente subestimados que os índices baseados em estudos retrospectivos. Nos Estados Unidos, os índices se baseiam nos registros da American Humane Society, mas apenas 31 Estados e territórios* fornecem dados (MacFarlane & Waterman, 1986). Na Grã-Bretanha, não há registro central, mas o NSPCC coleta dados de áreas onde se administram registros sobre abuso sexual infantil. A partir deles, estima-se que cinco dentre mil crianças são encaminhadas para atendimento profissional devido a abuso sexual, mas admite-se que este seja possivelmente um índice bastante subestimado. Embora os abusos físicos em crianças tenham sido registrados na Grã-Bretanha a partir de 1974, após o caso de Maria Colwell houve um consenso nacional com relação ao registro do abuso sexual infantil, mas isso tendeu a mudar no despertar da crise de Cleveland, em 1987. Os dados policiais provavelmente não são úteis, uma vez que o abuso no seio da família raramente é relatado, ao contrário do que acontece com o abuso cometido por estranhos.

À medida que o assunto vai sendo amplamente compreendido, começa-se a perceber que as crianças sofrem abusos desde idade bem tenra. Novamente, estudos constataram que o abuso usualmente começa entre sete e onze anos de idade, mas relatos recentes indicam que essa média de idade está caindo de modo alarmante. Em Los Angeles, a média é de quatro anos (MacFarlane & Waterman, 1986). Na Grã-Bretanha, essa impressão é certamente compartilhada por aqueles que trabalham nessa área. Enquanto há dez anos, jovens adolescentes costumavam revelar com mais freqüência o abuso sofrido, atualmente não é incomum que as crianças abaixo de cinco anos contem a alguém o abuso sofrido, e, o mais importante, que as pessoas acreditem nelas.

A questão relacionada a mentiras por parte das crianças sobre abusos sexuais já foi levantada por vários estudos (Goodwin, 1982; Jones & McGraw, 1987). Não há evidência de que as crianças geralmente mintam sobre essas questões, nem há evidência que revele que elas sejam testemunhas menos confiáveis, exceto no caso de crianças muito pequenas que possam necessitar de maior capacidade para recordar todos os detalhes (Davies, 1987).

Isso sempre causa danos?

Nem todas as crianças que sofreram abusos sexuais necessitam de tratamento profissional, e muitas delas conseguem conviver com o trauma com a ajuda da família e dos amigos. Se se acredita numa criança e dá-se pronto amparo a ela, e se lhe assegura que não há nenhuma vergonha em se ser vítima de tal fato, o dano não é duradouro (Gelinas, 1983). Os abusos que se estendem por muitos anos, nos casos em que o molestador é um membro de confiança da família, e que progridem do acariciamento para outras formas podem ser os mais danosos.

Alguns dos efeitos do abuso já foram mencionados nos estudos desses casos. Trata-se de sentimentos de culpa, perda de controle, sen-

---

* Nos Estados Unidos, os Estados e territórios têm leis próprias, que lhes dão a autonomia legal.

timentos de não-valia, raiva, depressão, medo, perda da confiança e sentimentos de ter sido traído. Esses efeitos podem conduzir, na idade adulta, a uma incapacidade de estabelecer outras relações que as puramente sexuais. As relações entre os sobreviventes de abusos e seus próprios filhos podem ser afetadas, mas isso não significa que tais pessoas se tornem com freqüência molestadores. Se assim fosse, a maior parte dos molestadores seriam mulheres. Alguns podem achar difícil demonstrar afeto a uma criança quando este possa tornar-se sexual, e outros podem expressar sua raiva contra os próprios filhos quando se lembram de sua própria infância. É verdade, entretanto, que muitos molestadores revelam que eles foram vítimas de abuso, mas provavelmente trate-se mais de abuso físico e emocional do que de abuso sexual (Groth & Birnbaum, 1979).

Os efeitos do abuso sexual mencionados acima são os mais comuns, e, portanto, constituem as áreas de tratamento com relação às quais se deveria estar trabalhando. Há outras, e muitas delas são mencionadas por Suzanne Sgroi (*Handbook of Clinical Intervention in Child Sexual Abuse*). O livro inclui várias sessões sobre tratamento e constitui leitura obrigatória para aqueles que trabalham com crianças vítimas de abusos sexuais (Sgroi, 1982).

Estudos realizados com populações de usuários de drogas, alcoolistas, prostitutas e desertores (Benward & Gerber, 1975; James e Meyerding, 1977) também exibem uma porcentagem muito alta daqueles que sofreram abusos sexuais na infância.

Estas crianças foram forçadas a suprimir ou reprimir seus sentimentos mais intensos, para sobreviver. Elas podem tentar recuperar a intensidade de sentimentos perdida através do uso de drogas ou álcool. Alice Miller (1986) observou-o entre seus pacientes, mas isso também foi notado entre aqueles que trabalham com pessoas que foram negligenciadas ou molestadas emocional ou fisicamente. Isso foi descrito por uma assistente social como "uma busca por algo que falta; eles podem não saber o que perderam, mas seguramente sabem que perderam, e que necessitam disso".

Em que consiste a ajuda do psicodrama?

Adam Blatner (1973) relata que "o psicodrama torna explícita a atuação inconsciente que usamos como mecanismo de defesa psicológica para descarregar impulsos internos através da atuação simbólica ou real". Dessa forma, o psicodrama emprega métodos naturais de recuperação usados pelas crianças e adultos que sofreram um trauma. Alguns dos nossos mecanismos de defesa naturais são inaceitáveis na sociedade, e, especialmente nas crianças, tais mecanismos são ignorados e suprimidos por adultos controladores. Em conseqüência, as crianças que fogem de casa são levadas de volta sem investigações adequadas por parte da polícia; as crianças que molestam outras são dispensadas pelos professores sob a alegação de perversidade ou promiscuidade sexual; as crianças deprimidas são encorajadas a levantar os ânimos, e as crianças enraivecidas, induzidas a se acalmar, pelos pais. Adam Blatner lembra também que nossa civilização relegou muitas coisas à infância, como espontaneidade, criatividade e o próprio representar; e nos incita a preservar o espírito da infância em nossa vida adulta. O psicodrama com crianças pode adotar e respeitar esse espírito. As crianças entendem muito bem o simbolismo. Elas o usam na dramatização para representar muitos papéis a fim de "experimentá-los" enquanto aprendem a integrar suas experiências em suas personalidades. Explicar a metáfora para a maior parte das crianças é supérfluo. Elas a empregarão em desenhos, para contar histórias e em seus jogos. O psicodrama torna-a aceitável, torna seu comportamento aceitável, e, por extensão, faz com que as próprias crianças se sintam aceitas e valorizadas.

As crianças entendem que a maior parte dos adultos perdeu a capacidade de brincar e a capacidade de compreender o simbolismo. Tania, que foi estuprada quando tinha nove anos por um amigo de seu pai, confidenciou a uma colega da escola que "a *senhora do grupo*' (a psicodramatista) brinca de verdade — ela não fica só olhando a gente". Tom, cujo pai o sodomizou desde quando ele conseguia se lembrar, disse à psicodramatista, após uma longa representação simbólica do abuso, que ele agora ia contar a "verdade realmente verdadeira", e passou a explicitar, de forma bastante simples, os detalhes do ato, que ele jamais havia conseguido revelar até então. Ele o havia demonstrado bastante claramente, usando marionetes de animais de modo simbólico, mas não tinha certeza de que a psicodramatista o entenderia, uma vez que ela era adulta. Tom tinha nove anos.

Uma sessão de psicodrama geralmente se dá em três etapas, chamadas em geral de aquecimento, dramatização e compartilhamento. Ao se usar as técnicas psicodramáticas com crianças que sofreram abusos sexuais, pode-se dividir a sessão em três partes. Elas podem ser chamadas de "RRE". Trata-se de reasseguramento, re-atuação e ensaio.

Essas fases correspondem, *grosso modo*, às três etapas de uma sessão de psicodrama de grupo, embora as técnicas possam ser usadas com crianças e jovens tanto individualmente como em grupos. Elas também podem ser usadas em sessões destinadas principalmente à "revelação" do abuso sexual, bem como em sessões posteriores essencialmente terapêuticas.

Reasseguramento

Essa é a primeira fase de qualquer sessão com um jovem ou grupo de crianças que tenham sofrido abusos sexuais. Ela corresponde à primeira etapa de uma sessão de psicodrama, no sentido em que aquece o grupo ou o indivíduo, bem como ao diretor ou terapeuta, para a dramatização, que é a parte principal da sessão. Todavia, com crianças vítimas de abusos sexuais, trata-se de muito mais que isso. Devido à natureza do abuso, é improvável que a criança consiga confiar em alguém; e no psicodrama, assim como em qualquer grupo de psicoterapia, a relação entre o terapeuta e o cliente é crucial (Yalom, 1985). Moreno chamou essa relação, bem como a transferência e a contratransferência que ela engendra, de "tele", e afirmou que o estabelecimento de tele com uma criança molestada pode ser realmente doloroso. Alice Miller (1987) lembra que uma criança só consegue exprimir seus sentimentos quando há alguém que a aceita plenamente, a compreende e a ampara. O terapeuta deve estabelecer essa relação, deve estar consciente da tele, antes de dar início a um trabalho realmente produtivo.

Os adultos freqüentemente se impõem às crianças sem explicar quem são ou por que estão fazendo perguntas. As crianças molestadas, mais do que as outras, estão acostumadas a serem ignoradas e desprezadas. Elas podem não ser muito verbais, e, assim, costumam ser mal-entendidas. Elas podem ter a expectativa de serem exploradas. Um garoto ansioso de quatro anos, molestado por ambos os pais, perguntou pomposo à terapeuta: "Você não tira as suas calças, tira?". Crianças menores em geral pegam os genitais e os seios da terapeuta, conferindo ansiosamente as reações. Elas parecem aliviadas quando a terapeuta diz firme, porém gentilmente, que isso não é permitido, e que ninguém pode pegar nas "coisas privadas" dos outros sem permissão. Estabelece-se um controle e fixa-se um enquadramento e algumas das preocupações da criança com relação à terapeuta são dissipadas.

A perda de controle e a falta de força são invariavelmente fatores muito importantes para uma criança molestada. Os molestadores dizem à criança que o abuso ocorre por causa do jeito da criança, ou por causa de alguma coisa que a criança faça, mas mesmo com a tentativa da criança de mudá-lo, o abuso não cessa. Exemplos disso podem ser encontrados em crianças que começam a urinar ou defecar na roupa após terem sido treinadas, ou em crianças que se tornam obesas (meninas, em especial), e em meninas que ignoram a higiene pessoal. Apesar das tentativas de serem "não-atraentes", o abuso continua, como demonstra a revelação de uma menina molestada:

"Ele disse que eu gostava daquilo; eu disse pra ele que eu não gostava, eu disse pra ele parar. Mas ele não me ouviu".

As crianças freqüentemente contam para outro parente ou para um professor, e ouvem como resposta que deixem de ser grosseiras, que não digam essas coisas sujas e que são mentirosas. Não admira que sua falta de força e sua perda de controle aumentem e se agravem.

Em psicodrama, o cliente (o protagonista) controla a ação, e o terapeuta (diretor) usa suas habilidades e criatividade para facilitar essa ação. O método em si aumenta então o controle sentido pela criança e lhe outorga certo poder. O diretor não é um outro "controlador" que pode molestar o poder dela, criança, e é muito importante que a criança seja capaz de compreendê-lo. Conseqüentemente, de acordo com a idade e a compreensão da criança, uma explicação deve ser dada sobre quem é o terapeuta e os objetivos das sessões. A criança precisa se sentir amparada e não deve haver ambigüidade com relação à afirmação do terapeuta de que uma criança não pode ser responsável pelo seu próprio abuso. À medida que o psicodrama se desenvolve, a criança se transforma no autor de sua própria história, o ator de seu próprio drama, e obterá poder, auto-estima e confirmação de seus sentimentos através disso, mas, mesmo na fase inicial de reasseguramento, é importante trabalhar no ritmo da criança e, assim, respeitar seus sentimentos.

Às vezes, toda uma sessão, e mesmo mais de uma, pode ser despendida no reasseguramento. Para as crianças mais velhas e para os adolescentes de um grupo, talvez haja reasseguramento no sentido de que outros também foram molestados. Muitos ficam surpresos ao constatar que eles não são as únicas vítimas. Pode até mesmo haver reasseguramento por saber que outros molestadores aparentemente são pais, avós, irmãos e tios normais, e que elas não fazem parte de uma família anormal de monstros. Há reasseguramento na medida em que se introduzem exercícios de aquecimento que exageram sentimentos de força e falta de força. Os adolescentes vítimas de abusos sexuais têm a capacidade de entender como a força pode ser mal empregada e avaliar sua própria vulnerabilidade.

Por exemplo, pode-se pedir ao grupo que se formem pares de indivíduos que tenham aproximadamente a mesma altura e peso. Os parceiros juntam ambas as mãos, olhando um para o outro, e deslocam seu peso entre si, empurrando e permitindo serem empurrados à medida que sentem a força passar entre eles. Os parceiros podem sentir a força à medida que praticam o jogo do "sim/não". Um integrante do grupo (A) pode pensar em algo que deseje e imaginar que a outra pessoa (B) seja capaz de satisfazê-lo. A diz então "Sim, sim, sim" constantemente, e B diz "Não, não, não" constantemente, sendo que nenhum dos dois tem permissão de dizer mais nada. Após vários minutos, a dupla compartilha com o grupo o que esse exercício revelou sobre eles. Os adolescentes freqüentemente se lembram de incidentes esquecidos de falta de força e de força. O exercício é então invertido, e os participantes compartilham o conforto e o desconforto que sentiram a partir de cada posição.

As crianças mais novas especialmente precisarão ser reasseguradas com relação ao uso de palavrões. Eles podem ser introduzidos usando-se bonecas anatomicamente bem-feitas, através de desenhos e diagramas, e especialmente pela repetição calma por parte do terapeuta das palavras que a criança usa sem substituí-las por "palavras adequadas", de modo que a criança não se sinta repreendida por usar palavras "feias". Num grupo, é reassegurador para uma criança que não tem palavras para descrever o que aconteceu ver outra criança demonstrar sua experiência e talvez prover algum vocabulário que a criança possa usar para demonstrar seu abuso.

Confirmar a um adolescente que não há nada de errado em expressar sentimentos é uma outra forma de reasseguramento. Muitas crianças vítimas de abusos sexuais, assim como as que foram fisicamente molestadas, tornam-se "observadoras" dos adultos e tentam agradar ao máximo possível. "Eu estava tentando ser uma filha realmente boa", disse uma criança de nove anos que havia sido molestada pelo pai desde cinco. Muitas crianças serão incapazes de expressar raiva, medo, dor ou qualquer sentimento intenso, pois isso causaria desconforto ao molestador. Algumas crianças tornam-se completamente desligadas em relação aos sentimentos, como um mecanismo de defesa contra dores fortes e medo agudo. Tais crianças afirmarão que não se importam se doer, e na vida adulta afirmam que o abuso "não causou nenhum dano". Outros adultos preconceituosos afirmam que a pessoa molestada é frívola ou fria emocionalmente.

O reasseguramento de tais crianças pode ser um processo longo e doloroso. "Não tem problema se eu chutar a almofada?", perguntou um ansioso menino de cinco anos numa sessão de terapia. A terapeuta disse que não, e até ajudou-o a pisotear a almofada mais vigorosamente. "Por que estamos com raiva?", perguntou ela, sem fôlego, enquanto pisoteava a almofada. "Por causa do meu pai e tudo o mais", replicou o menino, que mais tarde falaria sobre o "tudo o mais" pela primeira vez. "Sob a raiva jazem as lágrimas. Sob as lágrimas jaz a raiva", diz Claudia Jewitt (1982). As lágrimas têm sido insuportáveis para muitas crianças. Elas não lhes trouxeram simpatia nem compreensão. Provocaram escárnio e, algumas vezes, mais assédio.

A maior parte das crianças e dos adultos que sofreram abusos sexuais necessita redescobrir o poder cicatrizador das lágrimas e regredir para uma infância onde os bebês e as crianças pequenas têm permissão para chorar. Isso pode ser facilitado numa sessão de psicodrama através de jogos que sejam adequados a um nível de idade ligeiramente inferior ao que a criança espera. Logo, esses jogos são praticados com gosto e alívio, e mesmo certas brincadeiras ainda mais infantis são sugeridas, geralmente pela criança. Muitas vítimas regridem à época de bebê, e gostam de mamar numa mamadeira ou se enroscar em posição fetal, onde se sentem a salvo. Somente então, depois que obtiveram permissão para encontrar seu lugar seguro, são capazes de re-atuar o abuso, e aprender a viver novamente, desde o início.

É importante discutir as sessões com a mãe da criança, ou com a mãe substituta, de modo que ela possa entender um eventual comportamento regressivo em casa. O caráter confidencioso da criança pode ser mantido, mas o responsável deve ser informado que certos comportamentos como molhar a cama, ou ataques temperamentais, poderão reaparecer temporariamente durante a terapia. Esses sintomas geralmente são efêmeros.

Re-encenação

Moreno (1977) diz: "A encenação vem em primeiro lugar, o retreinamento vem depois. Precisamos oferecer (ao protagonista) a satisfação da conclusão do ato em primeiro lugar, antes de considerar o retreinamento com o objetivo de mudanças de comportamento".

Freud, num de seus últimos artigos, também notou que uma das maneiras comuns de se lidar com os efeitos posteriores de um trauma doloroso consiste em se arranjar a vida de tal modo que "aconteça" de se entrar em situações que repitam ou reatuem o evento original. O indivíduo o faz com o objetivo de obter um sentimento de controle sobre seja lá o que for que o tenha deixado tão ferido e conflituado, ou totalmente derrotado.

A repetição, diz Miller (1986), é a linguagem usada por uma criança que permaneceu muda, é seu único meio de se expressar. Uma criança muda necessita de um parceiro particularmente empático se se quiser compreender algo sobre ela.

Ao assistir à pessoa molestada re-atuar as circunstâncias do abuso num meio controlado, a pessoa torna-se capaz de recuperar o controle e não permanecerá vulnerável. Infelizmente, a experiência demonstra que crianças que sofreram abusos sexuais tornam-se vítimas de novos abusos sexuais. As meninas que foram sexualmente molestadas às vezes tornam-se vítimas de maridos violentos. As crianças que foram molestadas por um membro da família freqüentemente são molestadas por outros membros ou, ocasionalmente, por pais adotivos ou outros responsáveis profissionais.

Na re-atuação, a maioria das crianças gosta de desempenhar o papel do molestador, aquele que tem maior força.

Sam, de quatro anos, utiliza-se de marionetes. Ele gostou de ser o "lobo mau" que roubou o cachorrinho e o gatinho e os atirou na prisão, enquanto os aterrorizava e ameaçava comê-los. A terapeuta desempenhou o papel do cachorro e o do gato (um em cada mão). Ela demonstrou medo, e até terror, e gritou pedindo socorro.

Sam pegou uma marionete que caracterizava um anjo e voou para a "prisão": "Teremos que ser muito fortes", disse ele, invertendo o papel com o anjo. "Teremos de fazer isso juntos."

Ele ordenou à terapeuta que invertesse os papéis: "Você vai ser o lobo mau", disse ele. De alguma maneira, Sam conseguiu representar o anjo, o cachorro e o gato (que haviam se transformado agora num cachorro e num gato mágicos, assistentes do anjo).

Após uma enorme luta (literalmente), os três conseguiram subjugar o lobo mau, que foi enterrado sob uma grande almofada na sala de terapia. "Sente-se aqui em cima", ordenou Sam à terapeuta, e lhe entregou a marionete-anjo (nova inversão de papéis).

"Agora, o cachorro mágico e o gato mágico vão contar para o anjo tudo sobre o lobo." Sam apanhou as marionetes. "É meu pai de verdade", disse ele. "Ele está fazendo coisas ruins comigo e com meu irmão."

Essa é uma maneira de se empregar técnicas de psicodrama no atendimento individual de uma criança pequena. Meninas adolescentes tiram melhor proveito do trabalho grupal.

>Rita foi protagonista por diversas vezes num grupo de psicodrama. Usando a técnica de "realidade suplementar", Rita logrou fazer o que não havia conseguido na vida real. Foi confortada e amparada por uma "avó psicodramática" após seu irmão adotivo havê-la estuprado. Rita havia tentado suicídio mais de uma vez e mutilara seu corpo, que ela detestava e considerava ser a "causa" de abusos. Na dramatização, ela falou com seu corpo, especialmente as partes mutiladas, e foi capaz de aceitá-lo e absolvê-lo da culpa. A aparência externa de Rita mudou significativamente a partir daí. Ela passou a vestir roupas com segurança e parou de se esconder por trás do cabelo. Debbie também conseguiu dramatizar seu abuso no grupo de psicodrama. Houve freqüente inversão de papéis, sendo que Debbie obviamente se sentia mais confortável ao desempenhar o papel do personagem que detinha poder. Ela nunca havia aceitado que, aos onze anos, não houvesse provocado seu molestador, um homem casado de meia-idade. Gradualmente, passou a aceitar seu próprio papel e sentir sua completa vulnerabilidade. Isso foi aterrorizador para ela, e houve uma catarse seguida por um pedido para dramatizar outras situações em que havia sido vulnerável.
>
>Debbie estava dilacerada por sentimentos de deslealdade para com um pai fanático religioso. Ela encontrou enorme alívio depois de "cortar" as partes do pai que ela odiava e enterrá-las, após ter certeza de que as partes do pai que ela amava estavam a salvo. O grupo assistiu ao "funeral" das partes críticas e condenadas, e a cerimônia religiosa simbólica confortou Debbie e lhe deu alívio e amparo.
>
>Caroline, de seis anos, representou uma cena semelhante, como foi descrito no início deste capítulo, quando destruiu o pai "monstro" molestador e salvou a parte "amorosa". Como acontece com muitas crianças dessa idade, ela conseguiu fazê-lo com um mínimo de intervenção da terapeuta.

Novamente, isso parece demonstrar que as crianças pequenas são capazes de usar técnicas psicodramáticas de forma natural, com o diretor atuando como facilitador e amparador, e como ego auxiliar (o que desempenha papéis). No psicodrama de grupo, o diretor em geral não desempenha papéis coadjuvantes, mas as crianças solicitam a participação do diretor. Talvez possa se trabalhar com pequenos grupos de crianças mais novas (de duas a quatro apenas), mas o caráter confidencioso é difícil de ser mantido, e a pressão grupal entre as crianças mais novas não é sempre favorável. O trabalho mais satisfatório parece ser aquele realizado individualmente com crianças, ou com grupos de irmãos, para crianças de até onze anos, e com grupos de seis a oito adolescentes.

As crianças que sofreram abusos sexuais podem se proteger dizendo que a vítima do ataque foi uma outra pessoa. Ocasionalmente, uma criança dirá que um irmão foi molestado, e não ela. Às vezes, é claro, o irmão foi molestado, e a criança relata o fato antes de falar de sua própria injúria. Mas freqüentemente a criança projeta a insuportável verdade em alguém que pode ser uma pessoa imaginária, um outro garoto ou garota.

> James, de três anos, demonstrou sexo oral em detalhes, usando bonecas. Ele estremeceu ao fazer a demonstração com "o pai" e o "menininho". "Ele está fazendo com o menininho", chorava ele, "não comigo, não comigo." James trabalhou então durante um longo tempo, usando inicialmente marionetes e depois bonecas, antes que ele e a terapeuta conseguissem re-atuar os papéis, e um belo dia James conseguiu re-atuar o abuso por ele sofrido.
> Aos dez anos, Tania era capaz de recorrer a contos de fadas para projetar sua injúria no mundo exterior e re-atuá-la a salvo. Ela tinha muito medo, razão pela qual a terapeuta lhe pediu para se colocar onde se sentisse segura. Essa cena foi representada usando-se membros da família que a apoiavam. Tania se colocou nos braços da mãe, que lia uma história na hora de dormir. Ela inverteu o papel com a mãe e contou a história da "bruxa malvada que havia corrido demais e sua vassoura havia se quebrado". (O simbolismo sexual é bastante óbvio.)
> Tania se sentia culpada por ter sido estuprada aos nove anos por um amigo do pai, e estava obcecada por temores de ser "quebrada" ou "estragada". Desempenhando o papel da mãe, ela confortou a si mesma (desempenhada pela mãe real) e assegurou a Tania que não precisava se culpar, que ela estava intata e "muito bonita". Os papéis foram invertidos novamente; a mãe real (cujo próprio abuso sexual sofrido quando criança a estava inibindo no amparo a Tania) conseguiu dar apoio a Tania. A criança prosseguiu na direção de re-atuações mais explícitas e do ensaio de futuros comportamentos com homens e rapazes.

Trabalhar com crianças que sofreram abusos sexuais é desgastante e difícil para o terapeuta. Quando uma criança está re-atuando o abuso, o horror e o ultraje do próprio terapeuta podem ser insuportáveis. Numa situação grupal, o psicodramatista pode usar seus sentimentos de raiva de forma positiva, para amparar o protagonista. Ao trabalhar com uma única criança, o terapeuta deve decidir se é útil à criança expressar esses sentimentos.

> Caroline representava o pai molestador, "o monstro", enquanto a terapeuta desempenha o papel de Caroline.
> A criança havia estabelecido bem a cena: "Não há ninguém para ajudá-la", retumbou numa voz de "monstro". "Mamãe não pode ou-

vir, e seus irmãos também não." Ela então acrescentou, para enfatizar: "O ursinho e a bonequinha estão mortos, e o gato e o cachorro morreram, e você está *sozinha*".

No início, a terapeuta choramingou desconsoladamente, mas o ultraje da situação sobrepujou-a e ela deu um pulo, berrando: "Não é verdade, eu vou arranjar alguém para me ajudar". Imediatamente, Caroline gelou. Não era assim que havia acontecido.

Subitamente, ela subiu no sofá e disse: "Eu vou ser a menininha" (invertendo os papéis). Ela empurrou a terapeuta para o papel de molestador. "Eu vou arranjar alguém para me ajudar", chorou Caroline, repetindo a última frase dita antes da inversão de papéis, à moda do psicodrama clássico. "Eu vou arranjar a ..." (nomeando a terapeuta).

Essa modelagem de papel, embora nascida da necessidade da terapeuta, ajudou Caroline a se deslocar de uma encenação sem fim para um ensaio mais positivo para o futuro.

Um sentimento mais difícil de abordar, para o terapeuta, é a possível excitação, se a criança estiver re-atuando um ato sexual específico de forma explícita. Isso deve ser totalmente reprimido durante a sessão, e a terapeuta deve providenciar um supervisor para funcionar como suporte para ela após a sessão.

Um aspecto importante da re-atuação, e do período final, o ensaio, é a oportunidade de que a criança possa atuar sentimentos. Muitas crianças acham difícil identificar sentimentos e saber como eles são expressos. Jogos simples, como "do jeito da palavra", podem ser usados para exprimi-los. A criança pensa numa palavra para exprimir um sentimento, por exemplo, feliz, triste, orgulhoso, irado, amedrontado, desapontado. Os outros membros do grupo pedem à criança para fazer um movimento, por exemplo, andar, vestir roupas "do jeito da palavra", e o grupo adivinha o sentimento. Isso funciona melhor com crianças mais velhas, mas pode-se pedir também às menores que andem pela sala alegremente, iradamente etc., de modo que vivenciem os sentimentos e, especialmente, observem os outros, experienciando-os.

As crianças menores gostam de desenhar círculos para representar rostos. O terapeuta desenha alguns, demonstrando tristeza, felicidade etc. A criança faz mais alguns, usando com freqüência a imaginação para expressar raiva, espanto, e assim por diante.

Outro objetivo da re-atuação seria a dessensibilização, que é uma técnica freqüentemente usada no psicodrama, e, é claro, em terapia comportamental. Alguns dos efeitos iniciais do abuso sexual infantil estão proximamente relacionados ao tipo de abuso. Uma criança molestada na cama, à noite, pode sofrer pesadelos, problemas para dormir ou ir para a cama, medo do escuro, urinar na cama etc. Uma criança que foi forçada ao sexo oral pode ter dificuldade em comer ou engolir, e as crianças que foram molestadas em lugares específicos, como uma piscina, sentirão medo de entrar em tal lugar novamente.

Em termos psicodramáticos, a piscina pode ser construída usando-se almofadas ou mobília, e a criança pode experimentar entrar nela, fingir tirar a roupa e mergulhar "na água". Uma criança que sofreu de abuso sexual oral pode arrumar o jogo de chá de brinquedo e preparar e comer uma refeição, assim como os terrores noturnos podem ser superados à medida que a criança prepara os detalhes de um quarto escurecido usando almofadas novamente, até que a confiança volte.

Ensaio

A oportunidade de treinar papéis futuros e não ser punido pelos erros é um aspecto importante do psicodrama. Crianças e jovens, em especial, necessitam treinar assumir papéis que eles nunca vivenciaram. Adam Blatner (1973) descreve o uso da técnica da "distância simbólica" com duas crianças provenientes de lares desfeitos e inadequados. As crianças estavam com medo de voltar para uma situação de "família" devido à sua própria experiência, mas conseguiram representar diferentes situações de família e testar seu próprio comportamento. Em algumas ocasiões, elas se sentiram confiantes o suficiente para falar sobre o tipo de família com a qual poderiam se sentir à vontade.

Judith já havia saído de casa, mas não fora capaz de dizer à sua mãe por que o havia feito. Seu padrasto a havia molestado por muitos anos. Ela falou com a mãe usando a técnica da "cadeira vazia", e então desempenhou o papel da mãe, até que se sentiu capaz de se defrontar realmente com ela. O encontro foi bem-sucedido, e a mãe a apoiou.

Debbie achou que as "projeções futuras" foram úteis quando quis examinar suas possíveis futuras relações com homens e com um filho seu. O aterrorizante desconhecido torna-se uma possibilidade a ser aceita ou rejeitada, e, novamente, a protagonista dá-se conta de como ela pode controlar seu futuro sendo mais assertiva.

A assertividade parecia agressão para Rita. A agressão era inaceitável, exceto para os outros. Ela havia passado do abuso sexual pelo irmão adotivo para um casamento precoce, em que o marido a espancara. Através da prática de comportamentos mais assertivos, ela aprendeu a não aceitar o comportamento do marido, e ele percebeu que teria que mudar se quisesse mantê-la. A relação melhorou bastante, e Rita afirma não ter mais medo de homens.

As crianças pequenas podem ser ajudadas a reconhecer um "bom toque" e um "mau toque". As crianças sabem automaticamente o que parece bom e o que parece mau, mas os molestadores dizem às crianças que seu toque abusivo é gostoso e que isso faz parte de uma "relação amorosa". As crianças duvidam de seus próprios sentimentos. Elas se encontram num processo de aprendizagem com relação às emoções, e obtêm conhecimentos a partir dos adultos. Se o adulto mais poderoso lhe dá falsas informações, elas se tornam confusas, mas, dependendo da idade e de outros adultos poderosos, elas tenderão a aceitar a informação dada.

Uma analogia útil poderia ser a da criança esfomeada a quem se oferece pão. O pão contém uma substância amarga, digamos, heroína, que poderia ser danosa. A criança questiona o gosto e o adulto diz que todos os pães têm esse gosto. A criança está faminta, e come o pão. É esse o tipo de embalagem oferecida a crianças molestadas, especialmente quando a violência ocorre em casa.

As crianças molestadas freqüentemente desejam confrontar seus molestadores, em geral numa etapa da terapia após haverem realizado uma re-atuação e descarga de sentimentos. É importante para elas superar o medo através do jogo de papel, seja numa sessão individual seja num grupo.

> Passaram-se várias semanas até que Caroline, de seis anos, decidisse ver o pai. Em primeiro lugar, ela sugeriu que deveria falar com ele ao telefone, e pegou um telefone de brinquedo e pediu à terapeuta que "fosse o papai", e atendesse na outra extensão. Houve uma breve conversa, e Caroline disse, meio perturbada: "Não faça mais essas coisas". Mais tarde, ela pediu à terapeuta se poderia falar num gravador, de modo que a fita fosse enviada ao pai. Isso foi feito, e logo Caroline pediu para se encontrar com o pai, face a face. Todas essas sugestões vieram da criança. Quando ela estava no controle da situação, sentiu-se melhor. Todavia, ela não queria se encontrar a sós com o pai. Ela conseguiu reconhecer sua vulnerabilidade e entender que, desde que o abuso não era culpa sua, poderia, não obstante, ocorrer novamente, a não ser que o pai houvesse mudado.

Um ensaio para o futuro deve incluir, se possível, um trabalho direto com a mãe e a criança, especialmente no que diz respeito a crianças pequenas. Da mesma maneira que Tania conseguiu ser confortada diretamente pela mãe após uma re-atuação, a mãe e a criança necessitam reconstruir sua relação, que pode ter sido abalada pela revelação do abuso sexual. A maior parte do trabalho terapêutico com crianças que sofreram abusos sexuais precisa ocorrer sob a forma de atendimento individual, exceto talvez para grupos de irmãos, mas a mãe não deve ser ignorada, uma vez que ela provavelmente dará continuidade ao trabalho terapêutico por muito tempo após a terapeuta haver deixado a cena.

A mãe verdadeira ou a madrasta deveriam ser convidadas, com a concordância da criança, a assistir a algumas sessões, que seriam definidas como "ensaios para o futuro". As sessões aconteceriam usualmente após o terapeuta sentir que, primeiro, todo o ato do abuso foi revelado; segundo, que a criança conseguiu expressar alguns sentimentos fortes com relação a ambos os pais; e, terceiro, que a criança está expressando fortes necessidades de amparo maternal, que se manifestam através do apego à terapeuta, ou, numa situação dramática, particularmente quando uma criança desempenha, ela mesma, o papel de mãe, e demonstra "cuidados amorosos".

É particularmente útil a técnica de "projeção futura" em que a criança monta uma cena em sua família, no futuro.

Sam preparou uma reunião com chá para si e para o irmão. Algumas bonecas desempenhavam o papel de "nova mamãe" e "novo papai". Eram os pais adotivos. A terapeuta perguntou se os pais verdadeiros poderiam comparecer à reunião. Ele refletiu sobre a questão e, então, pegou os bonecos que os representavam, levou-os a um canto distante da sala e sentou-os numa almofada: "Eles estão na prisão", disse ele, "é melhor que fiquem lá".

Anteriormente, a criança havia "jogado a mãe no fogo" numa sessão e "picado em pedaços o pai". Agora, calmamente, aos quatro anos, havia decidido seu futuro.

Com relação a grupos de adolescentes, várias sessões devem ser consumidas em ensaios para o futuro. Após uma sessão de aquecimento sobre o tipo de situação que seria mais ameaçadora, pode-se proceder a um sociodrama, dramatizando os medos e fantasias. As escolhas mais comuns são: (1) enfrentar, na escola, professores que assediam as crianças; (2) comportar-se na discoteca; (3) o que fazer no tribunal (nos casos em que as crianças aparecem como testemunhas); (4) lidar com situações em que as outras crianças fazem zombarias e chacotas.

Em grupos de adolescentes, o sociodrama, que esclarece os temas do grupo em vez de focalizar problemas pessoais, pode ser mais apropriado, mas o diretor precisa avaliar a "sensibilidade" do grupo, e, freqüentemente, um sociodrama pode conduzir a um psicodrama pessoal, que é proveitoso para todo o grupo.

A parte final de uma sessão de psicodrama é o compartilhamento. Não se trata de uma sessão de aconselhamento, mas serve para capacitar o grupo a compartilhar com o protagonista as emoções despertadas neles durante a representação. O compartilhamento pode ser feito de modo formal numa situação de grupo, e é extremamente valioso para as crianças que se sentem isoladas e sozinhas após sofrerem abusos sexuais. O compartilhamento constitui também uma parte das sessões individuais, quando o terapeuta compartilha sua própria raiva e seu desgosto. Em se tratando de crianças menores, no entanto, os sentimentos do próprio terapeuta devem ser cuidadosamente controlados, uma vez que a falta de controle é apavorante para as crianças. Nas sessões de ensaio, entretanto, convém compartilhar as próprias incertezas com relação ao comportamento em situações específicas e aprender com a criança na medida em que ela decide o que lhe parece certo. Não se deve impor sugestões do terapeuta a uma criança já impressionável.

Discussão

É importante para o terapeuta entender o nível de desenvolvimento de uma criança. Isso deve ser avaliado na primeira sessão, quando se estiver trabalhando individualmente com a criança. As crianças trazidas para o grupo devem ser avaliadas antes do primeiro encontro de grupo. Em caso de dúvida, numa entrevista inicial, apenas brinquedos e equipamentos simples devem ser introduzidos. Caso contrário, as crianças ficam frustradas tentando usar brinquedos difíceis ou avançados demais e isso pode se acrescentar ao seu sentimento de fracasso e desvalorização. Tenham cuidado, em grupos, com o uso de brincadeiras de escrever. Algumas crianças se sentem inibidas. Todavia, muitas crianças desenharão alegremente ou farão esculturas em argila, e essas técnicas podem ser usadas tanto num aquecimento reassegurador quanto numa reatuação. É extremamente gratificante atirar argila em retratos do molestador desenhados pela criança, afixados na parede!

O tempo de concentração de uma criança deve ser também considerado. A maior parte das crianças de menos de onze anos tolera uma sessão de até uma hora. Todas precisam de "recreio" durante as sessões, e elas farão isso automaticamente. Uma criança poderá olhar periodicamente através de uma janela, ou voltar à mesma pilha de blocos de construção de tempos em tempos. Outra poderá se aninhar numa almofada e descansar ou dormir por alguns minutos. Outras pedem para beber água ou ir ao banheiro como forma de criar um intervalo. Deve-se estabelecer regras simples com relação a beber água e ir ao banheiro. Isso é fácil de se fazer com crianças em idade escolar, que aceitam o "recreio" e a necessidade de ir ao banheiro antes e depois das sessões. Crianças de menos de cinco anos têm mais dificuldade, mas é importante colocar limites para uma criança que possa estar confusa e sem controle. Os adolescentes mostram-se bastante satisfeitos com refrigerantes antes ou após uma sessão, e a pressão grupal poderá evitar idas ao banheiro que provoquem muitas interrupções.

Grupos de adolescentes precisam de sessões de mais de uma hora. Duas horas, incluindo o tempo para os refrigerantes, é suficiente. Embora as sessões de psicodrama adulto geralmente durem até três horas, a maior parte dos adolescentes acha impossível concentrar-se todo esse tempo. Sessões semanais ou quinzenais em geral mantêm o ritmo de adolescentes, mas, para crianças mais novas, uma semana é um tempo muito longo; duas sessões semanais são mais produtivas.

No caso em que o abuso tenha ocorrido fora do círculo familiar, ou que tenha sido revelado logo após seu início, uma criança pode se beneficiar de apenas uma ou duas sessões terapêuticas, acompanhadas por uma aliada que a ampare, de preferência a mãe. Se a própria mãe também passou por uma situação de abuso, e achar mais difícil servir de apoio devido às próprias necessidades, a criança poderá necessitar de terapia por várias semanas, ou mesmo meses. Cada criança deve ser cuidadosamente avaliada, para que se estabeleça o fim da terapia; a partir daí, providencia-se o encerramento.

Deve-se levar em conta que, de acordo com o nível de maturidade da criança, ela só absorverá uma pequena quantidade de "re-aprendizagem" de cada vez. Se a relação entre o terapeuta e a criança for satisfatória, se a tele for completa, tanto a criança quanto o terapeuta perceberão quando chegaram ao final de uma parte específica do trabalho. A criança terá revelado o que é capaz de se lembrar ou expressado sentimentos de desgosto, raiva, medo, tristeza e confusão. Terá sido capaz de colocar a responsabilidade do abuso no molestador, o comportamento futuro terá sido ensaiado, e a criança estará confiante de que tem um aliado a quem recorrer, se precisar de ajuda.

Entretanto, isso não quer dizer que o trauma foi plenamente integrado e que um trabalho futuro não será necessário. À medida que a criança se defronta com outras situações de vida (puberdade, morte ou separação de um dos pais, ou a saída de um irmão mais velho de casa), poderá se lembrar de seu sofrimento anterior e necessitar de mais terapia. Mesmo na idade adulta, poderá haver dificuldades, especialmente com relação ao casamento ou ao se tornar pai ou mãe. Mas o trabalho inicial poderá ser um alicerce, possibilitando que quaisquer dificuldades futuras sejam mais facilmente resolvidas.

Para compreender melhor o nível de desenvolvimento de uma criança, o terapeuta infantil faria bem em ler os trabalhos de Virgínia Axline (1969; 1971) e de Violet Oaklander (1980). Um trabalho pessoal realizado com "a criança interna" também ajuda o terapeuta a penetrar no mundo da criança e a considerar eventos a partir de um ponto de vista infantil. O psicodrama, a dramaterapia, a análise gestáltica e a transacional ajudam o futuro terapeuta infantil a descobrir as próprias necessidades não conhecidas e entender a imperiosa necessidade de amor que existe dentro de cada criança. É fácil entender que não se deve servir pão estragado a uma criança esfomeada, que fará mal a ela; mas já não é tão fácil captar que "amor" que inclui abuso não é absolutamente amor, pois contribui para a gratificação apenas do molestador.

Um profissional que conduza um trabalho relacionado com o abuso sexual infantil tem como objetivo manter um equilíbrio e trabalhar às vezes com os membros adultos da família da criança molestada e também, por vezes, com molestadores. Não convém a um profissional atender ao mesmo tempo a criança e o molestador. Não há condições de confiança para a criança nessa situação, exceto, talvez, num estágio mais avançado, após um trabalho individual com a vítima. Um terapeuta que nunca trabalhou com molestadores, porém, tem dificuldades em compreender a poderosa racionalização que os molestadores usam e podem mesmo subestimar a relação de poder entre os dois. É fácil também ser "tragado" pela falta de defesa de uma criança, e é mais fácil manter equilíbrio se a dinâmica familiar for plenamente compreendida.

Suzanne Long, em seu capítulo "Abuso sexual de crianças pequenas" (MacFarlane & Waterman, 1986), recomenda um completo conhecimento da teoria sistêmica e cita Giarretto e Giarretto (1982) para uma compreensão da díade mãe-criança, que é tão importante para uma terapia infantil bem-sucedida.

Mais importante, contudo, é que se olhe a criança através dos olhos da criança. "Andar nos mocassins do outro", é como os índios americanos descrevem esse estado.

Um encontro de dois: olhos nos olhos, face a face. E, quando você estiver perto, arrancarei seus olhos, e os colocarei no lugar dos meus, e você arrancará os meus olhos e os colocará no lugar dos seus, e então verei você com os seus olhos e você me verá com os meus.

(Moreno, 1977)

Essa é a descrição que Moreno faz da tele, mas, quando se trata de uma criança e de um adulto, exige-se um enorme ato de fé. Temos que acreditar na criança, acreditar que o que ela diz é real para ela.

O problema é descrito por Miller (1986) quando ela leu pela primeira vez que Henry Moore costumava massagear as costas de sua mãe com óleo para aliviar o reumatismo dela quando ele era criança. A escultura de Moore era compreensível. As enormes mulheres reclinadas, de pequenas cabeças e largas costas. Exatamente a perspectiva de uma criança.

No psicodrama, o protagonista escolhe alguém para desempenhar um papel coadjuvante em cena, pois um aspecto daquela pessoa fá-lo lembrar-se do pai, ou do parceiro, ou de quem quer que deva ser representado. Não é absolutamente incomum que o ego auxiliar compartilhe com o grupo depois que houve algo na caracterização dessa pessoa que realmente tenha tocado seus problemas pessoais e com quem ele foi capaz de se identificar. Da mesma maneira, uma criança escolhe uma boneca para representá-la na dramatização. Um menino escolheu um cachorro. Ele era obediente e confiante em seu dono (seu pai), mas, se não respondesse imediatamente, seria espancado. (O menino foi literalmente espancado pelo pai.) Ele olhou para o dono por longo tempo, tentando entender o que estava sendo exigido, de modo que ele não o ofendesse. Num dado momento, o dono pediu que ele ficasse de quatro e virasse de costas, enquanto ele "enfiava uma vara nele". O menino descrevia exatamente o que o pai havia feito com ele, e isso foi provado mais tarde mediante exame médico, mas como teria sido fácil considerar isso como uma fantasia!

Durante a formação em psicodrama, pede-se que se acredite no método. O protagonista pode ser resistente, a encenação talvez pareça não levar a nada, mas o diretor deve confiar nos métodos de Moreno e acreditar em seu sucesso. No trabalho com crianças vítimas de abusos sexuais, precisa-se também confiar na criança. Só a criança e o molestador sabem o que aconteceu. Só a criança sabe como ela percebeu o que aconteceu, e como isso a afeta. Só a criança sabe do que necessita. As técnicas psicodramáticas facilitam a satisfação dessas necessidades e ajudam a criança a aprender a viver novamente.

A seguir, uma breve citação de um poema escrito por Rita, uma das jovens que participou de um grupo de psicodrama, cujas experiências foram mencionadas:

O tempo que pensei que nunca chegaria
Em que minha vida tivesse algum sentido para mim.
Mas quando você despendeu seu tempo comigo
Minha vida novamente adquiriu sentido.

Referências bibliográficas

Axline, V. (1969) *Play Therapy*, Nova York: Ballantine Books.
Axline, V. (1971) *Dibs in Search of Self*, Harmondsworth: Penguin.
Baker, A. W. & Duncan, S. P. (1985) "Child sexual Abuse: a study of prevalence in Great Britain", *Child abuse and Neglegenct*, 9:457-67.
Benward, J. & Gerber, J. D. (1975) "Incest as a causative factor in anti-social behaviour, *Contemporary Drug Problems* 4.
Blatner, A. (1973) *Acting-in: Pratical Applications of Psychodramatic Methods*, Nova York: Springer Publishing.
Davies, G. (1987) "Is the Child a Reliable Witness?, Trabalho apresentado ao National Children's Bureau Conference.
Finkelhor, D. (1986) *A Sourcebook on Child Sexual Abuse*, Beverly Hills, Londres e Nova Delhi: Sage Publications.
Gelinas, D. (1983) "The Persisting Negative Effects of Incest", *in Psychiatry* 46.
Giarretto, H. & Giarretto, A. (1982) *Integrated Treatment of Child Sexual Abuse*, Palo Alto, Califórnia: Science & Behaviour Books Inc.
Goodwin, J. (1982) *Sexual Abuse — Incest Victims and Their Families*, Boston, Bristol e Londres: John Wright Publishers.
Groth, A. N. & Birnbaum, H. J. (1979) *Men who Rape — the Psychology of the Offender*, Nova York: Plenum Press.
Herman, J. L. (1981) *Father-Daughter Incest*, Cambridge, Massachusetts e Londres: Harvard University Press.
James, J. & Meyerding, J. (1977) "Early sexual experiences as a factor of prostitution", *Archives of Sexual Behaviour*, 7:31-42.
Jewitt, C. (1982) *Helping Children Cope with Separation and Loss*, Cambridge, Massachusetts: Harvard Common Press.
Jones, D. L. & MacGraw, J. M. (1987) "Reliable and fictitious accounts of sexual abuse to children", *Journal of Interpersonal Violence* 2 (1) 27-45.
MacFarlane, K. & Waterman, J. (eds.) (1986) *Sexual Abuse of Young Children*, Londres e Sydney: Holt Rinehart & Winston.
Miller, A. (1986) *The Drama of Being a Child*, Londres: Virago.
Miller, A. (1987) *For Your Own Good*, Londres: Virago.

Moreno, J. L. (1978) *Psicodrama*, São Paulo: Cultrix.
Oaklander, V. (1980) *Descobrindo as crianças*, São Paulo: Summus.
Russell, D. (1984) *Sexual Exploitation,* Beverly Hills, Londres e Nova Delhi: Sage Publications.
Sgroi, S. (1982) *Handbook of Clinical Intervention in Child Sexual Abuse*, Lexington, Massachusetts: Lexington Books.
Yalom, I. D. (1985) *The Theory and Practice of Group Psychotherapy*, Nova York: Basic Books.

CAPÍTULO SETE

Psicodrama e "piccalilli"*
Tratamento com internação de um adulto vítima de abusos sexuais

Marcia Karp

Quero ser lembrado como o homem que trouxe alegria e risos à psiquiatria.
(epitáfio de J. L. Moreno)

Era o pior caso de abuso sexual que eu havia tratado. Anne, a cliente, havia sido reiteradas vezes estuprada pelo avô, pelo tio e pelo pai durante a infância. Foi-lhe impossível escapar dos ataques. Após vários meses de grave abuso, ela contou à mãe, mas esta se recusou a ouvir. Nos anos seguintes, ela viu-se sozinha, como testemunha de sua própria vergonha, medo e tormento. Ela desejava morrer.

Anne veio tratar de algumas de suas dificuldades pessoais em nosso teatro psicodramático. Eu a vira apenas duas semanas e meia antes disso. Ela me fora apresentada por uma assistente social. Combinamos a realização de seis sessões individuais. Anne era meio calada. Uma mulher realista de Devonshire, de 42 anos.

Elas chegaram de manhã, quando eu estava totalmente imersa na preparação de *piccalilli*. Eu estava mexendo uma mistura meio aguada, quando as duas surgiram na porta. Convidei-as a entrar, e perguntei se sabiam alguma coisa de *piccalilli*.

"Estou no meio de um desastre", disse eu. "Venham só dar uma olhada nisso."

Aproximamo-nos do fogão a carvão. Fitando-nos, havia um caldeirão de nove litros, cheio de pedaços cor de mostarda de *piccalilli*. Olhei para as duas.

"Cometi algum erro grave, não acham?"

A assistente social estremeceu, perguntando-se para o que havia trazido sua cliente. Anne sorriu, e olhou para dentro do caldeirão amarelo. Percebi que ela estava aliviada por não haver sido saudada com questões sobre sua vida, seu trauma sexual e sua infelicidade.

---

* O *piccalilli* é um tipo de picles originário da Índia, com vegetais picados e tempero picante. (N.T.)

"Odeio mostarda", foram suas primeiras palavras. "Minha avó costumava fazer *piccalilli*. Você colocou água demais. Não se parece com o de minha avó."

Notei um ar de satisfação na voz de Anne. Ela era capaz de me falar sobre algo que detestava e também de dizer-me que eu havia feito algo de errado. Ela acabara de me conhecer, mas suspeito de que tanto a assistente social quanto a médica haviam-na condicionado a ser crítica. Foi um encontro não convencional, e gostei dele. Ele proporcionou a Anne uma responsabilidade imediata. Eu realmente precisava da ajuda dela, ou da assistente social, ou de alguém. Eu não queria que o *piccalilli* saísse errado.

A receita — do melhor *piccalilli* que eu já havia provado — me fora dada por minha filha Maureen, e eu queria repeti-la. Dei a Anne uma colher de pau enorme, que havia sido dada a Ken, meu marido, por um ministro e escritor finlandês. A colher havia sido usada no preparo de muitas receitas antigas pela mãe do ministro, na Finlândia. Era agora a nossa colherona de pau.

"Dá para você mexer", pedi a Anne, "enquanto coloco um pouco de farinha de milho?"

A assistente social olhou inquisitivamente, e resignou-se a ser uma mera espectadora. Eu podia perceber que ela me respondia da mesma maneira que eu com relação ao fundador do psicodrama, J. L. Moreno, quando o encontrei pela primeira vez. "Ou ele é um gênio, ou um louco de pedra." Eu podia ouvi-la dizendo-se a mesma coisa. Ela guardou para si seus julgamentos.

"Por que você não tira um pouco do líquido?", disse Anne, agora envolvida no problema, e finalmente oferecendo ajuda em vez de críticas.

"Tirar um pouco do líquido?", defendi-me de sua objeção como num torneio de esgrima bem equilibrado. Seu primeiro desafio não ficaria sem resposta. Respondi: "Por que não colocamos um pouco de farinha de milho primeiro, para ver o que acontece? Você mexe".

Anne segurou a colher de pau, e cuidadosamente acrescentou a mistura de farinha e água que estavam na xícara. Não fez a menor diferença.

"Definitivamente não se parece com o *piccalilli* de minha avó", repetiu Anne a crítica mais devastadora a *piccalilli* que ela poderia formular! "O de minha avó era bem espesso, e todos os pedaços eram pegajosos."

Dei uma olhada para a assistente social. Ela olhou de volta como se dissesse: "Já se passaram dez minutos da sessão dela".

"Ora, muito bem, Anne", disse eu, "vamos para o meu consultório conversar."

Anne movia-se à vontade em minha companhia. Ela confiava em mim. Já havíamos estado às voltas com problemas juntas, e eu precisara da ajuda dela. Ela também deu-se conta de que eu era uma pessoa com uma vida que ia além de ser terapeuta. Havia uma nova perspectiva para o seu abuso sexual. A vida continua, e tinha-se que resolver o problema do *piccalilli*, a despeito de seu abuso sexual. Ela gostou de mim, e me dei conta de que algo significativo havia sido conseguido em dez minutos. Havíamos estabelecido um contato entre nós três, mas estava claro que a interação principal deveria ocorrer entre mim e Anne. A assistente social havia me dito previamente que Anne queria a ajuda dela na sessão. Ela estava com medo de se encontrar comigo. Esse festival de *piccalilli* era um processo consciente de dessensibilização entre terapeuta e cliente. Ele possibilitou que a separação da assistente social fosse um processo natural e fácil.

"Sirva-se de café", disse eu à assistente social. Anne sorriu meio timidamente. Ela estava bem, e nós três o sabíamos.

Ela seguiu-me escada acima, até o consultório. Havia um cheiro de carpete novo e flores frescas da inauguração ocorrida alguns dias antes. Anne era a primeira cliente que eu atendia na sala nova. Embora tivesse havido centenas antes dela, o contato cheirava a novo, como as flores frescas e o carpete. Gostáramos uma da outra, e estávamos entusiasmadas por prosseguir.

Anne acomodou-se em sua cadeira. Ela afastou os óculos para trás, passou a mão rapidamente pelos cabelos e disse:

"Acho que você já sabe como isso tudo começou, com meus filhos entrando nessa confusão, e tudo". Ela estava segura de que eu sabia de todos os detalhes, como se eu fosse um médico com intrincadas fichas de casos empilhadas à minha frente. Eu tinha uma vaga idéia de que seus filhos haviam sido o motivo original da preocupação, o que havia posto a assistente social no caso. Eu não me lembrava de muito mais além disso. Anne era esquiva, e obviamente não desejava entrar em detalhes.

"Sim, estou a par de tudo", respondi, confiante, e a reassegurei de que ela não precisava me contar naquele momento.

Mais tarde, soube que seu filho de dezessete anos havia sido acusado de molestar sexualmente a filha dela. Anne repetidamente havia dito a eles que não fossem para a cama juntos, que nunca se tocassem, nem deixassem que ninguém os tocasse contra a vontade deles. A afirmativa: "Nunca vão para a cama juntos", é o que a terapeuta Petruska Clarkson (Conway e Clarkson, 1987) chama de indução hipnótica. Isso pode produzir um comando inconsciente. Eles foram para a cama juntos porque haviam sofrido excessivas advertências para que não o fizessem. Devido à negação de sua mãe e o fracasso dela em lidar com suas próprias experiências sexuais quando criança, o comando inconsciente tornou-se parte de seu padrão de repetição. "Aquilo que você mais nega e teme", dizem os que acreditam em indução hipnótica, "é o que tem maior probabilidade de acontecer no presente."

Uma indução hipnótica clássica ocorre numa briga quando uma pessoa diz: "Não me bata!". A pessoa que diz "Não me bata" está convidando o outro a atingi-la. "Não me traia" é um outro tipo de indução hipnótica. As pessoas, na maior parte dos casos, não estão conscientes do que estão construindo. Para culminar o erro, Anne também disse repetidamente a eles: "Vocês são apenas crianças, não adultos". Se há uma coisa que os adolescentes mais querem é tornarem-se adultos. Conseqüentemente, a filha de treze anos se vestia como uma jovem de dezesseis, e o filho de dezessete havia começado a trabalhar, e queria desesperadamente ter uma namorada. Devido à rejeição da mãe à intimidade sexual, ambos os filhos haviam tido o acesso negado ao conhecimento sexual. O medo da mãe com relação à sexualidade criou uma distância entre ela e os filhos adolescentes.

Há uma passagem interessante no livro de Moreno (1953) *Who Shall Survive?* que se relaciona com o negativismo de Anne em relação ao sexo. Moreno escreve sobre a teoria psicanalítica freudiana original. A origem histórica do texto deve-se a que Moreno e Freud foram contemporâneos, ambos vivendo em Viena, por volta de 1900. Moreno era estudante de medicina quando Freud estava se tornando conhecido por seu trabalho. Embora a análise moderna pós-freudiana da condição humana tenha se tornado mais sofisticada e mais abrangente, é importante observar as diferenças significativas existentes no pensamento dos dois no início da década de 1900. Freud havia coletado seus dados de pacientes neuróticos apenas, e, portanto, desenvolvido um quadro de referências a partir da patologia. Moreno queria divulgar uma metodologia baseada num modelo de sanidade, em vez de patologia. Ele baseou o psicodrama no "aqui-e-agora", mais do que no "lá-e-então". As grandes fontes humanas de espontaneidade e criatividade formaram a base de seus métodos dramáticos. Moreno achava que "Freud era um cientista maior do que aqueles que o criticavam". Ele também achava que as hipóteses de Freud "baseavam-se em evidências parciais, e, talvez, por vezes, em probabilidades tão pequenas quanto 10 por cento, mas ele sabia disso". Moreno prossegue: "Ele estava sempre pronto a mudar suas hipóteses diante de novas evidências, e mudou-as várias vezes. Minha crítica", continua Moreno, "dirige-se contra o sistema psicanalítico em sua totalidade, e às motivações inconscientes subjacentes a ele" (Moreno, 1953). Moreno achava que a situação psicanalítica permitia a análise, mas excluía a ação natural ou o que é expressado pelos movimentos corporais. Moreno escreve:

O paciente era colocado num divã, numa posição passiva, reclinada. O analista se colocava atrás do paciente, de modo a não vê-lo e a evitar a interação. A situação era hermeticamente fechada; ninguém mais tinha permissão para entrar nela, e os pensamentos que emergiam no divã deveriam permanecer como segredo de consultório. Ela deveria omitir o positivo e o direto na relação com o paciente. A técnica de associação livre não é a conversa natural. O paciente relata o que lhe passa pela mente. A transferência do paciente para com o analista não tinha permissão de se estender e tornar-se um encontro real de mão dupla. A própria vida era banida do consultório.

(Moreno, 1953: Liii Preludes)

Moreno achava que o sujeito da sessão, ou protagonista, deveria falar diretamente a quem quer que estivesse se dirigindo. Se a pessoa quisesse falar com a mãe ou o pai, então essas pessoas primárias, desempenhadas por membros do grupo, deveriam ser trazidas à sala de terapia. Não se deveria dirigir-se a eles através do terapeuta. Esses membros são chamados de egos auxiliares. Moreno os descrevia como:

> uma equipe de egos auxiliares, para se tornarem extensões do diretor e do sujeito, e para retratarem as "personas" reais ou imaginárias do drama da vida. As funções dos egos auxiliares são tríplices: a função de ator, retratando papéis requisitados pelo mundo do sujeito; de conselheiro, orientando o sujeito; e de investigador social.

Moreno achava que a análise era construída a partir de um "viés negativo", ou seja, de um referencial patológico. É aqui que a teoria psicanalítica original apresentaria um quadro similar negativo com relação ao nosso sujeito, Anne. Moreno escreve:

> O sistema psicanalítico tem em comum com outros sistemas analíticos que seguem seus passos a tendência a associar as origens da vida à calamidade. O conceito-chave do sistema freudiano é a libido. Mas Freud, em vez de associar o sexo à "espontaneidade", associou-o à ansiedade, à insegurança, à ab-reação, à frustração e à substituição.

(Moreno, 1953: ii)

A análise mudou, desde então. Entretanto, dentro do referencial original de Freud, Anne poderia ter sido um perfeito exemplo de paciente com uma história sexual traumática que causa o comportamento neurótico presente. Esse conceito era exatamente a premissa do trabalho inicial de Freud.

A história sexual negativa de Anne criou uma superproteção em seu papel de mãe. Ambos os filhos se sentiam enclausurados e encurralados. Eram rebeldes e desejavam ter experiências sexuais. Em vez de dizê-lo à mãe, a filha havia relatado os contatos sexuais exploratórios à professora. Ela temia contar à mãe, pois receava não ser levada a sério; e então, ou seria expulsa de casa, ou seu irmão seria mandado embora.

Foi exatamente o que aconteceu. Um dia, a filha chegou em casa, no meio do dia, com a professora. Juntas, falaram com Anne. A partir da acusação e admissão da atividade sexual, o Serviço de Assistência Social se encarregou do problema. Um psiquiatra do serviço se interessou pelo caso. O Serviço de Assistência Social decidiu que o rapaz de quinze anos era um molestador sexual. Ele foi removido de casa e colocado sob a custódia de parentes por cinco meses "para proteger a irmã". Ele não dormia mais em casa.

Isso tudo foi devastador para Anne, que acreditava haver produzido um molestador sexual como filho. Isso trouxe suas traumáticas experiências passadas de volta ao primeiro plano. Ela apresentou sintomas de distúrbios de sono, extrema irritabilidade e incapacidade geral para lidar com a família. Ela queria deixá-los, e disse:

"Quero que meus filhos morram! Se não fosse por eles, eu não estaria metida nessa confusão. Não consigo tocar minha vida para a frente!".

Ela procurou auxílio.

Um ano mais tarde, os filhos estavam de volta à escola, morando juntos no seio da família e relacionando-se bem. Foi Anne quem ficou com o problema. Seu marido Jon, um homem amoroso, paciente e leal, tornou-se um pai atencioso e carinhoso. Muitas vezes, confortou-a ternamente. Proporcionou-lhe apoio dessa forma por muitos anos. Ela dormia enrodilhada em Jon, e precisava ser continuamente reassegurada durante a noite de que estava a salvo.

Não fiquei sabendo de tudo isso na primeira entrevista. Basicamente, o que ouvi foi que Anne estava muito brava com a mãe por não protegê-la, e furiosa com o pai, o avô e o tio por haverem-na violentado. O psicólogo Andrew Feldmar (1989) disse que, "a partir do momento em que um pai molesta sexualmente uma criança, essa criança torna-se órfã. A criança perde a segurança com relação ao pai molestador, e perde a proteção e confiança do pai que não impediu que isso acontecesse". Anne, na verdade, parecia orfã. Seu único consolo havia sido freqüentar o colégio interno. Era lá que se sentia a salvo de interferências sexuais. Ela tinha horror das férias escolares, quando precisava voltar para casa.

O amor de Anne pelos livros e seu entusiasmo por aprender chamaram minha atenção em nosso primeiro encontro. Ela havia estado na biblioteca da escola e retirado livros sobre psicoterapia e psicodrama. Quanto ao último, ela havia assistido a ele diversas vezes na televisão. Os programas da BBC chamavam-se "A Sessão". Seis programas de psicodrama haviam sido apresentados aos sábados à noite, no horário nobre. Eram dirigidos por um pós-graduando que havia feito formação em Holwell, com Jinnie Jefferies, uma psicoterapeuta que vivia em Londres.

Anne havia assistido atentamente a esses programas e ficou impressionada pelo fato de ver "pessoas demonstrando emoção real, capazes de dizer o que realmente estavam sentindo". Ela havia "desejado fazer parte do grupo".

Diante de sua evidente natureza inquisitiva e amor pelos livros, perguntei:

"Anne, por que você não continuou na escola e procurou uma profissão em que pudesse estudar e aprender bem?".

Anne mostrou-se totalmente resignada:

Quando terminei o internato, estava tão desejosa de sair de casa que peguei o primeiro emprego que apareceu longe de minha família. Trabalhei até encontrar meu marido e me casar. Eu adorava os livros. Eles representavam uma fuga para mim. Eu lia o tempo todo tudo quanto era livro. Desde, por exemplo, o caso amoroso entre o rei Eduardo e a sra. Simpson, até histórias de Catherine Cookson e livros sobre psicoterapia.

Olhei diretamente para Anne:

Acho que você vai desperdiçar seu tempo vindo aqui para seis sessões individuais. Você precisa de sessões diárias de grupo. Poderíamos começar dentro de uma semana. Você precisaria hospedar-se aqui. Você diz que sente muita raiva. Acho que isso seria melhor expresso com o auxílio de um grupo de psicodrama.

Pensei comigo mesma que ela precisava representar aquilo que não havia acontecido nas cenas originais. Ela precisava liberar as intensas sensações de medo e raiva que não havia expressado para as pessoas certas na época. Até que entrasse em contato com seu ódio e emoção represada, ela permaneceria emocionalmente bloqueada e aprisionada no conflito.

Freud disse: "O que aconteceu? Diga-me". Moreno disse: "Como aconteceu? Mostre-me".

Em sessões individuais, poderíamos falar sobre o que havia acontecido, e eventualmente liberar algumas emoções. No entanto, a intensidade dos dramas traumáticos originais necessitava de uma forma igualmente dramática. Que modo mais adequado de fazê-lo do que um psicodrama bem dirigido, que focalizasse o que não havia ocorrido na vida real? Isso daria a ela a chance de manifestar as emoções que a vida não havia lhe dado. Ela era prisioneira de sua infância. Como Alice Miller, psicanalista suíça, assinala em sua tese, a criança molestada precisa de uma testemunha iluminada, alguém que lhe absorva a dor, que assuma seu partido e interrompa o abuso. Para usar a terminologia de Alice Miller, Anne não tinha "advogado", ou seja, ninguém que falasse em sua defesa. Nossa tarefa no psicodrama a seguir não era ajudá-la a entender a ação dos perpetradores, ou perdoá-los; nossa tarefa consistia em liberar as emoções represadas que a estavam sufocando, causando-lhe uma morte emocional precoce e abortando sua capacidade de enfrentar a vida com espontaneidade e criatividade. Para atingir uma vida vibrante e alegre, a espontaneidade e a criatividade são os maiores recursos humanos.

"Você pode vir na semana que vem, Anne?", perguntei determinadamente. Ela me olhou com esperança:

"Não sei se darei conta do recado, mas virei".

"Tudo bem", respondi. "Agora, temos que remanejar o dinheiro de suas seis sessões individuais para uma semana de sessões em internação. Haverá uma vaga disponível dentro de duas semanas e meia. Isso ajudaria você."

Anne tornou-se igualmente motivada:

"Pagaremos a diferença. Virei!".

Antes de sua partida, discutimos alguns dos conceitos dos livros de Alice Miller. Dei-lhe o livro *O drama de ser uma criança*. Após a sessão, a assistente social consultou "os canais competentes". Ela me telefonou à tarde do mesmo dia, para dizer que a questão do dinheiro havia sido acertada. As seis sessões dariam para pagar metade da semana, e Anne pagaria a outra metade.

Naquela noite, recebi um telefonema do marido de Anne:

"Você quer receber em dinheiro ou cheque?", perguntou Jon. Ele foi direto, e pareceu haver aderido ao espírito da coisa.

"Qualquer um dos dois estaria bem", respondi. "Você poderia dá-lo a Anne quando ela vier me ver a semana que vem?"

Eu queria fazer com que o compromisso com Anne se tornasse o mais concreto e intencional possível. O dinheiro serviria a esse fim.

"Há um pequeno problema", disse eu, desculpando-me. "Talvez eu tenha que vê-la na quarta ou quinta-feira em vez de na sexta. Deverei tirar uma folga e ir a Portugal com minha filha Mandy na sexta. Procurei encontrar a assistente social."

"Você não quer falar com ela? Ela está aqui, ao meu lado", disse Jon.

"Eu gostaria muito", respondi encorajando-o. As coisas estavam evoluindo bem e de forma rápida desde nosso encontro à tarde, e eu estava satisfeita por entrar em contato com Anne novamente. Ela disse ao telefone:

"Não sei o que aconteceu esta tarde, mas tudo parece diferente agora. Até Jon notou a diferença. Acho que vou conseguir. Acho que estou em melhores condições agora. Preciso ir. Aparecerei qualquer hora para vê-la".

O encontro foi marcado para quinta-feira. Quando ela chegou, eu desejei estar no mesmo lugar com um outro *piccalilli*, mas a camada de sal das verduras ainda não estava pronta. Quando elas chegaram, convidei Anne e a assistente social, Louise, a entrar na despensa, que foi construída por volta de 1800 e por onde originalmente corria um riacho para manter a comida resfriada.

"Vocês gostariam de provar o *piccalilli*?"

Era o nosso segundo encontro. O início inusitado de nossas sessões estava se normalizando. Dei-lhes duas colheres, e abri um dos vidros amarelo-claros.

"Puxa, agora está parecido com o *piccalilli* de minha avó!", disse Anne.
"Que coisa gostosa! Está delicioso!", exclamaram em conjunto a cliente e a assistente social. Ela estava dizendo "está bem feito", e sentime imensamente orgulhosa.
Devidamente satisfeita, disse-lhes:
"Olhem para isso".
Na véspera, meu marido Ken havia ido até Routledge, a editora de Londres/Nova York do nosso livro *Psicodrama: Inspiração e Técnica*, com o desenho da capa e as ilustrações para cada um dos capítulos. Elas adoraram. Enquanto ele estava lá, deram-lhe um exemplar de cortesia do livro *Tornando-se um psicoterapeuta*. Mostrei-o a Anne.
"Está escrito: 'Dez eminentes psicoterapeutas escrevem sobre sua profissão e carreiras, explorando como e por que eles se tornaram psicoterapeutas'. Que idéia brilhante, hem?", disse eu à assistente social. "E olhe", apontei orgulhosamente o meu nome e o capítulo que eu havia escrito. Anne pareceu encantada. Sua confiança em mim se confirmava, e ela estava com um olhar do tipo "escolhi-a-terapeuta-certa".
Estendi-o a Louise:
"Você gostaria de dar uma lida?"
Anne estava tão excitada quanto eu.
"Eu nem tive tempo de lê-lo, Anne", disse eu, enquanto nos encaminhávamos para o consultório. "Só o recebi ontem à meia-noite. Eu o escrevi há dois anos, de modo que estou interessada em saber qual a impressão que causará atualmente. O livro como um todo parece incrível. Vou lê-lo na praia, em Portugal."
O interesse de Anne pelos livros, novamente, era óbvio:
"Eu adoraria lê-lo". Seus olhos se arregalaram. "Vou arrumar um exemplar quando for publicado."
"O que você achou do livro de Alice Miller?", perguntei. Ela respondeu:

"Marcia, é simplesmente o melhor livro que eu já li. Eu o li duas vezes desde a semana passada. Dá a impressão de que ela está falando diretamente comigo. Ela de fato entende do problema. É a primeira vez que leio algo que tem tanto sentido para mim em termos pessoais. Mas, agora, estou tentando obter os outros livros dela, *Para seu próprio bem* e *Não deverá estar consciente*".

Durante quase meia hora, Anne e eu esquadrinhamos a biblioteca de Holwell para achar os livros. Procuramos nas prateleiras, em caixas e anexos. Quando estávamos num canto procurando os livros, ela se queixou da assistente social:
"Ela jamais me toca, nunca me dá a mão, nunca me abraça quan-

do estou chorando. Às vezes, chego a achar que ela não se importa comigo".

Respondi:

"Parece-me que você está esperando que a assistente social seja a mãe que você nunca teve. Ela só pode lhe dar aquilo para o que foi preparada. Vejamos o que acontecerá esta semana".

Qualquer coisa que eu dissesse ou fizesse pareceria secundário quanto a sua necessidade de encontrar mais textos de Alice Miller. Ela disse:

"Tudo o que eu desejo é achar esses livros".

Dando-lhe todo o apoio, conduzi-a ao consultório e telefonei para a biblioteca local. Servi como modelo para Anne, que tinha medo de perguntar o que quer que fosse a quem quer que fosse, sobre como obter o que ela precisava: "Precisamos dos livros imediatamente".

Eu disse à bibliotecária:

"Quando você terá os livros disponíveis aí?".

Tudo foi arranjado de forma que dentro de alguns dias ela pudesse pegar os livros na biblioteca.

"Obrigada", disse Anne, "não vejo a hora de lê-los."

Separamo-nos após menos de uma hora.

Cheguei de Portugal no sábado, tarde da noite. Anne deveria vir à nossa casa domingo à noite. Havia um recado para que eu ligasse para ela.

Telefonei-lhe no domingo de manhã.

"Posso voltar para casa todas as noites em vez de dormir aí? Eu preciso de Jon, e comecei a ter sonambulismo de novo. Estou superansiosa."

"A ansiedade com relação a vir aqui é normal", respondi. "É claro que você pode voltar para casa à noite. Você não é nenhuma criança. É um adulto com necessidades. Você deve fazer o que lhe parecer correto. Eu a apoiarei."

Senti em sua voz o temor de que eu pudesse fazê-la ficar. Ela se ressentia por ter sido manipulada tanto por seus pais quanto pelo internato. Assegurei-lhe:

"Anne, você não pode ficar aqui esta noite, mesmo que mude de idéia. Numa outra noite não haveria problemas, mas hoje peça a Jon que a apanhe às dez".

"Eu precisava ouvir isso, Marcia", disse ela. "Vejo-a hoje à noite, às sete. Obrigada, mais uma vez."

Ela chegou, temerosa e silenciosa. Sentou-se na sala de espera, lendo seus livros, enquanto os outros treze participantes chegavam. A maior parte deles era constituída ou por terapeutas em formação ou por pessoas que, como ela, estavam precisando de ajuda profissional. Sempre misturamos as duas necessidades, sabendo que o pessoal e o profissional podem se complementar. Cada pessoa é considerada antes de tudo um ser humano.

Moreno achava que a qualidade do *status* era crucial no estabelecimento da interação grupal. As pessoas deveriam ser elevadas ao seu máximo denominador comum.

"Quantos estão aqui pela primeira vez?", perguntei, depois que as pessoas se reuniram na sala de espera. Quatro levantaram a mão, além de Anne. A conversa durante o jantar em grupos de dois ou três havia de certa forma facilitado o contato verbal para a maioria, mas para alguns isso ainda era difícil.

"O que vocês acham de estar aqui?"

As respostas foram variadas.

"Meu temor é que eu não consiga me desligar da praia portuguesa e me acalmar o suficiente para poder ouvir as pessoas", disse eu, esperando que outras pessoas também compartilhassem sua ansiedade.

"A minha é que eu não seja capaz de revelar meus problemas pessoais, por tratar-se de uma questão delicada demais", disse outro.

"Estou tendo problemas no trabalho. Não tenho vontade de me levantar de manhã."

"Estou num emprego do qual tenho tentado sair há anos", disseram outros.

"Não sei se se trata da minha solidão em geral, ou se, simplesmente, não gosto de meu emprego."

"Passo três horas no M25 todo dia, indo e voltando do trabalho. Às vezes, acho que estou ficando louco. Quando chego ao trabalho, passo três quartos do meu tempo olhando para uma tela de computador; não falo nada com ninguém. Então, volto para casa, para um apartamento vazio." Houve uma pausa, a pessoa estava com lágrimas nos olhos. "A única hora em que me sinto humano é quando escrevo poesias, e, atualmente, parei até de fazer isso. Estou péssimo." Sacudiu a cabeça, e olhou para o chão.

Anne olhava, e levantou a mão, juntamente com os outros, quando perguntei quem estava com ansiedade. Ela olhou em torno de si para as demais pessoas e viu que tinha companhia.

"Você também está com medo de que seus problemas sejam pessoais demais?", perguntei a Anne, e ela aquiesceu com a cabeça. A cor estava voltando à sua face. Ela parecia menos sozinha entre os estranhos. Uma jovem dinamarquesa disse:

"Tenho medo de que o meu inglês não seja suficientemente bom. Não que eu não possa falar, mas tenho medo de que minha mente não pense com a rapidez necessária".

Ela havia viajado da Dinamarca para passar a semana conosco.

"Eu sempre tenho o mesmo problema, também", disse um homem da Noruega, "especialmente quando estou dirigindo uma sessão de psicodrama aqui. Os outros me entendem, mas entro em pânico com relação à língua."

Uma psiquiatra da Iugoslávia concordou:

"*Zis is za problem*", reiterou ela. "Say me the words and I understand zem. But my English, oh God!"*

Ela riu, e outros a acompanharam. Ela estava satisfeita por constatar que havia pessoas lutando com a língua inglesa. Eu disse:

"Minha professora Zerka Moreno sempre diz: 'Seu inglês é melhor que o meu dinamarquês, ou meu servo-croata, ou meu norueguês' ".

Eles sorriram. Anne podia ter tido outros problemas, mas eu percebia que estava pensando que, ao menos, ela falava inglês.

"Por ora, não é importante o quanto vocês sabem sobre psicodrama ou psicoterapia. É mais importante que vocês, sozinhos, sejam os grandes especialistas de suas próprias vidas."

As coisas ficaram mais confortáveis à medida que planejamos o decorrer da semana. Poderíamos optar por um chá com creme, por conhecer o campo ou por assistir a fitas de nossa coleção de vídeo. Quis mostrar a Anne um programa de TV que eu havia feito com o diretor de cinema Midge MacKenzie em maio de 1989, sobre o trabalho de Alice Miller. Eram quatro programas. Aquilo a que eu queria assistir era um documentário feito com dez atores e dois autores de textos. Neles, representamos as experiências precoces da infância dos atores. As experiências serviram como parte do material básico para as três peças subseqüentes escritas sobre violência emocional e física contra crianças. Eu estava esperando que ela recebesse apoio do grupo antes de vê-los. Eu também queria que ela visse uma entrevista dada por R. D. Laing, em que ele fala sobre o abuso de crianças. Tudo isso aconteceria no seu devido tempo.

A sessão terminou, e as pessoas foram convidadas a tomar chá, café ou chocolate quente na cozinha. Anne disse baixinho:

"Jon gosta de chocolate quente. Alguém se importaria se meu marido tomasse uma xícara quando ele vier me apanhar?".

Várias pessoas disseram que gostariam de conhecê-lo.

"Ele não vai querer entrar. Ele ficaria embaraçado."

"Pode ser importante para ele ver que somos pessoas comuns", disse eu a Anne, ao nos dirigirmos para a lareira da cozinha de nossa casa de fazenda. A cozinha era espaçosa, com ladrilhos de ardósia azul no assoalho. Eles haviam sido colocados lá há pelo menos trezentos anos antes dessa conversa. Aquele assoalho sempre oferece uma perspectiva.

Jon entrou e sentou-se ao lado do fogo, com Anne em seu colo.

"Ela saiu-se muito bem esta noite", assegurei a Jon. Anne aquiesceu:

"É bom aqui", disse Anne ao marido. "Estou ansiosa por que chegue amanhã. Boa noite a todos".

---

* Manteve-se a frase em inglês para que não se perdesse o típico sotaque do inglês falado pelo iugoslavo, com som de Z. ("Esse é o problema", reiterou ela. "Diga-me as palavras que eu as entendo. Mas o meu inglês, oh Deus!") (N.T.)

Eles se foram na noite escura, percorrendo os 35 minutos de carro que os separavam de casa.

Jon deixou-a às seis e meia da manhã, no dia seguinte, a caminho do trabalho.

"Quase não voltei", disse Anne ao entrar. "Estou com medo, Marcia, mas vou tocar pra frente. Duas coisas boas me aconteceram a noite passada." Anne estava excitada para me contar: "Antes de mais nada, me agrada que eles tenham querido que Jon entrasse e tomasse chocolate quente; isso foi muito importante para mim, e, em segundo lugar, Phil me deu um abraço ao lado do fogão".

Phil havia mencionado no grupo, na noite anterior, que ele havia trabalhado no norte com mulheres sexualmente molestadas. Anne piscou para mim em aprovação. Ela parecia dizer:

"Onde estava ele durante toda a minha vida? Eu nem sabia que existiam pessoas assim".

Era importante para Anne verificar que o abuso sexual era passível de ser contido e tratado. O fato de que alguém do grupo havia tratado de abuso sexual profissionalmente fê-la sentir-se mais esperançosa.

"Quando ele me abraçou, disse-me: 'Todos nós passamos por isso. Tudo bem'. É a primeira vez que alguém, além de Jon, me abraça."

Anne pareceu aliviada pelo fato de que o estranho, que lidava com abuso sexual, pôde tocá-la. Isso fê-la consciente de que ela não era intocável, nem fisicamente, nem emocionalmente.

Às seis e meia da primeira manhã, um participante do grupo chamado George já estava à mesa da cozinha. Nós três tomamos uma xícara de chá, e mostrei a eles minhas conchas de Portugal. Deixei George e Anne discutindo as conchas, enquanto ia me vestir. Anne começou a ver que dormir, lavar, vestir-se, fazer café e chá faziam parte de nossas tarefas domésticas também. Eu percebia que ela havia gostado de George. Ele era o especialista em computador/poeta que fazia a terrível viagem no M25 todos os dias. Era também uma pessoa de poucas palavras. Ele próprio estava ansioso, e procurava um rumo para sua vida.

Sentindo-se não ameaçada na companhia dele, Anne e George puseram a mesa do café. Devido ao passado, o relacionamento com homens era difícil para ela. Seu marido havia me dito na noite anterior que o que ela mais precisava era ser afagada por outras pessoas, além dele.

"Sou a única pessoa com quem ela fala, e a única pessoa que a toca."

Ele me olhou diretamente, quase implorando que alguém compartilhasse a carga dele. Desejei que pudéssemos satisfazer seu desejo, para reduzir a dor de sua amada Anne. Eles pareciam um casal de devotados cisnes, juntos para o resto da vida. Um dos cisnes, todavia, estava com uma das asas quebrada. Como Jon poderia ajudar sua parceira sem que dispusesse de instrumentos ou conhecimento? Ele tinha amor e dedicação a oferecer, mas às vezes isso não basta quando toda a asa está quebrada.

Na primeira manhã, o grupo se reuniu em nosso teatro, que é um celeiro adaptado. Ele possui vigas de carvalho, carpetes decorados, paredes brancas e um terraço suspenso. Uma parte do recinto é designada espaço cênico. O balcão serve para papéis de autoridade; deuses, professores, pais e aspectos do "self" que necessitam ser mais assertivos. Com freqüência, as pessoas constatam ser mais fácil ficar com raiva quando estão num plano fisicamente mais elevado.

Pus uma cadeira vazia diante do grupo.

"Imaginem-se sentados nessa cadeira. Falem a vocês mesmos sobre suas expectativas com relação a esta semana, o que querem realizar, o que esperam que aconteça. Digam a vocês mesmos essas coisas."

Um a um, os participantes se levantaram e falaram com a cadeira vazia. Esse era um dentre centenas de aquecimentos usados para aumentar a criatividade de grupo e estabelecer as áreas a serem trabalhadas na semana.

Anne encarou bravamente a cadeira vazia:

"Você foi abusada sexualmente".

Eu já me sentia orgulhosa dela. Ela teve nervos de aço para atacar a verdade tão cedo. Eu percebia que ela estava reunindo uma enorme coragem para falar. Ela continuou a falar:

"Até quando você conseguirá conviver com isso? Você tem que se livrar do que sente. Essas pessoas aqui ouvirão você".

Ela pareceu próxima às lágrimas, e sentou-se. Ela sabe quando parar, pensei comigo. Ela sabe como não ultrapassar os próprios limites. Posso confiar em que ela sabe o que precisará de mim. Senti-me entusiasmada por sua primeira colocação emocional no grupo.

Após todos nós, inclusive Ken e eu, havermos enfrentado a cadeira vazia, compartilhamos pontos em comum. Aqueles com problemas na esfera do trabalho se queixaram da falta de estímulo em seus empregos. Os que tinham problemas de relacionamento compartilharam seus temores de que as coisas jamais melhorassem. Aqueles que haviam sido sexualmente molestados (havia três) falaram sobre a prostração e angústia que isso suscitava. Outra participante falou sobre sua mãe, que estava morrendo. Ela queria exprimir seus sentimentos negativos com relação à mãe, de modo que isso a deixasse livre para expressar os sentimentos positivos durante o processo de morte. A mãe estava morrendo devido a uma doença degenerativa do pulmão. Cada vez que ela a visitava, havia menos respiração e menos vida. Ela queria dizer adeus à mãe da melhor forma possível. Nesse caso, o psicodrama poderia servir como função preparatória, desenredando o passado do futuro. Este último ponto era compreensível a Anne. Sua sogra acabara de morrer, e seu pai tivera um infarto havia apenas alguns meses. O que isso tudo queria dizer? Será que ela conseguiria deixar as coisas fluírem quando chegasse a hora? Tudo isso passou-lhe pela cabeça. Uma perspectiva começou a se delinear.

"Estou contente por estar aqui", disse Anne no almoço. "Aqui é o lugar onde preciso estar."

Mais do que o conselho de alguém, ela aceitou sua própria segurança. Ela conhecia a própria mente, e percebia que eu a respeitava também.

O primeiro protagonista, ou sujeito da sessão, era um homem com dificuldades em estabelecer relações. Moreno costumava dizer que "o psicodrama é uma terapia de relações. Talvez a psique não exista aqui (apontando para sua cabeça), mas exista *entre* as pessoas. A relação que eu tenho com você (apontando para alguém no grupo) é diferente da relação que ele tem com você". (Comunicação pessoal.) Moreno era sempre direto, usando o aqui-e-agora como seu amigo, o meio no qual sempre trabalhou. Uma vez, ao dirigir uma jovem que tinha dificuldades com o namorado, Moreno sugeriu:

"Telefone para ele agora. Esperaremos. Diga-lhe o que você nos disse. Veja se ele concorda".

Ele nos transmitia o sentimento de que dispunha de todo o tempo do mundo, e estava interessado em cada um de nós. O interesse e a curiosidade genuínos são fundamentais no processo psicoterapêutico.

Anne gostou do primeiro dia, e sentiu-se a salvo. Às dez da noite, o marido Jon apareceu para pegá-la. Ele pareceu aliviado por constatar que ela ainda estava viva. Devia ter havido muitos momentos como aquele, em que ele havia se preocupado com ela. Eles se foram alegremente, felizes por haverem se reencontrado. Parecia correto para ela nos deixar. Em quinze anos no Holwell Centre for Psychodrama and Sociodrama, havíamos presenciado apenas três outras pessoas que deixavam o teatro após o término das sessões. Isso nunca funcionou. Os participantes sempre se ressentiram disso. Nós também, mas, desta vez, estava correto. Anne necessitava da segurança de sua cama e de seu marido. "Joguem fora o texto", dizia Moreno, "não se pode julgar um momento com base no momento anterior".

Na terça-feira, Anne voltou dizendo que fazia muito tempo não tinha uma noite como aquela. Ela havia tomado banho; estava cansada demais para se enxugar, de modo que o marido a havia ajudado. Ele preparou uma xícara de chá para ela, mas antes que ela pudesse beber, adormeceu, e dormiu até de manhã.

"Eu nem o abracei!", disse Anne orgulhosamente. "E quando me disse que me traria de carro hoje de manhã, eu disse a ele: 'Deixe de besteira!'. Eu vim a pé no escuro. Aposto que ele vai ficar intrigado com isso o dia todo."

Ela parecia um pouco agitada.

"Qual o problema?", perguntei.

"Acho que tenho que fazer a minha dramatização hoje; não posso esperar mais."

Vários de nós estávamos sentados juntos lá fora. Alguém pegou em sua mão, outros ouviram.

"Acho que você poderia trabalhar hoje", garanti a Anne, "mas, quanto mais você puder observar a vida dos outros, mais preparada você estará para olhar para a sua própria."
Tentei demovê-la. Era cedo demais para mergulhar no que ia ser uma grande emoção. Talvez eu mesma não estivesse preparada.
"Eu gostaria que você continuasse a prestar atenção nos outros, e desempenhasse alguns papéis nas cenas deles, de modo a se acostumar com o palco e com o processo."
Eu queria dessensibilizá-la para as profundezas da expressão emocional e para que ela sentisse o apoio do grupo. Ela estremeceu:
"Não sei se posso esperar". Parecia uma menininha esperando sua vez de ir ao banheiro.
"Acho que você pode esperar. Tenho vinte anos de experiência. Não estou dizendo tudo isso a você sem conhecimento de causa."
Ela aquiesceu relutantemente.
O próximo protagonista era relevante para Anne. Tratava-se de uma mulher, Claire, que queria examinar a violência dos homens com relação a ela. Ela sentia violência "nas vozes altas e nos corpos peludos dos homens". Isso havia afetado tanto sua expressão emocional quanto sexual. Ela se perguntava se havia sido sexualmente molestada quando criança. Guardava a lembrança de estar num assoalho com ladrilhos pretos e brancos, sob uma grade, na escola, e a memória de botas de homens grandes que vinham em direção a ela, e de estar muito atemorizada. Exploramos a educação de convento recebida na escola católica e sua relação com o pai. Havia muita violência entre seus pais. Na sessão, ela pôs para fora seu medo, terror e raiva. Anne chorou apiedada nos braços de dois membros do grupo. Foi confortada por um homem do grupo, a respeito de quem disse:
"Foi o primeiro homem com quem me senti a salvo, depois de meu marido".
Estávamos no segundo dia, e ela chorava em público, algo que jamais havia feito antes, sentindo-se atemorizada e sendo confortada por estranhos, o que nunca havia acontecido antes, e sendo abraçada por um homem que não era o marido, o que também nunca havia lhe ocorrido antes. Parecíamos estar fazendo progressos. No conteúdo das sessões, ela estava presenciando seus próprios traumas espelhados nas experiências de vida de outros. Isso possibilitava que se sentisse próxima a muitas pessoas do grupo.
No período da tarde, um homem trabalhou seu isolamento, e os padrões repetitivos de solidão de sua infância. Ele não confiava nos outros em geral, devido a seus "pais não confiáveis". Ele achava que os pais não o haviam querido desde que havia sido concebido. Eles o espancaram na infância. Era o segundo membro do grupo que se sentia rejeitado pelos pais. Anne se identificou com isso, uma vez que ela também sentia que não havia sido desejada. Ser rejeitada desde o nasci-

mento ocasionou seu baixo amor-próprio, que se mesclou a um abuso sexual constante por parte dos três principais homens de sua vida. Ela começou a falar sobre suas experiências na última etapa, o "compartilhamento", da sessão de psicodrama. Disse ao grupo:
"Eu tinha oito anos quando isso tudo começou a acontecer".
Na parte final da sessão, os membros do grupo relacionaram suas próprias experiências à do protagonista. Através disso, Anne beneficiou-se, por abrir um pouquinho de cada vez, e por ir-se acostumando ao delicado equilíbrio entre auto-revelação e apoio.

Na tarde seguinte, estávamos prontos para trabalhar com uma outra pessoa. Era um dia quente; por isso fomos para fora, para um intervalo antes da sessão. Anne começou a chorar. A raiva dela com relação aos filhos estava começando a emergir. Ela esperneou e gritou. Havia outros membros do grupo sentados perto dela. Sua emoção foi real e imediata. O momento parecia adequado para trabalhar com ela, e todos sentimos isso. A pessoa que estava planejando trabalhar sugeriu que esperaria sua vez, e todos concordamos. Conduzi Anne ao palco.

Ao começarmos, relembrei que Anne me havia dito que não desejava falar sobre os filhos diante do grupo. Ela estava embaraçada demais. Perguntei-me como ela ia se arranjar, agora que estava se sentindo tão furiosa com os filhos. Esperei. Ela disse que queria começar falando com os filhos. Sugeri que colocasse os filhos em duas cadeiras vazias diante dela. Sua raiva era incontrolável. Dirigiu-se a eles: "Se não fosse por vocês, eu não estaria nessa merda! Quero que vocês morram!".

Sugeri que ela montasse a cena em sua casa, de acordo com a primeira vez em que ficou sabendo do ataque sexual que o filho supostamente havia dirigido à filha. Ela mostrou sua sala, colocando cadeiras para representar a mobília. Usamos poucos elementos cênicos em psicodrama, algumas cadeiras e um espaço vazio. Do mesmo modo que ocorre quando ouvimos rádio, a imaginação preenche os detalhes. Pedi a ela que invertesse os papéis, primeiro com a filha, depois com o filho. Afirmações do tipo "eu sou" proporcionam uma percepção mais clara do papel do que afirmações do tipo "ela é". Por exemplo, "eu sou tímida, estou nervosa" etc. A linguagem corporal espontânea que a pessoa produz também é reveladora e útil. Ela começou a perceber, no papel do filho e da filha, como cada um estava "preparado" para explorar sexualmente o outro. Havia sido dito a eles que nunca tentassem qualquer exploração sexual. "Não explorem" era uma indução hipnótica. Isso produziu o comando inconsciente oposto: "Explorem".

Quando começamos a cena com a professora chegando em casa com a filha, interrompi:
"Anne", disse com toda sinceridade, "você disse que nunca queria revelar essa cena para o resto do grupo. Deveríamos parar por aqui?".
Eu desejava proporcionar a ela um completo controle com relação à sua auto-revelação. Seu problema principal no passado era que ela

não havia tido controle com relação ao que lhe acontecera. Eu não queria, como terapeuta dela, ser conivente com aquele erro.

"Não", disse ela, "quero continuar, isso precisa ser tratado. É o que deu origem a tudo, e é sobre o que estou pensando agora."

Continuamos. Perguntei-lhe, quando no papel de filha, se aquilo havia "dado origem a tudo".

"Bobagem", respondeu, no papel da filha, "ela tinha problemas relacionados com o abuso antes que isso tivesse acontecido. Não fomos nós que causamos isso a ela."

Anne percebeu a lógica daquilo.

Moreno disse: "As pessoas são mais espontâneas no papel de uma outra que em seu próprio papel". (Moreno, 1965) Ela estava explorando a verdade através do método dramático, e era mais fácil perceber a verdade através dos olhos da filha. Ela representou a cena de humilhação e desconfiança. Como filha, Anne implorou que acreditasse nela. A história se repetia. A mãe dela não havia acreditado nela, e ela se deu conta da importância de ser ouvida.

Passamos então para uma cena em que Anne tentava dizer à mãe que estava sendo sexualmente molestada pelo avô. A cena começou quando ela voltava da casa do avô após algumas semanas. A mãe se recusou a ouvir a história. Por não lhe dar a menor atenção, a mãe insinuou que Anne era ridícula. Esquivou-se de tudo, sem que Anne recebesse uma única palavra de amparo. Nem mesmo seu sofrimento, excetuando-se os detalhes, foi levado a sério. A garota de oito anos estava sendo aprisionada em seu silêncio, sem um aliado ou advogado que falasse por ela. Estava só.

Nesse ponto, pedi que ela usasse sua tele para escolher um membro do grupo que desempenhasse o papel da pequena Anne. "Tele" é a palavra grega que quer dizer "à distância". Moreno adotou-a para significar "sentindo-se dentro" da outra pessoa. É um sistema de mão dupla. A telepatia geralmente é uma de suas modalidades. Por ser a tele um sistema de mão dupla, a pessoa escolhida para o papel muitas vezes sabe antecipadamente que será escolhida. Ela escolheu uma mulher tímida e triste. Anne observou a mesma cena representada por terceiros. Na cena, um cigarro pendia da boca da mãe, enquanto ela, aborrecida, lavava a roupa da família, e, deliberadamente, não ouvia nada do que a filha tinha a dizer.

Ao ver isso, Anne ficou magoada. Ela podia discernir o direito da garota e a necessidade de poder dizer a alguém o que havia acontecido. Perguntei-lhe se havia alguém em sua vida que poderia havê-la ajudado naquele momento. Ela respondeu, como comumente ocorre com as pessoas que sofreram abusos sexuais: "Não havia ninguém". Perguntei:

"Como teria sido se você, assim como é hoje, houvesse falado com a garota e a tivesse confortado?".

Anne acariciou a criança e disse:

"Isso nunca deveria ter acontecido a você. Você não o merecia, e você deveria ter podido dizer a verdade e ter tido alguém que a ouvisse".

Pedi a Anne que olhasse para o grupo e escolhesse alguém para representar o papel de mãe que ela gostaria de ter tido quando era pequena. Ela escolheu uma participante que tinha uma aparência honesta e sincera, cordial e amorosa. A mulher subiu ao palco de bom grado. Pedi a Anne que expressasse, sem palavras, o que não pudera expressar para a mãe na época. Anne arriou nos braços da mulher e soluçou. Ela começou a dizer à mãe quão atemorizada havia estado, quão solitária havia se sentido e quão desesperadamente desejara ter sido protegida.

"Por que você não estava lá?", perguntou ela. "Por que você não estava lá?" Sua raiva começou a aumentar. "Aquele filho da puta", disse ela. "Eu o mato!"

Naquele momento, começamos a ver um pouco daquela raiva assassina ser colocada no devido lugar. A raiva partiu inicialmente de Anne no papel da mãe:

"Onde está seu pai, seu tio, seu avô? Vou matar os três!", berrou ela. Finalmente, ela estava começando a se defender. Seu amor-próprio finalmente havia ganhado voz. Ela tinha direitos. Dei-lhe um comprido tubo plástico que ela estrangulou, torceu e, finalmente, espancou com ele o chão de madeira. Ela escolheu três homens do grupo para representar os três violentadores de sua vida. Eles se sentaram em cadeiras diante dela. Ela começou a bater o tubo com mais força.

"Como você ousou?", berrou ela. "Como você ousou fazer o que fez comigo?" Agora ela era ela mesma. "Seus filhos da puta, seus vermes, vocês mereciam morrer!"

O desejo de que eles morressem obscureceu o que ela havia sentido com relação aos filhos no início da sessão. A força desses sentimentos pertencia aos três homens, e não aos filhos. Os homens haviam mudado sua história de vida para sempre. Ela se voltou para mim:

"Gostaria de matá-los! Posso?"

"Como você o faria?", perguntei. "Isto é um psicodrama, lembre-se, não a vida real."

"Eu os moeria num moedor, ou os esfaquearia, ou cortaria suas cabeças. Não. Eu torceria o pescoço deles."

Ela completou a cena de vingança. Raiva seria uma palavra branda para exprimir o que ela sentiu nessa cena. Tive o cuidado de não fazer nenhuma inversão de papéis com os homens. Compreender as razões por trás da ação deles não era o propósito dessa sessão. Muitas vítimas se perdem na tentativa de entender e perdoar. Podem cair na armadilha de um mar de racionalizações das quais jamais conseguem retornar.

Dei-lhe uma almofada para simular a ação. Após isso, sua raiva diminuiu:

"Talvez eu nunca perdoe o que vocês me fizeram. Por causa da pobreza emocional de vocês, não puderam se impedir de fazê-lo. Seus tarados desgraçados!".

Virando-se para mim, disse:

"Quero dizer adeus ao meu pai. Quero aceitar meus pais. Eles são os únicos que tenho, mas jamais terei que aceitar o que eles fizeram. Nunca!" Tranqüilamente, tomou o pai nos braços e pediu à mulher que havia desempenhado o papel da mãe que voltasse ao palco.

"Isso é o que eu desejo", disse. Ela ficou amparando e sendo amparada pelos pais.

Nessa parte da sessão, ela teve a oportunidade de internalizar a bondade dos pais e aceitar que ela também trazia em si o potencial de bondade. Fitou então os dois egos auxiliares (as pessoas que haviam desempenhado os papéis das pessoas significativas de sua vida):

"Muito obrigada por permanecerem comigo", disse aos filhos e ao marido, "eu quero permanecer com vocês. Vocês são a minha verdadeira família agora. Obrigada, obrigada a cada um de vocês".

Após finalmente haver dito e feito o que realmente sentia, pareceu estar vibrando, satisfeita e exausta.O resto do grupo rodeou-a espontaneamente e demos nosso primeiro suspiro coletivo de alívio. A jornada de três horas estava encerrada. Ela parecia completa. Os membros consideraram-se privilegiados por estarem ali e ficaram admirados com a coragem que ela havia demonstrado. Cada pessoa, uma a uma, compartilhou com Anne sua identificação pessoal com a história dela. Cada um deles disse que parte da sessão havia tocado mais, e o que isso havia significado para eles. Se isso os fazia lembrar de momentos significativos em suas próprias vidas, falavam sobre esses momentos. As pessoas do grupo que também haviam sido molestadas na infância choraram nos braços dela. Uma delas disse: "Sua história é a minha história". Uma outra disse: "Os detalhes eram diferentes, mas meus sentimentos eram exatamente os mesmos. Eu me senti exatamente como você quando você quis matar seu pai".

> Alguém mais disse: "Obrigada, Anne, obrigada. Percebi pela primeira vez o quanto minha filha precisa de apoio, e como é importante que eu a ouça. Ela não foi molestada, mas foi ferida moralmente, e eu não dei atenção, do mesmo modo. Tenho que dar um jeito nisso quando voltar para casa".

O compartilhamento prosseguiu por um longo tempo. Anne ouviu, abraçou, sentiu-se forte e ficou resmungando alegremente: "Consegui!".

Anne dormiu como um bebê naquela noite. Ela participou das cenas de outras pessoas durante o resto da semana, e até mesmo atuou em duas delas. Compartilhou com os outros mais facilmente e renovou seu sentimento de confiança.

Ela passou por um momento difícil no quarto dia da semana, quando um homem do grupo começou a se enraivecer contra seus vizinhos, que o estavam perturbando terrivelmente. À medida que a cena se desenrolava, Anne começava a sentir raiva dele, quando, de repente, começou a chorar. Encarar sua própria raiva era demais.

"Não posso ver isso. Quero ir para casa. Quero Jon." Ela agarrou-se firmemente a mim. Interrompi a cena no palco. O grupo estava em silêncio.

"Resista, Anne, você não está ficando louca, você apenas está sentindo emoções fortes. Agüente. Logo passará, e você se sentirá bem."

Ela levou vários minutos para se acalmar. Queria ir embora, fechar sua mente, e fugir. Era mais fácil que cavalgar essas novas emoções, mesmo dentro da segurança do grupo. Continuamos o trabalho no palco. Após vários minutos, Anne disse suavemente:

"Ele não é meu pai. Vá atrás dele!", disse ela ao protagonista. "Vá atrás dele. Vamos, diga a ele!" Ela gritava, e encorajava a raiva que havia anteriormente temido. Ao final da sessão, continuou a perseguir sua nova percepção. "Os outros homens não são meu pai. Não tenho que temê-los."

Naquela manhã, seu pai verdadeiro havia sido encaminhado ao hospital local, vítima de outro infarto.

"Que devo fazer?", perguntou ao grupo. "Quero tentar ir vê-lo amanhã."

Nosso último dia, pensei. Melhor que ela fosse vê-lo hoje à noite, e assim pudesse ter o apoio do grupo amanhã cedo. Foi o que ela resolveu fazer.

Às seis e meia da manhã, destranquei a porta dos fundos como sempre. Ela me abraçou:

"Marcia, eu fui vê-lo. Pena não poder ter sido assim a minha vida toda".

Abracei-a calmamente, e disse:

"Ele está morrendo, Anne, ou então ele acha que está. Diga-me o que aconteceu", pedi.

A visita ao hospital tinha sido um teste de vida real para o nosso trabalho. Não poderia ter sido um momento mais adequado.

"Fiquei lá por uma hora. Nunca pensei que poderia fazê-lo. Quando cheguei, ele começou a me perguntar por que eu não tinha ido vê-lo nos últimos meses."

Sendo a mais velha de sete filhos, esperava-se que ela o visitasse.

"Você sabia que eu estava doente", disse ele.

Ambos conversaram com o sotaque carregado de Devonshire.

"Foi por isso que não vim, papai. Você sabe que eu e você discutimos. Achei que não seria bom discutir com você, estando você doente."

"Sim, nós discutimos, é verdade", disse o pai. Ela respondeu:

"Não falemos sobre isso agora, papai". Ela segurou a mão dele. Durante a visita, ela conversou com o médico sobre o estado dele. "Ele vai se matar se continuar desse jeito", disse o médico. "Ele é tão ansioso, que está tornando as coisas piores para si mesmo."
Anne me disse:

> "Ele parecia um bebê, Marcia, de tanto medo. Ficava olhando para mim, como se dissesse que sentia muito. Ele tem que fazer mais exames. Espero que não morra. Não posso acreditar nisso. Honestamente, espero que não morra. Ele está mais parecido com o pai que eu sempre quis ter. Talvez eu esteja apenas me enganando, mas realmente gostei de ir lá. Foi bom ficar perto dele".

À medida que as pessoas chegavam para o café naquela manhã, ela ia lhes contando as novidades. Ela mesmo quase não conseguia acreditar.
A semana terminou. Anne disse:
"Se eu não tivesse vindo aqui, teria abandonado meu marido e filhos, as pessoas que eu mais amo no mundo. Gozado, não é? Você fez um trabalho fantástico!".
No momento em que concluo este texto, Anne continua a se fortalecer cada vez mais. Ela tem vindo me ver, em sessões de acompanhamento. Ela relata:

> "Tornei-me outra pessoa. Sinto-me como jamais me senti em toda a vida. Não consigo explicar, mas durmo e como melhor. Não estou mais tão irritadiça. Na realidade, sugeri a minha filha que saia e se divirta. Meu marido diz que já não estou mais tão tensa. E fui visitar a assistente social. Você sabe, afinal ela não é tão má quanto eu pensava que fosse".

Houve muitas sessões emocionantes de psicodrama em Holwell. Tanto a expressão de emoções bloqueadas quanto as mudanças de atitudes que se conseguem constituem um importante ponto de partida no caminho de volta à sanidade. Estou consciente, com relação a Anne, de que estamos nos momentos iniciais de seu processo de redespertar. Parte de seu comportamento atual é constituída por um alívio eufórico. Várias semanas após eu ter escrito este texto, ela ainda está se sentindo "melhor do que nunca". É interessante notar que, após ler este relato, Anne tenha dito:

> "Fantástico! Ver isso escrito no papel é simplesmente fantástico. É a primeira vez que realmente sinto que acreditaram em mim. Durante essa semana em Holwell, desejei ser duas pessoas, uma que experienciava, e outra que assistia. Ler este texto foi como se eu estivesse assistindo à cena. Chorei e ri durante a leitura. Espero que muitos terapeutas possam ler essa história".

Anne, seu marido, eu mesma, e todos aqueles que a conhecem, esperamos que seu sentimento de bem-estar se mantenha de forma irreversível. Sem dúvida, haverá recaídas, e o apoio no período a seguir será fundamental. Diferentemente de sua visão anterior segundo a qual ela teria muito contra que lutar, ela agora se dá conta de que tem muito *por que* lutar.

Ela planeja um novo trabalho. Encontra-se cheia de confiança e entusiasmo pela vida. Em seu último encontro, Anne, a assistente social e eu fizemos uma revisão sincera do que aconteceu durante os últimos meses. Anne e a assistente social conseguiram dizer uma à outra quão especial cada uma delas havia sido para a outra. Ao final da sessão, num movimento bastante emocionante, elas se abraçaram. Novamente, tratava-se de algo que Anne achava que jamais aconteceria. Ao ir embora, Anne pediu a receita do *piccalilli*. Uma combinação inusitada, essa do psicodrama com *piccalilli* — mas que funcionou!

Agradecimentos

Gostaria de agradecer a Midge MacKenzie por perceber a importância dessa experiência e me encorajar a escrevê-la.

Ao meu *compañero*, Ken Sprague, *gracias* por sua visão imaginativa e por sua esperança contagiosa na humanidade, que me ajudou através dessa jornada.

Um beijão para minha filha Maureen Heawood, que datilografou o texto no novo computador em seus dias de folga. Ao final, ela teve que usar o nariz, pois os dedos pararam de trabalhar!

Este capítulo não teria acontecido sem a amizade deles.

E, mais que tudo, desejo agradecer a Anne, cujo empenho é inesquecível.

"Piccalilli"

Na Inglaterra, o *piccalilli* é servido como condimento. Uma colher de sopa fica deliciosa com queijo e pão. É também um bom acompanhamento para carne ou verduras. A maior parte das pessoas que não gosta de *piccalilli* aprecia este, devido ao seu sabor suave.

Ingredientes
1 1/2 kg de abobrinha cortada em cubos
1/2 kg de couve-flor
1/2 kg de cebola (cebolinhas, cebolas em *picles* ou cebolas em fatias)
1 pepino grande descascado e cortado em cubos
100 g de sal
350 g de açúcar (demerara ou mascavo)
1 litro de vinagre branco
120 g de mostarda seca
2 colheres de sopa rasas de farinha ou farinha de milho (amido de milho)
1 colher de sopa rasa de açafrão
1 saquinho com temperos ao vinagrete (do tamanho de um saquinho de chá)

Modo de preparar
Disponha camadas de legumes entremeadas com sal (você pode usar mais 60 g de sal) numa tigela grande, salpique 50 g de açúcar, e deixe descansar por 24 horas. Escorra e enxágüe os legumes. Ponha os legumes (menos a couve-flor) numa panela grande com os 300 g restantes de açúcar, 3/4 litro de vinagre (reserve 1/4 do total) e adicione o saquinho de temperos. Leve ao fogo e deixe ferver em fogo baixo por 15 minutos. Adicione a couve-flor após 5 minutos (ela deve ficar *al dente*). Retire o saquinho de temperos. Adicione e misture a mostarda, a farinha de milho e o açafrão com o 1/4 de litro restante de vinagre. Misture aos legumes, cozinhe por 3 minutos. Coloque em vasilhas e tampe hermeticamente.

Referências bibliográficas

Conway, A. & Clarkson, P. (1987) "Everyday hypnotic induction", *Transactional Analysis Journal* 17 (2).
Feldmar, A. (1989) "Did you used to be R. D. Laing?", Londres: Canal 4, 3 de outubro.
Muller, A. (1987) *For Your Own Good*, Londres: Virago.
Muller, A. (1986) *Thou Shall Not Be Aware*, Londres: Pluto Press.
Moreno, J. L. (1953) *Who Shall Survive?*, Beacon, Nova York: Beacon House.
Moreno, J. L. (1965) Conversation with Marcia Karp.

CAPÍTULO OITO

Quem vem lá?
Psicodrama grupanalítico para adolescentes problemáticos

Sarah T. Willis

> Aquela vaca velha
> Ela me odeia
> E eu não valho nada
> (Jovem numa sessão, falando sobre a mãe)

Observações iniciais

À medida que o aquecimento se inicia, o grupo mostra-se fragmentado. Mark está desmontando o batente da janela, enquanto Tony compra uma briga com Ruby. Lynn está dormindo, e Donna diz que odeia dramatizar, e que está ficando cheia. Os demais membros do grupo estão quase deitados nas cadeiras. Insolência e belicosidade exsudam de cada poro. Os dois diretores mantêm uma fachada calma, enquanto seus cérebros pensam freneticamente. Parece incrível que pelo menos estamos reunidos. Como conseguiremos evitar sermos aprisionados nesse caleidoscópio mesmerizador de comportamento primitivo? O que tudo isso quer dizer? Como canalizar ao menos parte dessa rica massa de material para algo que possa ser trabalhado?

Essas são algumas dentre as muitas questões que confrontam os que oferecem terapia a adolescentes problemáticos. O amplo e desnorteante alcance de possíveis abordagens dá origem a dilemas fundamentais. Deveríamos usar um tipo de tratamento individual, ou trabalhar em grupo? Neste caso, que tipo de grupo? Deveríamos adotar uma postura mais analítica, centrada numa profunda exploração e interpretação, ou um estilo mais aberto, com ênfase no apoio e no oferecimento de um modelo? Quais as vantagens de métodos de ação em oposição aos de não-ação?

Nós, em York Road, tentamos descobrir experimentalmente com os próprios jovens o tipo de abordagem mais acessível e potencialmente criativo. As dificuldades específicas de nossos adolescentes, assim como meus próprios recursos e antecedentes, influenciariam inevitavelmente nossa escolha inicial. A primeira decisão foi trabalhar em grupo. Várias tentativas de outros terapeutas para envolver nossos jovens em terapia individual haviam fracassado, devido ao fato de que uma transferência negativa instantânea e intensa os havia esperado desde o início. Todos os adolescentes "preocupam-se primariamente com o que eles parecem ser aos olhos dos outros em comparação com o que acham que são" (Erikson, 1987: 235). Para desempenhar essa tarefa essencialmente nova de adquirir uma identidade egóica estável, eles voltam-se instintivamente para os grupos e gangues. Um grupo, portanto, parecia ser o contexto mais natural e seguro para a terapia deles. Antes de trabalhar como professora e terapeuta, eu havia sido atriz profissional e, assim, possuía um conhecimento de dramatização como meio de ajudar as pessoas a entrar em contato com suas emoções e comunicá-las espontaneamente. Assim começamos com o psicodrama e o grupo. A descoberta de que estávamos implicitamente aplicando princípios grupanalíticos veio mais tarde.

O novo método que se desenvolveu é essencialmente uma síntese de técnicas de ação com terapia de não-ação. Dei a isso o nome de psicodrama grupanalítico (GAD - Group-analytic drama), uma vez que reúne aspectos da teoria e prática da análise de grupo, do psicodrama, do sociodrama e do próprio teatro. Este capítulo examina inicialmente as fontes do novo método. Em seguida, nosso grupo de clientes será apresentado ao leitor. As razões do uso de certas técnicas serão expostas adiante. Finalmente, descrevo como estas e outras técnicas foram postas em ação, e comparo o método com a abordagem psicodramática clássica de Moreno.

Influências: análise de grupo, psicodrama, sociodrama e teatro

Nesta seção, sintetizarei as quatro raízes principais que influenciaram o desenvolvimento do psicodrama grupanalítico. Uma vez que a maioria dos leitores já deve estar familiarizada com os princípios básicos do psicodrama, do sociodrama e do teatro, farei uma exposição um pouco mais detalhada da teoria e prática da análise de grupo, focalizando os aspectos que tiveram maior impacto em nosso método.

A análise de grupo, criada por S. H. Foulkes (1898-1976), é uma forma de psicoterapia em pequenos grupos. A formação de Foulkes em psicanálise levou-o a reconhecer a existência da mente inconsciente e a complexa variedade de mecanismos psíquicos associados a ela; por exemplo, a repressão, o conflito intrapsíquico, a transferência etc. Em suas investigações teóricas, Foulkes foi além da ênfase freudiana nos processos internos do indivíduo, para desenvolver idéias sobre o grupo como totalidade. Da *Gestalt* e da teoria de campo (Lewin, 1951), ele adotou a visão de que o todo é mais elementar que suas partes, "a função do grupo como um todo tem... um valor mais primário para a compreensão de todos os processos parciais relativos a seus membros, e não o contrário" (Foulkes & Anthony, 1984: 19). Subjacente a esse princípio de trabalho, Foulkes tinha convicção de que a natureza essencial do homem é social. "O que permanece na necessidade de uma explicação não é a existência de grupos, mas a existência de indivíduos (Foulkes e Anthony, 1984: 234-5). O aspecto social é "um fato básico irredutível" (Foulkes, 1964: 109).

Foulkes tornou-se conhecido pelo uso que fazia do termo "matriz" como constructo conceitual para descrever a idéia de comunicação que ocorre dentro do grupo, e não meramente entre indivíduos do grupo. O indivíduo poderia ser considerado um ponto nodal num campo de interação em que "as reações inconscientes se encontram" (Foulkes e Anthony, 1984: 29). Sua visão do valor da matriz sustenta a noção de que todos os processos intrapsíquicos, assim como todos os eventos interpessoais, podem ter significado apenas dentro de uma rede total de comunicação.

O objetivo geral da psicoterapia grupanalítica é obter mudanças de longo alcance no indivíduo. Na prática, todavia, o primeiro objetivo é tornar consciente o "inconsciente do grupo", de modo que sentimentos genuínos possam ser experienciados plenamente. Buscam-se novas saídas para conflitos antigos. Para que esse objetivo seja atingido, certas condições-chave precisam ser preenchidas. Descrevo aqui apenas aquelas que também têm relevância para o psicodrama grupanalítico. Primeira: o grupo deve ser cuidadosamente organizado e mantido. A preservação dos limites de espaço, de tempo e de uma direção adequada significa que o grupo está protegido de forças perniciosas, tanto internas quanto externas. Segunda: é necessário que se estabeleça uma comunicação verbal do tipo "associação livre" (Foulkes & Anthony, 1984: 59). As associações livres da psicanálise se tornaram associações de grupo num contexto compartilhado. Uma vez que se considera que os membros estão em contato tanto inconsciente quanto consciente entre si, todas as respostas são aceitas com valor de interpretações espontâneas. A maior parte do trabalho é feita pelo grupo. Terceira: o grupo trabalha num estado de ação suspensa. Embora a comunicação verbal e não-verbal ocorram simultaneamente, a ênfase será dada à comunicação verbal. A ausência de todas as outras atividades tem o efeito de suportar níveis mais extremos de ansiedade. Assim, o inconsciente compartilhado do grupo é ativado, e os sentimentos até então suprimidos são experienciados e expressos (Molnos, 1987: 47-61, 1988).

A terapia depende da participação ativa do grupo, isto é, da experiência dos processos dinâmicos no aqui-e-agora juntamente com sua análise. Uma mudança terapêutica duradoura ocorrerá apenas se a experiência emocional e uma crescente compreensão ocorrerem em uníssono.

Todos esses elementos foram incorporados em maior ou menor grau ao psicodrama grupanalítico. Entretanto, dois aspectos principais do GAD derivados da análise de grupo se mantêm. Esses aspectos são: a idéia teórica do grupo como um todo enquanto quadro de referência e, na prática, o uso de uma técnica de não-ação como parte da sessão.

Para maiores informações referentes à análise de grupo, vejam-se as publicações de Foulkes apresentadas no final deste capítulo sob o título *Bibliografia complementar*.

O psicodrama é um processo terapêutico dramático empregado para ajudar o indivíduo. Um membro do grupo torna-se o protagonista do seu drama. Escolhem-se egos auxiliares entre os membros do grupo para desempenharem os papéis complementares significativos. Dessa forma, o protagonista poderá reexaminar os papéis que ele desempenha numa rede pessoal. Quando alguém está rigidamente preso a um texto de vida obsoleto e sufocante, uma nova espontaneidade poderá ser encontrada. Os demais participantes, profundamente envolvidos, beneficiam-se terapeuticamente através dos mecanismos de ressonância e identificação.

O sociodrama, também desenvolvido por Moreno, é um método de atuação através do qual os membros podem se remeter a temas específicos de grupo (por exemplo, racismo, conflito doméstico, estereotipia genética etc.) e aos papéis que os indivíduos desempenham com relação a eles. Os atores representam esses papéis e funções, mais do que a si mesmos. O objetivo é investigar os sentimentos relativos a constelações particulares sociais e familiais. A ênfase recai sobre as relações interpessoais, e o tratamento é dirigido para o grupo.

A quarta influência do GAD é o teatro como tal. Enquanto a análise de grupo, o psicodrama e o sociodrama contribuem com o referencial teórico para o método, minha experiência pessoal com teatro contribuiu inevitavelmente para a essência de seu desenvolvimento. Assim como os atores acreditam que o grande drama acontece quando a estrutura de uma peça é transcendida pelo uso intuitivo e espontâneo da improvisação por parte do ator. O conceito de Peter Brook de espaço vazio, onde qualquer coisa pode acontecer, onde o ator "entra no imprevisível" (Brook, 1988: 8), parece não muito distante do "espaço potencial", ou "área intermediária de experiência" (Winnicott, 1986: 126, 15, 44), que alivia a tensão criada entre a realidade interna e externa, e onde a criatividade lúdica imaginativa torna-se possível. Winnicott disse que o objetivo da psicoterapia é trazer a pessoa a um estado onde seja capaz de brincar. Os adolescentes que passaram a maior parte de sua vida imersos em crises não se sentiram suficientemente seguros para brincar. Com nossos jovens em mente, organizamo-nos para criar um espaço vazio, porém seguro, onde pudessem aprender a brincar.

O psicodrama grupanalítico, então, é uma combinação dessas quatro fontes importantes. Assim como o psicodrama, ele pretende ajudar o indivíduo. Ele procura fazê-lo através do grupo, razão pela qual o grupo torna-se o foco do tratamento. Assim como na análise de grupo, o próprio grupo é o principal agente terapêutico. Há dois elos principais com o sociodrama. Nenhuma cena é tirada diretamente da experiência real de qualquer membro do grupo, e todos os membros são encorajados a se tornarem protagonistas, assumindo papéis e associando livremente o conteúdo dramático. Chamamos a isso "drama inventado". As características básicas dessa abordagem são o uso das respostas de não-ação, apenas verbalizadas na dramatização, e a atitude discreta e receptiva do diretor durante as fases não-diretivas da sessão. As três abordagens — psicodrama, sociodrama e psicodrama grupanalítico — seguem a mesma seqüência básica: um aquecimento, uma dramatização e um compartilhamento de sentimentos.

Psicodrama grupanalítico

Os adolescentes

Um tipo intermediário de tratamento foi concebido como alternativa ao atendimento ou custódia de adolescentes que estejam vivenciando um desagregamento escolar e familiar e que possam estar tendo problemas sérios com a lei. Nosso principal objetivo é ajudá-los a obter mais controle sobre sua vida, enquanto permanecem na comunidade. Em York Road, eles freqüentam um programa ambulatorial quatro vezes por semana, que consiste em educação formal, incluindo o treinamento de habilidades vocacionais, grupos de atividade e de terapia e aconselhamento. O método do psicodrama grupanalítico foi desenvolvido por mim, com a ajuda de colegas e de cinco grupos de adolescentes cujas idades variavam entre catorze e dezessete anos.

Os jovens vêm de famílias caóticas e violentas, e vivenciaram, em diferentes níveis, crueldade, constrangimento físico e sexual e negligência. Viveram a vida num trauma prolongado. Agora, aspectos desse trauma são violentamente recriados em seu meio social. Freqüentemente, aqueles que nos procuram o fazem através de outros agentes que se preocuparam com o comportamento deles e seus efeitos sobre os demais. Os próprios adolescentes freqüentemente não reconhecem suas dificuldades pessoais. Tudo o que está errado está "lá fora". Manifestam pouco desejo de mudança. A despeito disso, mostram-se desnorteados e perdidos. Não parecem saber quem são, nem o que está acontecendo com eles. Podem se apresentar deprimidos ou inibidos, ou em franca atuação patológica. Seus problemas comportamentais incluem uso de drogas, promiscuidade, prostituição, autoflagelação, tentativas de suicídio e atos delinqüenciais, como roubo, assalto, extorsão, incêndios criminosos e estupro. Vistos de perto, não são atraentes. São mentirosos e falsos, capazes de uma incrível variedade de invectivas e abusos. Possuem controle impulsivo pobre e pouca noção de limites ou de "self". Continuamente, externam e projetam suas experiências, e têm uma capacidade mínima de pensamento coerente e lógico. E, além de tudo, cada boa experiência que têm deve ser estragada ou destruída.

A crise de puberdade, que reevoca todos os "tipos de excitação, tensão, gratificação e defesa" próprios (Blos, 1962: 11) da mais tenra infância, está por trás do caráter regressivo do comportamento adolescente. É esse comportamento, característico do assim chamado adolescente com desenvolvimento normal, que é ampliado no caso de adolescentes problemáticos e que freqüentemente se torna um obstáculo à terapia. Uma vez que aos adolescentes problemáticos, mais que aos outros, falta a capacidade de começar a pôr ordem em sua fragmentação e faltam as estruturas nas quais pensamento e ação podem tornar-se distintos, necessitamos de um método que os ajude, e a nós, a dar forma a muito do que está acontecendo.

Dois colegas meus dirigiram um grupo analítico de discussão com meninos rejeitados, numa escola secundária. Eles escrevem o seguinte:

> Não nos demos conta de quão selvagemente nosso modo de pensar seria atacado, o quanto nossos sentimentos de contenção seriam desintegrados, a ponto de que a sala, e nós nela, parecêssemos uma sopa confusa de ruídos e movimentos onde nada tinha a chance de fazer sentido por um minuto que fosse.
>
> (Ellwood & Oke, 1987: 37)

Aqueles que lidam com adolescentes problemáticos reconhecerão a cena. Parece impossível, sob tais condições, encontrar o "senso comum" no grupo. A linguagem ainda não é usada para auto-reflexão. Em tais grupos, constitui uma espécie de munição. As palavras são atiradas de um lado para outro como balas. Sentimentos dispersos, negados e dolorosos ricocheteiam pelo espaço. Não há qualquer foco real ou de grupo. O grupo de adolescentes, como diz Winnicott, é um agregado de solitários, cada pessoa desesperadamente só, e não exatamente parte do grupo (Winnicott, 1987: 190). Eles precisam ser ajudados para conseguir se reunir.

Assim, a questão que me coloquei era: o que temos a oferecer que um jovem recalcitrante, alienado e altamente defensivo possa aceitar?

Oito técnicas

Elaborei oito características de adolescência problemática que freqüentemente dificultam a conquista de um modo de trabalho mais reflexivo. Exponho-as aqui, juntamente com algumas técnicas terapêuticas e a lógica que orienta seu uso (ver Tabela 8.1).

1. *Os adolescentes parecem ser ou declaram ficar facilmente entediados, e exibem uma necessidade contínua de estímulo*. Assim, asseguramos que durante a sessão de duas horas e meia haja uma variedade de tarefas e ritmos, desde a participação no aquecimento, passando pela negociação de um tema para a dramatização, até a participação na análise.

2. *Os adolescentes problemáticos experienciam dificuldades com relação à ansiedade e à superexcitabilidade.* A ansiedade muito intensa pode aumentar e acabar com a cena. A superexcitação conduz à fragmentação em que o elemento lúdico não pode ser sustentado. O elemento lúdico espontâneo está no centro de nosso trabalho, e desenvolver sua capacidade constitui o nosso objetivo. Modelos seguros de trocas, que ajudem a reduzir a ansiedade, só podem ser estabelecidos se tivermos limites claramente definidos e mantidos. A regras básicas são: nada de violência com relação a pessoas ou coisas, nada de drogas, nada de armas. A atuação patológica, no sentido de que a ação, ou mesmo palavras, possam ser substitutas para o sentimento genuíno, é desencorajada. O grupo tem de seis a oito elementos. Um diretor age como guardião dos limites, indo atrás de quem abandona a sala durante a sessão.

3. *Os adolescentes podem regredir a um estado infantil precoce e/ou exibir uma maturidade compensatória exagerada.* Ambos os estados aparentemente contraditórios podem ser atendidos através da alimentação no aquecimento. Às vezes os conduzimos numa fantasia dirigida, e eles se enrodilham como crianças de três anos que ouvem um conto de fadas. Brincamos: algumas brincadeiras pretendem auxiliar os participantes a começar a falar mais livremente e outras servem para ajudá-los a desenvolver e melhorar o vocabulário referente às emoções; brincadeiras infantis populares também são realizadas, com ênfase no encorajamento de uma atmosfera de cooperação e compartilhamento. Praticamos exercícios que favorecem a confiança, o relaxamento e a concentração. Um exemplo de exercício de confiança que é também divertido: os membros, com seus pares, têm que fechar os olhos e colocar o dedo no nariz do parceiro. Eles têm que consegui-lo sem machucar o olho ou enfiar o dedo na narina do outro.

4. *Os adolescentes têm problemas relacionados com a canalização de energia.* Para ajudar a drenar o excesso de energia, usamos exercícios vigorosos no aquecimento, na forma de brincadeiras barulhentas que envolvam movimentos físicos e toques. "Pular-e-empurrar" é um dos favoritos. O objetivo é pular dentro de uma área delimitada e empurrar delicadamente os demais para fora dela. Exercícios de respiração profunda, concebidos para organizar alguns dos elementos mais caóticos uma vez que se tenha lidado com o excesso de energia, são usados rotineiramente nos aquecimentos. Pede-se aos jovens que se alonguem na ponta dos pés e tensionem cada músculo. Lenta e paulatinamente, poderão relaxar. De início, eles sacodem os dedos, deixam as mãos pender, destravam os cotovelos, mexem os ombros, deixam cair a cabeça, e assim por diante, por todo o corpo — costas, cintura, quadris, joelhos —, até que caem lentamente de lado. Então permanecem de costas, com uma das mãos no diafragma, para testar a eficiência de sua respiração profunda,

inspiram contando até dez, prendem a respiração, contam até dez e expiram da mesma forma. Tudo deve ser suave e controlado. Não deve haver grandes inspirações, nem expirações explosivas. Muitos jovens precisam de ajuda, embora aparentemente estejam fisicamente relaxados. Esse exercício geralmente é seguido por uma fantasia dirigida.

5. *Os adolescentes temem o autodesvelamento excessivamente rápido.* Isso é resolvido através do "drama inventado". As cenas da vida real não são exploradas (até mais tarde na vida do grupo), pois uma intensa ansiedade seria vivenciada, e, sob tais condições, a resistência tende a enrijecer quase ao ponto de um impasse: "Meu pai não diria isso", e assim por diante.

6. *No grupo, encontramos uma contradição no adolescente: um medo vergonhoso de ser escolhido, juntamente com o medo de ser excluído (o que, se estivéssemos fazendo psicodrama com um protagonista de cada vez, poderia colocar-nos num dilema insolúvel).* Lidamos com essa contradição de duas maneiras, de modo que a necessidade subjacente das luzes da ribalta e o medo oculto da intimidade sejam reconciliados com a necessidade de inclusão. Primeiramente, todos são, ao mesmo tempo, atores na dramatização, inclusive o diretor. Assim, o temor é reduzido, e ninguém tem que suportar o calor das luzes sozinho; todos recebem atenção. Em segundo lugar, o compartilhamento final estruturado de forma que cada membro se torne o foco de atenção. Podemos perguntar a cada membro: de quem você gostou em sua cena? De quem não gostou? Com relação a quem você teve sentimentos mais intensos? Cada análise iniciada individualmente torna-se logo um intercâmbio vivo entre os membros do grupo. O que ocorre é uma série de análises que envolvem todo o grupo, em vez da análise do indivíduo dentro dele. A norma da alternância entre os membros reassegura o adolescente inseguro de que ninguém será deixado de fora.

7. *As discussões que giram em torno das questões de autoridade freqüentemente tornam a terapia (ou o trabalho de grupo com adolescentes em geral) inviável.* Uma vez que o estilo "eles e nós" seja estabelecido, se progredirá muito pouco. A paranóia se intensifica. As batalhas se seguem. Guerra aberta, ou impasses igualmente defensivos, tornam-se as únicas soluções. Ser um diretor superdiretivo ou excessivamente distante parecem convidar a tais reações. O estilo de condução de Bion, por exemplo, que enfatiza a terapia de grupo através de um diretor relativamente distante, não-participante, encoraja estados básicos reprimidos e um senso de identidade individual diminuído (Bion, 1961). A idéia de Foulkes do diretor como observador participante, "que se mantém na retaguarda" (Foulkes, 1986: 111), parece contrastar com isso. A atividade intermitentemente não-diretiva e participativa dos

diretores em nosso método ajuda a diluir e evitar na terapia o perigo dos processos belicosos já mencionados.

8. *Por último, e sempre presente, há a propensão do adolescente a apresentar comportamentos extremos de atuação patológica.* Um pouco disso constitui uma descarga de afeto útil; muito disso constitui uma projeção de impulsos libidinais intensos e agressivos; e a maior parte disso é defensiva. Nos adolescentes, a atuação patológica geralmente está associada à ação física. O psicodrama grupanalítico é essencialmente uma terapia de não-ação. Na dramatização, os membros simplesmente se sentam num círculo, e a interação é totalmente verbal. Isso inibe o uso defensivo da ação por parte dos jovens e intensifica o sentimento.

Tabela 8.1 Dificuldades do adolescente e técnicas terapêuticas

Características de adolescentes problemáticos que se interpõem entre eles e a terapia	Técnicas terapêuticas e abordagem
1. Facilmente entediados; necessidade de estímulo	1. Tarefas variadas e ritmo
2. Hiperexcitabilidade e ansiedade	2. Limites claros
3. O bebê exigente	3. Ambiente lúdico e acolhedor no aquecimento
4. Dificuldades na canalização de energia	4. Ação vigorosa no aquecimento quando necessário
5. Medo exagerado de se mostrar	5. Nada de cenas da vida real
6. A contradição adolescente: medo de ser o único escolhido, juntamente com o temor de ser excluído	6. Todos são personagens; procedimentos seriais analíticos
7. Questões referentes à autoridade	7. Diretor pouco atuante: terapia de, por e através do grupo
8. Comportamento extremo de atuação	8. Encaminhar-se para uma terapia de não-ação à medida que a confiança se desenvolve

Fonte: Willis (1988: 156).

Uma ilustração clínica

Esta ilustração se refere a uma sessão na fase inicial de um grupo que teve dezoito meses de duração e que tinha oito membros, seis dos quais fizeram parte do grupo desde o começo. A freqüência foi de 90 por cento, e não tivemos desistências. Havia dois diretores. A seguir, um esboço rápido dos membros do grupo, todos de catorze ou quinze anos.

Donna era uma jovem bonita que vivia com os pais adotivos. Delinqüente e abalada pela falta de confiança, ela se isolou e se tornou frágil em situações de intimidade. Sua família natural havia tido uma história de hostilidades. Ela se via como alguém solitária e definitivamente sem necessidade do nosso tipo de ajuda.

Tony era um rapaz afeminado de ascendência inglesa e hindu. Estava descontrolado e atemorizado, mas camuflava isso tudo com um desprezo desdenhoso. Havia passado toda a vida em uma série de instituições, que falharam uma após outra em função dos problemas comportamentais dele. Estava aprisionado num ciclo de rejeições, com relação às quais se sentia ao mesmo tempo triunfante e desesperado.

Scott era um menino ruivo, tímido, fisicamente amadurecido, mas sujeito a crises temperamentais. Estava envolvido em sérios problemas com os tribunais e via-se como alguém irreparavelmente escalado para o papel de vilão. Estava envolto num clima de grande desesperança.

Ruby era uma menina de ascendência hindu, masculinizada e atraente. Na primeira vez em que chegou até nós, não estabelecia relações, mas se alternava entre acessos de hiperatividade, gritando e correndo pelo edifício num primeiro momento e no próximo enrodilhando-se no chão em posição fetal, chupando o polegar ruidosamente. Roubava e mentia compulsivamente. Houve momentos em que esfregou fezes na carteira de outra criança.

Mark veio de uma unidade de segurança onde havia conquistado a fama de ser "inatingível". Tinha um olhar frio e furioso. Era pequeno e brigava com freqüência, desafiando com uma provocação sutil e constante. Mantinha posições rígidas e dogmáticas, e jogava-as na cara de qualquer um que tentasse aproximar-se demais dele. O pessoal que trabalhava com ele muitas vezes ficava enfurecido.

Lynn era bonita e inteligente. Sua mãe era esquizofrênica. Lynn vivenciou episódios aterrorizadores quando perdeu o contato com a realidade e se tornou violenta e imprevisível. Era espancada quando criança e havia sido estuprada em várias ocasiões. Se automutilava freqüentemente e tinha uma personalidade instável.

A sessão começou com o aquecimento.

Iniciou-se uma conversa sobre pais e parentes, e o que tinham a oferecer. A avó de Ruby havia chegado dos Estados Unidos naquela manhã, e tudo o que havia trazido eram algumas "bugigangas horríveis". Outros membros falaram sobre a morte de pessoas amadas. A bonita Lynn, sorrindo de forma sinistra, disse sarcasticamente: "Quando mamãe morrer, tudo o que deixará para mim será uma lata de Guinness". Donna e Scott chegaram, cochichando conspiratoriamente. Mark, com um aspecto semelhante a um cachorro enrugado, trazia as faces rosadas e saltitava. Ruby havia "emprestado" a bicicleta dele sem permissão. Ele queria que soubéssemos o quanto se sentia enganado. Houve mais algumas frases desconexas sobre o tema morte e sobre não obter o que se deseja. O grupo decidiu fazer uma brincadeira, cujo objetivo era memorizar uma lista de compras feitas no supermercado. À medida que novos itens iam sendo adicionados à lista, dissipou-se um pouco o estado de espírito dominante, de indiferença nebulosa. Nós, os coordenadores, sugerimos que o grupo fizesse um exercício físico, para combater a apatia. Nesse ponto, Tony despencou numa cadeira, anunciando estar doente, agitando visivelmente um vidro de codeína.

Os coordenadores percebiam estarem irritados! Perguntamos em voz alta se todo aquele papo sobre morte e desapontamento tinha algo a ver com o fato de que essa seria nossa última sessão antes dos feriados de Natal. Sugerimos alguns exercícios de respiração profunda. Eles aceitaram a idéia, e então os conduzimos através de uma fantasia dirigida relacionada a estar no casco de um grande navio. Eles se enrodilharam, e Ruby chupou o polegar. Propusemos então a tarefa de se encontrar um tema para a dramatização. Donna queria fazer algo referente a "ser acusada quando você sabe que não fez nada". As seguintes associações foram produzidas: "culpada, enganada, apanhada em flagrante, esquecida, brava". O diretor sugeriu o esboço de um enredo: "Alguém havia sido acusado de roubar uma loja e volta para casa. O dono da loja, furioso, visita a família". Tony devia ser o acusado; Donna, a irmã. Mark, que odeia avós, queria ser uma avó. Os outros seriam os pais e irmãos; Lynn, a balconista.

A encenação começou.

Houve um diálogo áspero entre Tony e o pai. Sentindo-se cada vez mais rejeitado, ele começou a falar provocativamente sobre um cordão de ouro que havia adquirido recentemente através de meios dúbios.
Ruby exclamou:
"Esqueça o cordão, o que você me diz sobre as quatro canetas Parker e a pulseira de ouro?".
Tony e Donna olharam furiosamente para ela, e os coordenadores começaram a suspeitar que estavam lidando naquele momento com informações relacionadas a atividades criminosas da vida real. Mantivemos o foco na cena, convidando a balconista a expressar-se. Lynn iniciou uma invectiva contra Tony, fazendo insinuações sexuais de forma desdenhosa. Subitamente, ela saiu do papel, dizendo que queria lavar as mãos sujas de tinta vermelha, e abandonou a sala.

Nesse momento, os membros da família se voltaram uns contra os outros. A culpa voltou para o grupo e imediatamente aderiu como um ímã a Ruby:
"Você sempre foi a menina má".
Donna, claramente a co-ré de Tony, disse a ele:

"Por que você não confessa? Você sabe que é o culpado".

Lynn, que havia burlado as tentativas do meu auxiliar de direção de impedi-la de sair da cena, retornou ao recinto e à cena, trazendo uma bandeja com xícaras de chá. Tony confessou ilegitimamente. Magnânima, Lynn perdoou Tony, mas proibiu-o de voltar à loja. Donna sorriu de forma afetada.

Ao encerrar-se a dramatização, a ansiedade era grande. Eles esbarraram na bandeja e derrubaram o chá. Mark deu um pulo, bateu no braço de Ruby, e o chá de Tony caiu sobre Scott. Uma xícara quebrou-se. Todos se calaram. Os coordenadores recolocaram os limites com clareza, dizendo que não seria tolerada mais nenhuma atuação. Como castigo, Tony foi buscar um pano de chão. Mark pareceu assustado, quase chorando, quando de repente irrompeu num riso histérico. Lynn, com um ar superior, continuou a mostrar-se desagradável, colocando os pés contra a porta e resmungando desdenhosamente.

Seguiu-se uma análise.

A atuação patológica exacerbada e a confusão de limites foram se desfazendo à medida que cada um por sua vez começou a falar de seus sentimentos. O grupo disse a Ruby que eles a haviam atacado porque ela se parecia demais com um bebê.

"Mesmo assim, sou uma garota legal!", protestou Ruby, mantendo um olhar hostil. Alguém retrucou:

"Os bebês são todos maus".

Lynn disse que havia sido maltratada e enganada durante toda a sua vida e que tinha intensos sentimentos com relação ao assunto, os quais não estava preparada para compartilhar. O diretor assinalou que a escusa de sentimentos intensos em todos nós acabara ocasionando a explosão de chá e xícaras. Lynn exclamou:

"Como você conseguiu ler a minha mente?".

Respondi:

"Talvez pareça assim porque é muito difícil ver-se livre de certos sentimentos neste momento".

"É isso aí", rosnou Tony para Lynn. "É por isso que você teve que sair e lavar o sangue de suas mãos." E ele se voltou maliciosamente para mim: "E *você* provavelmente nem sequer lava".

Mark disse que sentia inveja de Donna por ela haver levado a cabo o roubo sem ser pega. Ele comentou como ela havia, durante a cena, pressionado Tony para que confessasse a culpa dele.

"Problema dele", retrucou ela. "Ele não tem nada a ver comigo."

Os membros do grupo riram e lembraram-na de que ela havia sido cúmplice dele no roubo. O diretor sugeriu que Tony, em seu papel, havia representado realmente uma parte de Donna, e que essa parte de Donna tinha a ver com cada um do grupo. Mark disse achar que seu comportamento ofensivo não tinha nada a ver com ele próprio e, portanto, poderia ter a expectativa de não ter nenhum controle sobre ele. Os outros exprimiram sentimentos análogos. O diretor associou essa expressão de impotência aos sentimentos ocultos de raiva e culpa relativos à separação que ocorreria no feriado próximo. Lynn concordou:

"É como as mentiras que sua mãe diz quando você é pequeno. Você acha que vai ficar em tratamento por uma semana. Aí, você descobre que é pelo resto da vida".

"De qualquer modo", disse Tony, "toda essa experiência é papo cerebral. Não tem nada a ver com sentimentos."

"Então, por que você está ofendido?", perguntou um dos outros. Tony disse que, no fim das contas, não tinha ficado ninguém, mas ninguém mesmo, ao seu lado durante a cena, nem sequer Donna. Todos o haviam abandonado. Ele se lembrou de uma de suas muitas expulsões de famílias adotivas e instituições, e ficou muito triste. E a sessão chegou ao fim.

Ao avaliar o trabalho que realizamos com esse grupo, é difícil distinguir o progresso que fizeram durante o psicodrama grupanalítico de outras influências transformadoras em suas vidas. É possível, entretanto, observar que todos os membros dos cinco grupos realizaram excelentes progressos, e isso é significativo, se comparado com o progresso de jovens que receberam apenas cuidados ambulatoriais. Após alguns meses no grupo, Tony vivenciou a última de uma longa série de rejeições: sua irmã expulsou-o de casa. No passado ele teria respondido a essa rejeição com atos delinqüentes e comportamento suicida. Dessa vez, ele encontrou palavras e começou a se lamentar:

Se um balde pudesse recolher minhas lágrimas
Elas encheriam esta sala.

Discussão

A seqüência da sessão

Ao longo da sessão, há um movimento contínuo, que vai da ação para um modo mais reflexivo de comunicação. Para chegar a isso, os coordenadores movem-se entre o manejo diretivo do grupo e fases de manutenção de uma atitude menos atuante.

As formas de comportamento transgressoras, rebeldes e sabotadoras que podem caracterizar a vida inicial do grupo, assim como a parte de aquecimento da sessão, podem ser mais bem visualizadas em termos do tema subjacente e dos processos emergentes de grupo. Certa vez, houve uma grande agitação em torno de uma conversa sobre roubo. Os membros contaram uns para os outros como alguns deles haviam dado uma volta num carro velho após a sessão da semana anterior e haviam-no trombado várias vezes. John tentou com afinco ser incluído na atraente, porém assustadora, fantasia de colisão:

"Eu fiz coisas piores que essa, e maiores até!".

Na semana anterior, havia surgido muita ansiedade sexual e nós, os coordenadores, achávamos que essa conversa sobre carros trombados era uma outra forma de expressar uma ansiedade recalcitrante relativa a sexo. Talvez eles também estivessem nos dizendo que o psicodrama grupanalítico parece ser um jogo muito perigoso.

Os adolescentes tendem a pensar em representar como sendo um modo de fazer uma *performance*. Assim, da primeira vez em que os introduzimos à idéia de um tipo diferente de dramatização, dissemos: "A idéia não é fazer caras ou vozes estranhas. Seremos apenas nós mesmos, usaremos até mesmo nossos próprios nomes. É um drama a ser realizado sentado".

Ao final do aquecimento, teremos que encontrar um tema para a dramatização. Um jeito de fazê-lo é mencionar uma preocupação atual do grupo, e então fazer um jogo de associação de palavras em que os membros exprimirão os seus sentimentos em relação a isso. Então, o grupo chegará a um acordo sobre um esboço de história. Construiremos uma lista de personagens, e os membros do grupo se atribuirão os papéis, com a maior parte deles preferindo usar o próprio nome. Freqüentemente eles escolhem papéis em que possam realizar um trabalho útil.

Às vezes, no entanto, o processo de distribuição de papéis é usado como resistência: por exemplo, Ruby sempre opta por ser a vítima, ou Tony, um monopolizador dominante. Nesse caso, podemos encorajá-los a desempenhar papéis temidos, por exemplo, Ruby, uma mãe assertiva, Mark, um amigo, e não um inimigo. Em certas ocasiões, completada a formação do elenco, alguém pode se sentir alarmado e querer mudar os papéis. O diretor deve ser bastante firme e dizer:

"Não, mantenha sua primeira decisão. Você não precisa ficar tão sintonizado em seu papel usual. Veja como se sente em outro papel".

Ao fazer a escolha de uma história para a dramatização, os adolescentes são atraídos por temas com os quais estão bastante familiarizados: aborto, demissão, um membro da família que vai embora ou morre, pais que se separam, crianças encaminhadas para tratamento, um casamento inter-racial etc.

Sempre me surpreende ver quão rapidamente a cena se desenrola. Um outro traço notável é a manutenção da intensidade dos sentimentos vivenciados. O aquecimento se encarregou dos medos excessivos, da inquietação ou do estado de espírito depressivo, e agora, graças ao "drama inventado", a censura, a culpa e a inibição são parcialmente suspensas. A empolgação envolve todo o grupo.

Talvez haja outra razão pela qual eu não devesse me surpreender. Num certo sentido, os adolescentes estão representando o tempo todo. Eles passam constantemente do pensamento para o desempenho, e da ação para a reação. Intensas transferências ocorrem nas relações da vida real. Os coordenadores podem ser odiados, ultrajados, respeitados, idealizados. Corre-se sempre o perigo de tornar-se, por exemplo, o pai punidor ou o amigo sedutor. Quando isso ocorre na dramatização, a identificação projetiva, tendo sido pinçada do contexto cotidiano, torna-se uma característica da convenção dramática, e, portanto, mais disponível para a interpretação. Além disso, no contexto dramático, não há perigo de que o diretor realmente se torne uma dessas figuras — assim, há segurança, e as possibilidades de terapia permanecem abertas.

O diretor desempenha o papel de agente provocador na dramatização, um catalisador da ação psicológica que, quando necessário, toca os eventos para a frente. Ao assumir um papel, o diretor nem aparece como uma tela em branco, nem se arrisca a uma excessiva transparência pessoal, mas apresenta uma imagem concreta que tem que ser avaliada juntamente com as dos outros personagens. A maior parte desse trabalho de desempenho de papel tem que ser uma fina mistura de intuição, avaliação e estratégia. Ao contrário do psicodrama, onde o diretor prossegue e trabalha com as resistências, tal estratégia é adotada de forma restrita no GAD. Como em outras formas ativas de psicoterapia dinâmica (Malan, 1986), a regra básica é definitivamente não entrar em conluio ou seguir os movimentos defensivos do paciente, mas desafiá-los. A pressão contínua leva à resistência cada vez mais explícita, e tem o efeito de "intensificar a ansiedade do paciente, até que o verdadeiro sentimento seja atingido" (Molnos, 1986: 167). Esse princípio, aplicado ao psicodrama grupanalítico, freqüentemente significa que o diretor, quando em dúvida, se recusará a ser conivente com as expectativas preconcebidas dos membros. Além disso, as confusões dos limites entre a dramatização e a vida real devem ser colocadas em oposição, e não interpretadas.

Às vezes, durante a dramatização, as pessoas querem sair dos papéis, ou, na análise, escorregam de volta ao papel. Uma vez, Ruby estava sendo extremamente provocativa numa cena comTony. Ele começou a ficar cada vez mais irritado, e voltou-se para mim, o diretor, que estava desempenhando o papel de um vizinho, e pediu:

"Por favor, faça alguma coisa com relação a ela, tá, Sally?".

Tony estava claramente buscando minha cumplicidade como diretor fora-do-papel, numa tentativa de afastar-se dos sentimentos evocados pela cena. Uma vez que a tarefa principal do diretor, no caso, é manter o foco nas relações dentro da dramatização, permaneci no papel e me ativé à questão que estava causando tanta ansiedade para ele. Como vizinho, eu disse:

"Faça você alguma coisa, se realmente quiser".

Dessa forma, não fui conivente com o movimento defensivo de Tony, mas desafiei-o. A resistência de Tony aumentou, e, assim, ficou disponível para um confronto posterior. Pode-se observar que, através desse manejo e desafio das defesas, continência e manobras terapêuticas podem dar-se as mãos.

Após certo tempo, os próprios membros aprenderam a "atuar" terapeuticamente. Uma vez, Stella interrompeu a dramatização, que se referia a um bebê perdido, queixando-se de que era triste demais e que ela tinha certeza de que a cena melhoraria se começássemos tudo de novo. Os outros participantes, permanecendo nos papéis, solicitaram que ela permanecesse com a tarefa; um deles disse:

"Você não pode nascer de novo, se é o que você está pensando".

Stella ficou chocada ao passar por uma avaliação de seus motivos por desejar um novo começo.

Na análise, exploramos os sentimentos que foram despertados durante a dramatização: os princípios grupanalíticos são utilizados para sustentar toda a sessão e recebem uma ênfase particular nesse ponto. Usando-se o conceito de Foulkes de "grupo como um todo", tudo o que acontece no grupo é considerado em termos de comunicação numa rede de relações (Foulkes & Anthony, 1984: 26). Exploramos o significado em todos os níveis de comunicação, do nível simbólico e onírico ao nível consciente e manifesto. O objetivo é traduzir sintomas identificados, que no caso de adolescentes problemáticos podem ser atitudes e comportamentos delinqüentes, em problemas passíveis de serem articulados e trabalhados. A partir do exame das relações na dramatização podemos explorar as relações atuais do grupo, assim como os fenômenos transferenciais; podemos ajudar as pessoas a resgatar suas projeções e aspectos negados em si próprias. Muitas vezes irrompem na análise discussões acaloradas que são tão intensas e constrangedoras quanto a dramatização que as precede.

Durante todo o tempo da sessão, muitos sinais não-verbais regulam o sistema de comunicação. Estes incluem posturas corporais, mudanças na sintaxe, tom de voz, ritmo, entonação, troca de olhar e gestos. As pistas mais sutis aparecem muitas vezes num átimo de segundo, e são apreendidas subliminarmente. Vale a pena tentar prestar atenção nelas, pois são parte crucial da comunicação.

Em cada sessão há uma progressão, que vai de um aquecimento baseado na ação para uma dramatização, e daí para uma análise não-atuada. O diretor deve se assegurar de que ocorram as três etapas da sessão. A progressão da ação em direção à terapia de não-ação se reflete na vida do grupo a longo prazo. À medida que o grupo amadurece, desenvolve-se uma mudança gradual na ênfase, que se distancia dos jogos e do estabelecimento de um meio seguro nos estágios iniciais para se aproximar de um nível mais amadurecido de funcionamento, onde a discussão aberta e em livre associação pode desenvolver-se numa atmosfera de mútua compreensão e aceitação.

Elos com o psicodrama

Nesta seção, começarei por descrever brevemente as duas características principais que distinguem o GAD do psicodrama de Moreno. Elas dizem respeito a concepções sobre o que é curativo em terapia. Em primeiro lugar, no GAD mantemos uma distinção e um equilíbrio entre ação e não-ação. Em segundo lugar, no GAD consideramos o grupo, e não o indivíduo, como o agente terapêutico primário. A influência principal do psicodrama com relação ao nosso método será então esboçada, bem como exploradas as similaridades específicas relacionadas a formas de trabalho.

Moreno considerava a ação como a ferramenta essencial da terapia, acreditando que esta era superior à transferência na remoção de sintomas. Ele usava o termo *"acting out"* dando-lhe uma conotação positiva para se referir a uma função universal do comportamento humano. Achava que a aversão psicanalítica com relação à ação baseava-se no medo da expressão contratransferencial de impulsos libidinais e agressivos. Na realidade, Foulkes e outros psicanalistas deram ao termo *"acting out"* uma conotação em geral negativa, pois consideram que a maior parte da ação é usada como substituta de sentimentos e lembranças. Os teóricos modernos aceitam o *acting out* como dotado potencialmente de dois significados opostos: pode ser uma resistência, mas pode ser também adaptativo e uma tentativa de comunicação. Considerando-se as duas possibilidades, e tendo em mente a extrema tendência à atuação não-terapêutica nos adolescentes, fazemos uso de uma dramatização não-atuada com vistas a proporcionar o foco para uma terapia que também aplica técnicas de ação.

Foi escolhida a abordagem grupanalítica, que enfatiza a importância da dinâmica inconsciente do grupo, juntamente com o tratamento do indivíduo como seu objetivo principal. Os adolescentes instintivamente se voltam para o grupo de colegas, para que os ajude a lidar com tarefas maturacionais que os pressionam, como a conquista de seu desligamento com relação aos pais, a formação de identidade e a autonomia. No contexto de grupo, um jovem pode manter um sentimento seguro de pertença, ao mesmo tempo que aspira à formação de uma identidade estável de ego. Enquanto a interação de grupo efetivamente reproduz e expressa a patologia com a qual temos que trabalhar, ela também apresenta obstáculos à terapia. Prestar atenção a isso e interpretar os processos inconscientes de grupo ajudam a conter a extrema ansiedade que, de outro modo, levaria à fragmentação psíquica e à interrupção da sessão. Em nosso trabalho com adolescentes gravemente comprometidos, constatamos que negligenciamos a poderosa dinâmica do grupo-como-um-todo.

O GAD aproveitou do psicodrama principalmente os conceitos-chave de criatividade e espontaneidade em terapia. Intimamente ligada a ele está a idéia de que a terapia tanto pode ser divertida quanto inspiradora, e deveria ser sempre lúdica. Moreno considerava a espontaneidade como uma nova resposta a uma antiga situação, e uma resposta adequada a uma situação nova. De acordo com Moreno, é uma forma de energia que não pode ser conservada. Ela deve ser utilizada no momento em que emerge. É a arquicatalisadora da criatividade (Moreno, 1953). Ele adotou uma estrutura conceitual bem diferente da de Foulkes, cujas referências retornam à linguagem psicanalítica de Freud. Quando Moreno falava sobre regressão, resistências, projeção e sublimação, considerava-as como funções ou de criatividade ou de espontaneidade. Apesar de atribuir diferentes significados a processos similares, tanto Foulkes quanto Moreno acreditavam que o brincar e a busca da espontaneidade deveriam ser objetivos-chave na terapia. O GAD foi influenciado em especial pela insistência de Moreno na importância do brincar, e em sua crença nas possibilidades aparentemente ilimitadas da exploração através da dramatização.

Eis aqui algumas das operações centrais do psicdrama grupanalítico com relação a algumas técnicas principais de psicodrama, a saber: o espelho, o uso do ego auxiliar como duplo e como o outro da relação e a inversão de papéis.

A técnica de espelho usada no psicodrama é aquela em que uma pessoa atua em nome de outra, colocando-se no lugar do protagonista — possibilitando assim a este observar seu desempenho numa situação significativa, com distância suficiente para obter *insight*. No psicodrama grupanalítico, compartilhar a atitude resistente do grupo é equivalente e acrescenta algo à técnica de espelho do psicodrama. Por exemplo, numa situação em que uma atitude desafiadora inflexível com relação à polícia faz com que a dramatização caia num círculo vicioso, o diretor, ou mesmo um membro do grupo, pode entrar com uma insolência exagerada que coloque uma lente de aumento sobre a intransigência do grupo. Assim, a distância e o *insight* são obtidos através do efeito reflexivo e amplificador, específico ao grupo, daquilo que está acontecendo. No caso, as alucinações do indivíduo ou do grupo, as auto-imagens distorcidas e o comportamento negativo podem reverter imediatamente através da amplificação dramática, do ridículo — seguro, porque ocorre na dramatização —, da ironia e da analogia. Os adolescentes muitas vezes estão finamente sintonizados e se divertem com exageros desse tipo. Apesar de seus problemas, muitos têm propensão ao humor e à autogozação, que oferecem um caminho para novas experiências e *insights*.

No psicodrama de Moreno, o ego auxiliar, seja expresso enquanto outro significante ou enquanto duplo, desafia a posição simplista assumida pelo protagonista. O objetivo é ajudar o protagonista a experienciar mais plenamente e articular previamente os sentimentos reprimidos, aumentando assim o repertório de papéis. Há muitas maneiras de empregar essa técnica. Limito-me aqui a descrever o uso do duplo no psicodrama e a função do outro significante no GAD.

O duplo no psicodrama de Moreno ajuda o protagonista a explorar seus sentimentos mais íntimos, assumindo o mesmo papel e posição física e verbalizando as emoções não-expressas, em nome dessa pessoa. A intenção é "não imitar, mas sentir o que o protagonista está sentindo" (Moreno, 1965). Por exemplo, se eu fosse o protagonista e estivesse ao telefone falando com meu marido, dizendo: "Estou cheia de você, e quero que suma!", meu duplo assumiria a mesma postura física próximo a mim, e poderia dizer: "Eu o desejo, mas temo que você saiba disso e se aproxime".

O duplo é geralmente desempenhado por alguém que se identifica com o protagonista. Embora não haja duplo no GAD, o ego auxiliar poderá no contrapapel buscar sua inspiração através da identificação íntima com outro membro do grupo. Numa dramatização, por exemplo, Sharon se gabava por ter pais ricos que a enviavam à escola pública enquanto saíam de férias. Após gabar-se para os amigos durante algum tempo, o diretor, percebendo os sentimentos subjacentes de abandono de Sharon, no papel de uma colega enciumada, disse:

"Sharon, vamos olhar a coisa de frente: você foi despejada!".

A expressão de Sharon desmoronou, e na análise subseqüente ela e outros membros conseguiram entrar mais em contato com seus sentimentos de dor e raiva por não haverem sido cuidados adequadamente. Juntar-se à fantasia do grupo é, está claro, o que fazemos a partir do momento em que entramos num papel. Fazê-lo, e então opor parte da fantasia no psicodrama grupanalítico, preenche uma função semelhante à do ego auxiliar enquanto o outro da relação no psicodrama, confrontando o paciente ou o grupo com sua parte reprimida.

Na técnica de inversão de papéis de Moreno, A torna-se B e B torna-se A. Isso tem vários objetivos, principalmente ajudar o protagonista a entender a posição da outra pessoa, ver com os olhos do outro, calçar os sapatos do outro e deslocar o protagonista das defesas habituais. Esse procedimento é replicado de algum modo na nossa dramatização, quando a criança desempenha o papel de adulto, o branco o papel de preto, o homem, o de mulher, a vítima habitual, o de opressor etc. Notamos que a inversão de papéis de sexo pode liberar dramaticamente os sentimentos reprimidos. Num grupo só de meninas negras, recentemente, um dos membros desempenhou o papel de um namorado que havia levado o fora. Nesse papel, ela nos surpreendeu com uma denúncia corajosa, cheia de obscenidades e autodesprezo. Foi a primeira vez que o grupo contatou seus sentimentos reprimidos e intensos relativos à opressão.

Em ambos os métodos, então, temos técnicas paralelas para desarmar as resistências e facilitar a espontaneidade. A razão pela qual prefiro usar a palavra "operações" em oposição a "técnicas" ao me referir à participação ativa na dramatização, é porque tais operações são parte inerente da interação do grupo como um todo, e não técnicas que requerem aplicação consciente e deliberada. Nosso método vê o próprio grupo como principal agente terapêutico. Aquilo que freqüentemente é usado de forma defensiva, a saber, a interação do grupo como um todo, torna-se o próprio instrumento da terapia.

O psicodrama grupanalítico e o adolescente

Os adolescentes problemáticos são autocentrados e têm fantasias de onipotência. Tratam os demais como extensões de si mesmos, e não como pessoas com direitos próprios. É importante para tais adolescentes ter acesso a uma terapia onde colocar-se no lugar dos outros (enquanto paradoxalmente permanecem em seus próprios) faz parte integral de todo o processo. Ajuda a desenvolver a resposta empática.

Em seu isolamento narcisista, os adolescentes têm de lidar com as seguintes questões básicas: dependência *versus* independência, a importância das relações com o grupo de amigos, solidão e isolamento, e os limites em mutação do ego, tanto físicos quanto psíquicos. Os temas que mais freqüentemente se repetem em nossas sessões são: medo de ser atacado e de ser abandonado, e ansiedade sexual, que estão muitas vezes associados entre si. Na fase inicial de um grupo, e muitas vezes no início de uma sessão, a posição esquizoparanóide de Klein (1946) parece estar evidente. Os jovens temem que se enxergue "através deles". Atacam e se sentem atacados. *Por que você está me olhando?* Usam lenços sobre os rostos, cobrem os olhos com os braços e seguram almofadas diante de si. Muitos de nossos jovens vivenciam sentimentos conflituosos com relação ao corpo e demonstram uma incapacidade de se relacionar com ele de forma a cuidar dele (Laufer & Laufer, 1984: 73). Atacam seus corpos através de automutilação, ou descontam sua raiva em outros objetos. A ansiedade relacionada a essa área sensível nem sempre é facilmente contida. Alguém observou certa vez que os meninos estavam se exibindo diante das meninas. A ansiedade no aposento tornou-se tão insuportável que irromperam brigas. Thomas apertou as orelhas, dizendo: "Não dá para voltar atrás, agora você já disse!", como se as próprias palavras tivessem se alojado como a dor dentro dele, para sempre. Incapaz de tolerar seus sentimentos de vergonha e invasão, ele abandonou o edifício e quebrou os vidros de um carro estacionado lá fora.

Os adolescentes sentem estar falhando, mas não expressam suas queixas dizendo:

"Há algo errado comigo".

Em vez disso, projetam a falha nos outros:

"Há algo errado com eles, eles são horríveis, eles estão doentes, eles são pervertidos!", e, então, queixam-se de solidão e isolamento. Idealmente, o grupo e a dramatização deveriam preencher a função dos cuidados de um pai suficientemente bom e suficientemente forte, possibilitando aos adolescentes experienciar seu ódio destrutivo com relação aos pais internalizados e proibidos na transferência "dramática", em vez de precisar dirigi-lo aos próprios corpos ou aos carros dos funcionários!

A esse fenômeno chamei "matriz sexual adolescente". Creio que isso está por trás de todas as demais mudanças nessa fase do desenvolvimento.

A ação dramática é tradicionalmente considerada como ação física. No desenvolvimento desse método de psicodrama grupanalítico, em que se dá ênfase a um movimento de afastamento da ação física em direção à ação psíquica, abandono a noção de que a ação dramática, ou representação, precise ser física. Como atriz, constatei que nem toda a representação é ação. Parecia-me ter feito meus melhores trabalhos interpretando papéis quando eu estava parada, ou seja, imóvel. Isso ajudou a me liberar de qualquer preocupação com as armadilhas externas do papel. Para entender melhor essa questão, devemos pensar no uso da máscara no teatro grego, por meio da qual a atenção é focalizada de forma poderosa no sentimento e na palavra.

Há várias razões para a ênfase na dramatização psíquica em nosso método. A atuação patológica na adolescência tende a assumir a forma de ação física e, ao mesmo tempo em que isso pode ser uma tentativa de comunicação, e mesmo de ser útil na medida em que estimula o estabelecimento de limites, é em sua maior parte um substituto inútil do sentimento e da recordação. A tendência do adolescente em usar a ação defensivamente não é, entretanto, a única razão para a invenção de uma terapia que seja basicamente de não-ação. Na adolescência, parece haver uma tênue linha entre o real e a brincadeira. As crianças podem dizer: "Estamos só brincando!", quando um adulto interrompe uma briga em que, como qualquer pai ou mãe sabe, a resposta sábia é advertir: "Isso ainda vai acabar em choro!...".

Uma vez que o único contraste entre as conseqüências dos dois tipos de comportamento mostram o que é brincadeira e o que não é, uma terapia de não-ação com claros limites ajuda-nos a trabalhar com maior segurança com adolescentes para quem a brincadeira e a realidade são freqüentemente uma única e mesma coisa.

O poder dos métodos de ação não deve ser subestimado. No caso de pacientes gravemente comprometidos, o perigo é de que, na terapia de ação, o corpo possa se lembrar do que o ego não pode integrar ou mesmo reconhecer. No palco, as ilusões e alucinações podem adquirir carne — uma perspectiva aterradora. O psicodrama grupanalítico é tanto um método de contenção quanto de expressão, de modo que os adolescentes aberta, difusa e explosivamente expressivos não sejam necessariamente encorajados a "pôr tudo para fora". Na imobilidade, assim como o ator que usa a máscara grega, eles também podem se ouvir, se comunicar interiormente, assim como com o exterior. Eles podem aprender a reter suas experiências e começar a construir um sentido coerente de "self".

Resumo

Dirigimo-nos, em nosso método de psicodrama grupanalítico, às características patológicas específicas da adolescência perturbada que freqüentemente tornam inviáveis outras formas de terapia. Sua acessibilidade a esse grupo de clientes é sua característica essencial. Esse método eclético que progride de uma abordagem de ação para uma outra analítica, de não-ação, é resultante de uma combinação de práticas derivadas das áreas de análise de grupo, psicodrama, sociodrama e teatro.

Os adolescentes problemáticos se defrontam com o possível bloqueamento de seu processo de desenvolvimento. Padrões de comportamento patológico tornam-se cada vez mais fixos. Na batalha contra a conservação dos papéis habituais, a dramatização pode ser um catalisador poderoso da mudança, da recuperação e da criatividade; melhor dizendo, para estruturar um "self" novamente. "O drama tem a divina possibilidade, além de todas as outras artes, de inventar novos animais, ou seja, novos instrumentos... A Criação... é então literalmente transformada em drama" (Canetti, 1986: 8).

Agradecimentos

Meus agradecimentos à dra. Angela Molnos por sua inspiração e ajuda.

Referências bibliográficas

Bion, W. R. (1961) *Experiences in Groups*, Londres, Tavistock.
Blos, P. (1962) *On Adolescence*, Nova York: The Free Press.
Brook, P. (1988) *The Shifting Point*, Londres: Methuen.
Canetti, E. (1986) *The Human Province*, Londres: Pan.
Ellwood, J. & Oke, M. (1987) "Analytic groupwork in a boys' compreensive school". Free Association 8.
Erikson, E. (1987) *Childhood and Society*, Londres: Paladin.
Foulkes, S. H. (1986) *Group Analytic Psychotherapy. Method and Principles*, Londres: H. Karnac Books Ltd.
Foulkes, S. H. & Anthony, E. J. (1984) *Psicoterapia de grupo*.
Klein, M. (1946) "Notes on some schizoid mechanisms". *International Journal of Psychoanalysis,* XXVII, part 3; 99-109.
Laufer, M. & Laufer, M. E. (1984) *Adolescence and Developmental Breakdown. A Psychoanalytic View,* New Haven e Londres: Yale University Press.
Lewin, K. (1951) *Field Theory in Social Science*, Nova York; Harper Bros.
Malan, D. (1986) "Beyond interpretation: initial evaluation and technique in short-term dynamic psychotherapy. Part 1", *International Journal of Short-Term Psychotherapy* 1.
Molnos, A. (1966) "From video recordings towards integrated thinking in brief psychotherapy. Reflections after the first European symposium on short-term dynamic psychotherapy. Copenhagen 7-11 Julho 1986", *British Journal of Psychotherapy* 3(2).
_____ (1987) El nosotros en el grupo analítico, *in Psico-sociolojia de la Salud Mental*, Ozámiz, J. A. (ed.) San Sebastian (Espanha): Ttartalo 47-61.
_____ (1988) *Pychoanalytic Theory in Group Analysis*. Talk given at the first meeting of the Think Tank, Institute of Group Analysis, 5 dezembro 1988. (Manuscrito)

Moreno, J. L. (1953) *Who Shall Survive?* Beacon, Nova York: Beacon House.
Moreno, Z. T. (1965) "Psychodramatic rules, techniques and adjunctive methods". *Group Psychotherapy,* XVIII; 73-86.
Willis, S. T. (1988) "Group-analytic drama: A therapy for disturbed adolescents", *Group Analysis. The Journal of Group Analytic Psychotherapy* 21 (2).
Winnicott, D. W. (1986) *Playing and Reality*, Harmondsworth: Penguim.
_____ (1987) *The maturational Processes and the facilitating environment*, Londres: Hogarth Press.

Bibliografia adicional

Foulkes, S. H. (1964) *Therapeutic Group Analysis*, Londres: Allen and Unwin.
_____ (1984) *Introduction to Group Analytic Psychotherapy: studies in the social integration of individuals and groups*, Londres: Maresfield Reprints.

* Lar, doce lar.

CAPÍTULO NOVE

Questões de terapia ambiental
O psicodrama como contribuição para o tratamento de um caso de anorexia

Joke Meillo

Introdução

A terapia psicodramática de Irene faz parte do tratamento numa comunidade psicoterápica para adolescentes. O quadro de referências com o qual essa clínica de internamento trabalha, a posição ocupada pelo psicodrama e o estilo de tratamento serão objeto de explicação. Após uma noção do enfoque clínico, o caso de Irene será examinado detalhadamente.

Para tanto, será necessário inicialmente que apresentemos algumas informações gerais sobre os problemas relacionados com o tratamento da anorexia. Seremos então introduzidos no caso de Irene, através de:

1. Detalhes da história do caso.

2. Aspectos do plano de tratamento.

3. Antecedentes familiares.

Apenas quando estivermos familiarizados com o enfoque clínico e de posse de informações sobre o tratamento de Irene num sentido mais geral, poder-se-á analisar e estudar o tratamento psicodramático e a terapia individual (em linha analítica) acrescentada nos últimos estágios do tratamento.

Uma comunidade terapêutica para adolescentes perturbados

São admitidos adolescentes cujas idades variam de 16 a 21 anos. Muitos clientes têm uma DSM III R (manual estatístico e diagnóstico de doenças mentais — o sistema de classificação americano para enfermidades psiquiátricas, também usado na Noruega) como esquizofrenia, paranóia ou distúrbios afetivos graves. Além disso, muitos clientes sofrem de dis-

169

túrbios graves de personalidade, tais como personalidade limítrofe, personalidade esquizóide ou personalidade esquizotípica.

Uma importante subcategoria dentre esses clientes é o paciente que sofre de um mero distúrbio de alimentação, que não está ligado a nenhuma das enfermidades anteriores (anorexia nervosa DSM 307.10).

A comunidade terapêutica faz parte de um grande hospital psiquiátrico (com aproximadamente 1 100 pacientes). Vinte e cinco adolescentes são distribuídos ao acaso em comunidades menores, cada uma com sua própria sala de visitas e sua própria equipe de socioterapeutas, que supervisionam e determinam o clima de vida diário. Eles atendem às jovens e aos rapazes 24 horas por dia, estão em contato próximo com o que está se passando na comunidade e fora dela e dão apoio aos adolescentes por meio de conversas individuais. Além disso, através de vários trabalhos de grupo, diário e semanais, discutem as interações mútuas. Usando um método de trabalho de dinâmica de grupo, procuram melhorar a qualidade do modo de vida e, assim, criam também as condições para os tratamentos psicoterapêuticos de grupo. A socioterapia profissional constitui o fundamento dos tratamentos psicoterapêuticos de grupo. Em outras palavras, ela é responsável pelo nível primário de tratamento. O nível secundário é o tratamento psicoterapêutico.

Em contraste com os sociogrupos constituídos ao acaso, o tratamento psicoterapêutico ocorre em grupos de pacientes com forças egóicas comparáveis. O programa de psicoterapia consiste em: psicoterapia de grupo, psicodrama e terapia individual. Há uma colaboração próxima entre o psicoterapeuta de grupo e o psicodramatista. Os temas giram em torno da psicoterapia de grupo e do grupo de psicodrama, como descrito em outra ocasião (Meillo, 1986).

Problemas discutidos em socioterapia em nível de realidade cotidiana também são levados para as sessões de psicoterapia, onde são considerados os aspectos intrapsíquicos e interpsíquicos. Por exemplo, a contínua rivalidade entre dois membros femininos do grupo é discutida na socioterapia. Faz-se um exame das conseqüências que essa rivalidade acarreta para os demais membros do grupo que conseguem manter-se fora da linha de fogo das brigas. A rivalidade das moças ajuda os demais a evitar a discussão de seus conflitos. A socioterapia funciona, como mostramos neste exemplo, através do uso dos princípios de dinâmica de grupo.

A psicoterapia (psicoterapia de grupo e psicodrama) funciona grupodinamicamente e grupanaliticamente. Por exemplo, pode haver discussões sobre os medos que não precisam ser sentidos em função do comportamento das duas moças rivais e de outros membros evasivos do grupo. O conflito interno dos membros do grupo pode ser sentido e esclarecido através da verbalização e, complementarmente, através da sua concretização no psicodrama. (Quando um conflito interior torna-se concreto, pode-se, por exemplo, introduzir um duplo, ou então o conflito pode ser simbolizado por dois egos auxiliares que representam, cada um, um dos lados do conflito.) Através do trabalho numa linha grupanalítica na psicoterapia de grupo e em sessões de psicodrama, o que ocorre e é evocado na relação real com o terapeuta e os membros do grupo pode ser traduzido retroativamente para as relações primárias na família original.

Essa cooperação intensiva entre a socioterapia e a psicoterapia garante um tratamento razoavelmente efetivo, uma vez que todas as instâncias de tratamento estão sintonizadas entre si e trabalham umas para as outras.

Há ainda a necessidade de alguns comentários sobre o estilo do contexto terapêutico. Tradicionalmente, nas comunidades terapêuticas há um alto nível de permissividade, e o trabalho é realizado de modo razoavelmente não-diretivo (Jones, 1973). A literatura relativa à psicoterapia de grupo (Foulkes, 1975), baseada no referencial grupanalítico, também assume um estilo de trabalho não-diretivo, exploratório.

Uma comunidade terapêutica com uma população de adolescentes com perturbações graves, entretanto, necessita de limites mais definidos e de uma maior dose de diretividade e segurança.

No entanto, a atitude dos membros da equipe pode ser descrita como caracterizada por tanta permissividade e tolerância quanto possível. Permite-se aos adolescentes que aprendam a partir das próprias experiências, que são subseqüentemente exploradas. A atuação patológica não é evitada, mas trabalhada. Os limites são estabelecidos quando a segurança psíquica e física do adolescente está em jogo.

Problemas relativos ao tratamento da anorexia nervosa

Muito se tem escrito sobre a origem e o tratamento da anorexia nervosa. É impossível, dentro do âmbito deste capítulo, fazer uma descrição extensiva da patologia. É, no entanto, útil apresentar uma síntese dos problemas que tornam difícil o tratamento da anorexia, para que possamos avaliar adiante o nível em que o tratamento através do psicodrama é capaz de reduzir esses problemas. Em geral, pode-se afirmar que os clientes com anorexia nervosa apresentam grande resistência ao tratamento, especialmente aquele que *não* é dirigido ao sintoma. Eles tendem a negar quaisquer outros problemas, como: distúrbios familiares, (não) ter uma personalidade própria, dificuldades nas relações com os colegas etc. O sintoma funciona como modo de exercício do poder. Uma série de características que os clientes de anorexia nervosa desenvolvem intensamente (teimosia, ambição, resistência e racionalização) constitui as armas com as quais tentam impedir que os predisponentes e/ou as causas do sintoma sejam tratados.

Nos estágios mais elementares, há muitas vezes uma negação do sintoma como doença. O cliente está, "na verdade, satisfeito e feliz"; são os outros que estão preocupados e "persuadiram o cliente" a tratar-se. Esse problema central é possivelmente também a razão pela qual as escolas terapêuticas têm discordado umas das outras de forma tão veemente.

Escolas de terapia comportamental fizeram um estudo extensivo do tratamento da anorexia nervosa e desenvolveram métodos de condicionamento operante com o objetivo direto de remover o sintoma (Bhanji, 1975; Bianco, 1972).

Hilde Bruch (1974) iniciou o tratamento dos sintomas. Ela propôs uma abordagem dinâmica e argumentou a favor de alterações profundas de personalidade por meio de terapia psicanalítica que conduzisse ao *insight*. Sua principal objeção à terapia comportamental é que os clientes são mais ou menos forçados a abrir mão de seus sintomas, o que resulta na redução ainda maior de sua auto-estima, que já era baixa.

Ficou claro, à medida que os anos se passaram, que diferentes abordagens continuaram existindo, mas há uma concordância de que, mesmo quando a questão do peso (sintoma) é tratada primeiro, a recidiva e o colapso só podem ser prevenidos através de formas de psicoterapia que também envolvem a estrutura da personalidade.

Nesse caso, o ambiente da clínica é considerado a principal modalidade de tratamento. Para o paciente anoréxico, isso significa que a patologia da família, em que a anorexia tem sempre um grande poder, é interrompida. O paciente vai para um novo ambiente, no qual ser paciente já não é mais tão especial.

Mostra-se ao anoréxico que ele tem sintomas "exatamente iguais" aos de outros adolescentes. O tratamento de grupo remove a exclusividade dos sintomas. Os membros do grupo não aceitam a resistência, a negação do paciente de que possa haver algo de errado com sua família. Os adolescentes podem ser muito confrontadores, o que torna possível ao terapeuta de grupo evitar uma atitude que seja excessivamente confrontadora ou negociadora. É importante que o tratamento grupal torne possível tratar *in situ* (Moreno, 1970) as graves perturbações de relacionamento que sempre acompanham a anorexia.

O caso: Irene

Detalhes da história do caso

Irene era uma criança desajeitada e teimosa. Chupou o polegar por muitos anos. Roía as unhas, e era castigada por isso. Ficava acordada à noite, ouvindo as brigas entre a mãe e o pai. Quando dormia, tinha pesadelos. Continuou a molhar a cama até os doze anos, e era ridicularizada pelo irmão mais novo. Tratava-se de uma criança que refreava as emoções com relação a tudo. Na escola de economia doméstica tudo funcionou muito bem para ela pela primeira vez; tinha *hobbies* e sentia-se bem. Mas a maior parte do que fazia era desprezada pelo pai. Recebeu treinamento para ser berçarista, mas não conseguiu passar nos exames. Assim, começou a trabalhar como garçonete de um restaurante.

Sua atitude com relação à independência era: "Você só será alguém quando tiver alguém que a sustente". Seu equilíbrio narcísico estava comprometido. Isso parecia estar primariamente ligado à atitude de rejeição do pai. A mãe tampouco a apoiava, e vivia deprimida. Assim, Irene não ousava levar amigos para casa. Havia pouca afeição na família. O desenvolvimento físico de Irene foi retardado: a menarca ocorreu apenas aos quinze anos. Seu conflito básico consistia na necessidade de ser mais mulher e adulta, oposta ao desejo de permanecer criança e receber os carinhos que lhe haviam faltado.

Possuía uma consciência rígida. Os impulsos agressivos eram rejeitados e dirigidos contra si mesma.

Aspectos do plano de tratamento

A duração total da internação era de dois anos e meio, seguidos por mais nove meses de terapia individual. Irene tinha dezenove anos por ocasião da admissão. Pesava 37 quilos e tinha 1,66 metro de altura. Três semanas antes de ser internada, seu namorado havia rompido o noivado com ela. Ele achava que ela estava magra demais e muito complicada. Além disso, havia também um completo isolamento com relação a outras pessoas de sua idade. Em casa, a situação havia chegado a um ponto intolerável. O pai forçava-a a comer, e a mãe chorava alto a noite inteira porque Irene perdia peso. Como resultado, a família não estava conseguindo dormir. A última gota ocorreu quando a mãe descobriu sacos de vômito cheios de larvas escondidos no quarto de Irene.

Através do JPS (Juvenile Psychiatric Service), conseguiu-se uma internação voluntária. A permanência no centro de triagem durou quase um ano. Começou com um internamento em enfermaria, uma dieta de 2 000 calorias, e, em seguida, um programa regularmente ajustado de acordo com o ganho ou perda de peso, com o objetivo de alcançar 50 quilos.

Pode-se ter uma idéia desse tipo de programa, atentando-se ao fato de que havia um contato diário de apenas cinco minutos com a pessoa designada para o tratamento de cada paciente em particular.

Todas as liberdades, como sair para dar uma volta, foram suspensas. O excesso de atividades era proibido. Irene só tinha permissão para fazer aquilo que havia sido determinado. Efetuavam-se pesagens diárias. Aos 41 quilos, havia permissão para enviar e receber correspondência; aos 43, eram permitidas as saídas em grupo; aos 44, começava a psicoterapia de grupo. Aos 44,5, tinha permissão para ter um quarto próprio; aos 46,5, podia freqüentar a sala de som *beat*, sob supervisão, e assim por diante.

Tudo correu bem durante quatro meses, após o que seu peso caiu novamente. Introduziram-se uma política de isolamento e uma dieta de 2 000 calorias. Utilizava-se alimentação endovenosa (500 calorias) caso a comida não fosse ingerida até a noite etc. Inicialmente, Irene não estava preparada para falar de outra coisa a não ser de problemas de alimentação. Aos poucos, questões referentes a relacionamentos tornaram-se mais acessíveis. Quando, depois de cerca de dez meses, seu peso estava mais ou menos estabilizado, foi transferida para a comunidade terapêutica. Lá também era necessário um compromisso quanto a um peso mínimo de 43 quilos para a admissão. Ela foi dispensada duas vezes, por um período de uma semana, por romper esse compromisso. Após aproximadamente cinco meses (no dia de Natal), houve uma séria tentativa de suicídio, que resultou num coma.

Após a volta para a comunidade terapêutica, o tratamento continuou, com o acréscimo de uma terapia individual. Quando ela não precisou mais ser pesada, devolveu-se a ela, como gesto simbólico, a balança que havia sido confiscada. A permanência na comunidade terápica durou aproximadamente dezoito meses.

Antecedentes familiares

Irene tinha uma irmã mais velha e um irmão mais novo. O pai dela era piloto. Ele era ambicioso, e achava Irene estúpida — mais estúpida que o irmão, e tão estúpida quanto a mãe. A mãe havia sido alcoolista durante pelo menos doze anos, tendo-se submetido a vários tratamentos. Devido aos problemas com o álcool, havia sempre discussões violentas entre a mãe e o pai, e mesmo brigas à noite, em que se quebravam móveis. Quando Irene tinha dezesseis anos, o pai mudou de função. Deramlhe um cargo de gerenciamento na companhia de aviação. Após isso, os sintomas da mãe melhoraram gradualmente. Durante o período de internação, o contato com a família continuou circunscrito a discussões sobre uma estratégia para obter um mínimo de apoio para o tratamento. Rejeitou-se a proposta de terapia familiar.

Durante as discussões sobre estratégias, o pai não tolerou oposições, e fez comentários rudes sobre os filhos. Não deu qualquer apoio à mulher, e ela, por assim dizer, pedia permissão ao pai para falar aos filhos com algum tipo de afeição.

Irene inicialmente adotou uma atitude dependente e culpada, e expressava suas reprovações com relação aos pais de forma exclusivamente não-verbal.

Os psicodramas e a psicoterapia individual

O tratamento psicoterapêutico será descrito em termos de seis "psicodramas completos". Basicamente, um psicodrama completo consiste em identificar e trabalhar o problema central do protagonista. Por exemplo, um padrão neurótico e sua origem podem ser esclarecidos. Em acréscimo a esses psicodramas centrados no paciente, Irene participou de uma série de outros psicodramas orientados para o grupo, que não serão descritos aqui.

Durante o tratamento, foi necessário complementar a terapia de grupo (sociogrupos, psicoterapia de grupo, e psicodrama) com uma psicoterapia individual de base analítica.

A terapia individual não faz parte do tratamento padrão, mas é administrada como resultado de uma decisão da equipe terapêutica. Parte-se do princípio de que, sempre que possível, o tratamento de grupo numa comunidade terapêutica deve ser suficiente. No caso de Irene, a inclusão da terapia individual após a tentativa de suicídio foi necessária principalmente para dar-lhe maior apoio e segurança. Havia ficado claro que ela se continha demais na psicoterapia de grupo e no psicodrama, por medo de desapontar os outros.

Além disso, considerou-se que seria possível, na terapia individual, falar mais extensivamente sobre os problemas específicos de alimentação, sobre a família e a tentativa de suicídio. Se isso tivesse acontecido no grupo, sua posição teria se tornado algo demasiado exclusivo e, dessa forma, permitiria que ela se beneficiasse de sua doença.

Além dos psicodramas, será descrito o transcurso da psicoterapia individual. Isso permitirá demonstrar que uma interação intensa se desenvolveu entre o psicodrama e a terapia individual, que se tornou possível porque o psicodramatista também dirigia a terapia individual. Será igualmente explicado o modo pelo qual a psicoterapia individual também funcionava como "elaboração" (*working through*).

Psicodrama I

Distância e proximidade

Inicialmente, a linha psicoterapêutica de tratamento visa eliminar a atenção especial e os outros benefícios que Irene extraía de sua doença. Seu primeiro psicodrama é dirigido ao exame de suas relações com os outros membros do grupo e a maneira pela qual eles a vêem. Uma série de cenas revela o modo pelo qual Irene mantém seus sentimentos à distância e sente-se a si própria, assim como é sentida pelos outros, como alguém frio. Mantendo-se geralmente quieta durante os programas do grupo, ela torna sua posição segura, mantém o controle e não precisa competir (com todas as conseqüências que resultariam da vivência de seus sentimentos). Os membros do grupo consideram seu silêncio inibidor.

O psicodrama consiste em situações grupais reencenadas nas quais as técnicas psicodramáticas servem para explorar e trazer à tona sentimentos e desejos reprimidos. O valor particular das técnicas de psicodrama pode ser sintetizado da seguinte forma: Irene irrita os outros com suas tentativas de discutir seus problemas de alimentação de maneira não emocional. Ela é vista como enfadonha, fria, entendiante e não inspiradora. Em vista do fato de que seu comportamento é também controlado e bem-educado, ela evita que os outros, na maior parte dos programas verbais, expressem sua irritação e seus sentimentos. A reencenação tem um claro efeito de choque, produzido por técnicas liberadoras e exageradoras, como o espelho. Conseqüentemente, mais coisas sobre os sentimentos de Irene e dos membros do grupo são despertadas e exprimidas. Como resultado, aumentam as possibilidades de identificação com Irene. Se Irene for bem-sucedida em despertar o interesse dos outros, eles investirão mais energia nela, e ela será capaz de auferir maior benefício do tratamento clínico como um todo. Além disso, os métodos diretivos do psicodrama privam-na do controle. Essa perda de controle funciona de forma produtiva, pois os pacientes anoréxicos sempre despendem muita energia em lutas pelo poder.

Síntese

1. O valor particular do psicodrama, comparado à terapia verbal, reside no fato de que ele desperta mais sentimentos, tanto no protagonista quanto nos outros membros do grupo.

2. A liderança diretiva do psicodramatista é importante, especialmente no caso de um paciente com problemas de controle.

As relações com os colegas foram estabelecidas lentamente, apesar das dificuldades que Irene tinha com os aspectos não estruturados da rotina hospitalar, tanto em sua comunidade particular quanto no grupo de tratamento. Fora da clínica, e particularmente em casa, esse não era o caso. A independência aparentemente crescente de Irene não era apreciada em casa. As tensões familiares aumentaram rapidamente e foram dissimuladas por Irene. As relações de trabalho entre a clínica e os pais eram difíceis. Como resultado, as pessoas que tratavam de Irene não estavam a par da piora da situação.

Tudo isso veio à tona no dia de Natal, por meio de uma tentativa de suicídio. Irene ingeriu comprimidos de Valium tirados do armário de remédios da mãe. A pressão da cordialidade obrigatória do Natal e a obrigação de comer tanto uma grande quantidade quanto uma grande variedade de comida foram os fatores desencadeantes. Depois de liberada do hospital, ela se sentiu apreensiva com relação ao retorno à clínica, mas sua volta foi bem aceita, e ela acabou não perdendo a posição no grupo.

A equipe terapêutica decidiu encaminhá-la para um terapeuta individual em acréscimo ao tratamento de grupo, do qual todos os adolescentes internados na comunidade participam. Isso foi realizado porque a terapia individual faria com que fosse mais difícil para Irene dissimular as tensões familiares.

Houve duas razões para decidir que o psicodramatista seria também o terapeuta individual:

1. O psicodramatista era mulher, e Irene se sentia menos ansiosa com terapeuta de sexo feminino do que com masculino.

2. Já ficara claro em várias ocasiões que Irene usava manobras de cisão para manter o controle. Ela cindia socioterapia e psicoterapia, psicoterapia de grupo e psicodrama. O acréscimo de um terapeuta individual ao terapeuta de grupo e psicodramatista teria lhe dado uma possibilidade adicional de cindir.

Por essas razões, decidiu-se que o psicodramatista seria também o encarregado da psicoterapia individual, a ser desenvolvida numa abordagem analítica.

Irene gostou muito da terapia individual. Ela manteve o compromisso diligentemente e gostava da atenção individual extra que, nessa comunidade terapêutica, é dada apenas com a recomendação do terapeuta. A psicoterapia individual começou imediatamente, e os sentimentos de melancolia, de inadequação e de não ser desejada, que conduziram à tentativa de suicídio, logo vieram a ser discutidos, assim como a relação entre esses sentimentos e os problemas alimentares. Agora que Irene era capaz de fazer essa conexão, fazia sentido examinar os problemas de alimentação como tema, e a linha psicoterápica de tratamento foi reajustada de acordo com isso.

Psicodrama II

Não comer, comer e vomitar

A segunda sessão de psicodrama é voltada à alimentação. A primeira cena é representada pelo grupo, e tematiza a alimentação na comunidade: a deglutição exasperantemente lenta de pequenas quantidades de comida, que faz com que o pessoal da cozinha (membros do grupo) não sejam capazes, não ousem, não prossigam com seu trabalho. Não comer, ou comer lentamente, concede a ela uma posição especial no grupo, com a qual seus membros não sabem lidar. Muitos deles hesitam com relação a falar ou não com Irene sobre isso. Durante a cena de grupo, Irene ouve o quanto eles temem magoá-la, mas também o quanto estão irritados com ela. O sentimento predominante em Irene nesse ponto do psicodrama é: ela é *forçada* a comer; vomitar mais tarde significa *lutar contra*. A atenção é focalizada na origem do padrão neurótico. Cenas de sua infância, em casa ou na casa do avô, oferecem um *insight* referente à luta relacionada com a comida que persistiu durante quase toda a vida.

Em casa, aos seis anos. Irene não quer comer. Seu prato com batatas, carne e verduras é guardado na geladeira, e ela tem que comê-lo frio no café da manhã do dia seguinte. Além disso, ela deve fazê-lo de pé na pia; não tem permissão para se sentar.

Na casa do avô, aos dez anos. O avô tem uma pequena loja antiquada. De dentro da loja e mesmo da frente da vitrina pode-se ver o aposento dos fundos. Se Irene não come, as cortinas que separam o aposento dos fundos da loja são abertas. Não comer, portanto, significa: ridículo público, sentimentos de vergonha, de raiva e impotência diante da falta de compreensão e de afeto.

O que o psicodrama oferece aqui é a possibilidade de reviver o momento de não comer, resultando em *insight* agudamente sentido. Além disso, as situações são tão angustiantes que o apoio do grupo oferece uma experiência emocional corretiva.

Síntese

1. O psicodrama oferece a possibilidade de um *insight* revivido de forma intensa.

2. A natureza angustiante das cenas faz com que os membros do grupo comecem a oferecer uma experiência emocional corretiva, em vez de afastar-se de Irene, como faziam no início.

A "elaboração" ocorre na terapia individual. Irene dormiu durante anos com os punhos cerrados; era agressiva e ciumenta em relação à irmã mais velha, e especialmente em relação ao irmão mais novo, que sempre recebeu um tratamento diferenciado. Não havia qualquer tentativa de dissimular a mensagem, nem era preciso que ela lesse nas entrelinhas. Isso era dito diretamente: *"Deveríamos ter tido um menino depois de Jennie. Sinto muito, Irene, você não deveria estar aqui. Dois filhos bastam, nos dias de hoje"*.

Psicodrama III

A terceira sessão de psicodrama completo se concentra no tema da família, e o explora em grande profundidade. As vantagens do psicodrama aparecem claramente aqui: a possibilidade de elaboração das relações intrapsíquicas com pessoas que estão ausentes, *sem intensificar a real ligação com a família*. Afinal, há interações patogênicas entre os clientes com anorexia nervosa e suas famílias de origem. Os contatos entre o cliente e a família não raramente servem para manter a sintomatologia, e os terapeutas familiares muitas vezes conduzem batalhas ferrenhas (Stern *et al.*, 1981).

No estágio inicial de um longo tratamento numa comunidade terapêutica com adolescentes, é importante não reforçar os laços com a família, mas, sim, pelo contrário, deixá-los razoavelmente frouxos. No caso de Irene, além disso, a família se recusou a cooperar com qualquer forma de tratamento familiar. O psicodrama, então, oferece a possibilidade de explorar os problemas familiares com a assistência de egos auxiliares, que, por não serem os verdadeiros membros familiares, não intensificarão a sintomatologia por meio de mensagens implícitas.

No caso de Irene, essa é virtualmente a única alternativa, em vista da impossibilidade de tratar sua família.

"Laços de família"

O psicodrama lida com o sentimento de "ser atirada no monte de lixo" pela família. A primeira cena acontece numa festa. O pai diz em voz alta que Irene está cursando uma escola de ciências domésticas, e que, portanto, não tem futuro. A adaptação psicodramática da cena real (usando-se apartes e entrevistas com inversão de papéis) resulta em: mamãe talvez seja burra, mas Irene não é. Uma pessoa imprestável deveria se livrar de si mesma.

A cena seguinte tem lugar quando Irene chega em casa nos finais de semana. Os pais, em acréscimo à estratégia de tratamento da clínica, conceberam sua própria estratégia de tratamento. Irene deve revelar seu peso na soleira da porta. Se o peso for muito baixo, ela não tem permissão para entrar. Se ela entrar e beijar o pai, este limpa o rosto imediatamente. Todas essas cenas deixam claro para nós que Irene está segura com relação a uma coisa: rejeição. Mas a rejeição está ligada a uma necessidade de aceitação por parte do pai, a ciúmes da mãe, e ao medo de ficar próxima do pai.

Síntese

O psicodrama pode explorar as relações intrapsíquicas com a família, sem reforçar as relações reais.
Este tema foi abordado posteriormente na psicoterapia individual. Discutimos o alcoolismo da mãe e as brigas noturnas entre a mãe e o pai. Inicialmente, Irene e o pai haviam formado um par, em que Irene tinha a função de dizer-lhe quando e com que freqüência a mãe havia bebido excessivamente. A mãe era uma mulher razoavelmente gorda, e Irene, que seguia o exemplo da mãe de muitas maneiras, era também razoavelmente gorda na época.
Durante esse período, o pai de Irene freqüentemente beliscava seu traseiro, e Irene tentava fazer-se bonita para ele. Os conflitos entre a mãe e o pai se tornaram tão intensos que o divórcio chegou a ser considerado. O pai era muito gentil com Irene, e seu comportamento com relação a ela tinha também um cunho um tanto quanto erótico. Irene tornou-se meio temerosa com relação à proximidade e à sexualidade: "Da proxima vez serei eu". Ela deu um jeito de emagrecer. O pai a chamava de saco de ossos, e, apesar da rejeição, isso fez com que Irene se sentisse segura.

Psicodrama IV

Excessos e vergonha

A quarta sessão lida com os excessos de Irene e os sentimentos correlatos de vergonha. As cenas mostram-na armazenando comida, comendo secretamente a comida do grupo e revirando a lata de lixo, comendo a ricota que lá encontra e que já está meio comida. Uma outra vantagem do psicodrama aparece aqui. A re-atuação isola o comportamento do paciente do impulso compulsivo. Na vida real, o impulso compulsivo é satisfeito. Aqui, não. Como resultado, pode-se criar uma certa distância que normalmente não é possível. Irene subitamente se dá conta de como isso é estranho: estou comendo como um cachorro na lata de lixo. Seu comportamento torna-se mais realista, e perde algo do caráter ritualístico. Torna-se claro o quanto é forte a necessidade quando alguém está preparado para realizar coisas tão vergonhosas a fim de satisfazê-la.
O psicodrama não está completo neste ponto. Os excessos de Irene incluem beber demais no bar (compare com o problema da mãe com ál-

cool), após o que ela faz sexo num carro com pessoas estranhas. Na manhã seguinte, ela se pune: "Mamãe e papai têm razão, eu não presto". Ela se condena a não comer por vários dias. O duplo psicodramático contrabalança a destrutividade dessas cenas, dando destaque às necessidades desesperadoramente positivas que conduzem a esse comportamento. O duplo dá destaque à necessidade de pertencer de Irene, assim como a seu desejo de ser capaz de se devotar a outras pessoas, em vez de ter que sentir sempre aquele controle punitivo e compulsivo. Auxiliada pelo duplo, ela consegue verbalizar sua forte necessidade de calor e afeto. Os outros membros do grupo se comovem com o fato de que Irene possa ter sentimentos e mostrá-los. Como resultado, Irene é mais bem compreendida e aceita. A partir daí, ela também estabelece alguns contatos pessoais na vida diária.

Síntese

1. A re-atuação separa o comportamento dos impulsos libidinais. Na realidade, existe gratificação; no psicodrama, não. Conseqüentemente, Irene pode visualizar seu próprio comportamento a partir de um distanciamento.

2. O duplo psicodramático é empático e protetor e contrabalança os sentimentos autodestrutivos de Irene.

A partir daqui, o tema da sexualidade pôde ser elaborado na psicoterapia individual. Durante a relação com o noivo, houve contato sexual, mas Irene não conseguira extrair nenhuma satisfação durante o ato sexual, e certamente não havia conseguido atingir o orgasmo. Não era o que ocorria na masturbação. Em outras palavras, quando ela assumira o controle, o ritual de noivado, realizado com uma festa para a família e os amigos, havia aumentado seu *status*. Entretanto, ela não sabia o que fazer com o noivo, e continuamente se sentia culpada com relação a ele. Também foram discutidas as vantagens de ter-se uma relação com alguém que é guia turístico; felizmente, ele está sempre com o pé na estrada novamente. Enquanto, por outro lado, é um pensamento consolador saber que se tem um noivo, de modo que você pode se sentir protegida. Em suma, o tema se referia à proximidade/distância, e a quem a controlava.

Psicodrama V

O corpo ideal

A quinta sessão psicodramática está relaciona à despersonalização do corpo. Sentando-se defronte a um espelho imaginário, Irene se torna consciente do modo pelo qual se experiencia. Ela dificilmente ousa tocar o próprio corpo, que dirá o de outrem. Não sente dor nem fome. Ela verbaliza a própria voz interior através de uma cisão psicodramática. Escolhe alguém para desempenhar o papel de Irene, e diz a essa Irene (ela própria) que uma moça magra, ágil e combativa possui uma espécie de garantia na vida com relação à aceitação social. Se sua aparência for perfeita (a seus próprios olhos), então você não precisa mais se sentir rejeitada por causa disso. O grupo é então chamado a participar. Ele contesta o mito confrontando-o. As moças e rapazes mostram, em cenas psicodramáticas relâmpagos, extremamente curtas, momentos em que se sentem atraídos por alguém. Eles tentam colocar suas razões em palavras. A aparência perfeita é muito menos importante para a maior parte dos membros do grupo do que Irene havia julgado. Dessa forma, a idéia de ser atraente é concretizada por meio do psicodrama. O mito de Irene é dissipado. A cena final acontece entre duas moças do grupo. Elly, uma garota muito feminina, e Irene sentam-se próximas uma à outra e ousam dar-se as mãos para ver o que sentem ao fazê-lo. O elo entre elas é, devido à história passada, o medo que sentem dos homens e de quase qualquer tipo de contato físico. Dentro de um clima de temor, elas se consolam mutuamente.

Síntese

1. O psicodrama é uma técnica que une as experiências físicas à compreensão intelectual, de modo que os sentimentos possam ser integrados mais facilmente.

2. A confrontação da realidade através do grupo de amigos é uma arma poderosa na luta contra imagens recalcitrantes internalizadas.

Foi apenas no final do tratamento na clínica que Irene se achou pronta, na terapia individual, para elaborar aspectos da transferência. Falando de modo mais geral, no caso de adolescentes que se acham muito perturbados numa idade precoce, a transferência não é trabalhada explicitamente, uma vez que isso resultaria numa regressão excessiva. Na medida do possível, fazem-se tentativas no sentido de manter uma transferência positiva e uma boa aliança de trabalho. Se as reações transferenciais são de tal natureza (tanto positivas demais quanto negativas demais) que perturbam o processo terapêutico, então essa transferência é interpretada. Contrariamente ao que muitas vezes se pensa, um manejo psicodramático dos fenômenos transferenciais é também inteiramente possível (Meillo, 1986).

Nesse estágio da terapia individual, o velho sentimento que Irene tinha de que havia sido rejeitada e abandonada pelos pais foi repetido na transferência com o terapeuta individual. Ela temia que eu também a rejeitasse e a abandonasse.

Seu desejo de conquista e sua obediência serviam para protelar essa ameaça. Ela estava preparada para mudar para qualquer pessoa que a aceitasse e, no momento, eu era essa pessoa. Apenas mais tarde ela conseguiu integrar isso, e mudar para si mesma.

A transferência era de natureza idealizadora, mas ela finalmente consegue, quando desafiada por mim, encontrar algo em que pode competir comigo e ganhar. Ela diz com uma expressão radiante: "Sou mais jovem que você!".

Psicodrama VI

A casa e a clínica

Em sua sexta sessão, é elaborado um conflito de lealdades entre a sua casa e a clínica. Ela literalmente está encurralada, uma vez que, por estar aprisionada num conflito de lealdades, tem evitado fazer progressos. Em termos sociais, está progredindo, mas sai-se de modo apenas moderado no que se refere a ganhar peso. O progresso nesta área significa principalmente que está fazendo o que é exigido dela em casa, sem ser primeiramente aceita lá, como era seu desejo. Além do mais, se atingir o peso correto, não mais terá uma arma com que punir os pais. No momento, só consegue dizer ou sugerir: "Olhe o que vocês fizeram comigo!".

Não interessa muito à família que ela tenha feito progressos sociais e tenha se tornado mais confiante e agradável de se conhecer. Eles estão obcecados com a questão do peso. A vantagem disso é que ela pode fazer progressos sociais sem que isso seja percebido. Ela pode se permitir isso. Se seu peso estivesse normal, significaria que a estratégia da clínica teria sido vitoriosa com relação ao tratamento de punição utilizado em sua casa. Ela teme esse sentimento de culpa. O tratamento está avançado demais para que volte atrás, mas ela não ousa ir adiante.

A técnica de duplo também a ajuda nessa sessão. O duplo coloca a questão em palavras, e a mantém prensada contra a parede. Como resultado dessa pressão exercida sobre sua resistência (tanto figurativa quanto literalmente), ela pode se dar a mão e arrastar-se (na forma do duplo que corporifica a outra parte dela mesma) pela sala. Não há mais opção senão mudar. Não para os demais, mas para si mesma.

Síntese

1. No psicodrama, podem-se criar duas Irenes, simbolizando a luta interna. Ela pode experienciar ambos os lados e dar-se conta de como essa interação rouba sua energia.

2. A concretização e a simbolização trazem-na a uma compreensão das conseqüências de sua falta de progresso. A racionalização como mecanismo de defesa não funciona em dramatizações emocionais.

Essa sessão representou uma ofensiva para um tratamento que, naquele momento, estava se tornando paralisado. Na seqüência, as coisas tiveram uma rápida evolução. Seu peso alcançou rapidamente um nível adequado e permaneceu estável. O estágio de desligamento começa.

A partir de agora, a terapia individual se concentra na ambivalência entre independência e desejos de dependência. É difícil abrir mão da exclusividade e das tensões envolvidas na obsessão relativa a comer, e ela se pergunta o que obterá em troca. Ela teme ser uma pessoa entediante, uma garota normal! Ela não permite que tudo isso lhe seja tirado, e fala longamente sobre as aulas de culinária. Ela não abre mão do desejo de ter uma aparência perfeita. Dirige-se a uma academia de ginástica e começa a fazer modelagem física.

Discutimos tudo isso, e Irene entende muito bem que a culinária e a modelagem física estão relacionadas à sua obsessão referente a comida e ao corpo. Entretanto, nesse momento, ela não acredita que possa funcionar inteiramente sem essa obsessão. Com relação às demais coisas, está se saindo bem. Está vivendo por conta própria, e a situação em casa acalmou-se. Agora que Irene "melhorou", ela também recebe uma certa apreciação do pai.

Afinal, concluímos o tratamento com sentimentos de satisfação. Meu último encontro com Irene ocorreu por acaso — alguns anos após o fim do tratamento — num cabeleireiro sofisticado. O encontro teve um sentido de igualdade. Nós duas tínhamos a opinião de que a gente tem de cortar o cabelo não com o assistente, mas com o cabeleireiro titular!

Ela me contou que, por vezes, teve algumas recaídas. Ela sentia que era impossível resistir à tentação de iniciar uma dieta rigorosa e tomar comprimidos diuréticos. Em geral, as coisas estavam caminhando bem para ela. Trabalhava numa creche, continuava morando sozinha, estava bem e mantinha contatos sociais adequados. Mas não havia conseguido se libertar da repetição da *natureza oral* do problema da mãe. O desejo de punir a mãe através da indulgência no mesmo tipo de comportamento continua presente, embora reduzido a um nível mais baixo.

Conclusões

Foi apresentada aqui uma síntese das vantagens que o psicodrama pode trazer com relação a uma terapia puramente verbal, após cada descrição de um psicodrama específico. Se tentarmos identificar o denominador comum dessas vantagens, fica evidente que todas elas envolvem maior pressão sobre a resistência do protagonista.

O psicodrama responsável e competente, todavia, não tem a intenção de romper com as resistências do protagonista. Às vezes, ouvem-se histórias sobre instâncias em que o terapeuta psicodramatista infelizmente foi longe demais e destruiu as defesas do cliente. Esse tipo de prática clínica contribuiu para a imagem por vezes negativa do psicodrama (Schatzberg, Lobis & Westfall, 1974).

É importante trabalhar com cuidado, particularmente nos casos de clientes com sérias perturbações que remontam aos primeiros anos de vida. O terapeuta que trabalha com grupos de clientes com estruturas frágeis de ego não deve ser não-diretivo, uma vez que a ausência de limites claros pode causar uma enorme carga de ansiedade para esse tipo de cliente.

Por outro lado, o terapeuta não deve ser diretivo demais, uma vez que isso também pode causar uma grande carga de ansiedade. O cliente sente que limites frágeis de ego estão sendo atacados e muitas vezes busca refúgio por trás da parede de um comportamento inibido. O psicodramatista deve oferecer um nível adequado de segurança. Expressões de emoção muito intensas devem ser abrandadas, e às vezes esclarecidas ou corrigidas. Deve-se criar um bom ambiente de continência. Em casos em que as emoções estão lacradas, o psicodramatista pode provocar e estimular, assim como mostrar, por exemplo, o quanto pode ser atraente expressar-se de modo mais pessoal.

As técnicas psicodramáticas são instrumentos para exercer um pouco mais de pressão em casos em que a resistência é, muitas vezes, renitente, sem, todavia, romper essa resistência.

Os psicodramatistas que também receberam formação como psicoterapeutas de grupo muitas vezes têm melhores condições de evitar os perigos mencionados. Eles consideram o grupo como um todo, do qual um protagonista representa uma parte.

Foulkes diz a respeito do terapeuta:

> Seria um tanto quanto impossível para ele acompanhar cada indivíduo ao mesmo tempo. Ele focaliza o campo interacional total, na matriz na qual essas reações inconscientes se encontram. Sua referência de fundo é sempre, e deveria ser conscientemente, o grupo como um todo.

Num contexto de grupo, a ênfase não é então colocada sobre a terapia individual. (No caso aqui apresentado, há um risco crescente de que a resistência do indivíduo seja quebrada.) Se o grupo for considerado como um todo, o risco diminui.

Se o psicodrama for utilizado dentro de uma referência grupanalítica, as resistências serão exploradas no decorrer das sessões psicodramáticas iniciais. Após essa exploração ter sido satisfatoriamente cumprida, os conflitos centrais podem ser gradualmente trazidos em sessões subseqüentes.

Considerando-se o referencial grupanalítico, o conceito de "elaboração" também é um elemento importante.

Nas sessões de psicodrama, os elementos das sessões anteriores são sistematicamente trazidos de volta pelo terapeuta e pelos membros do grupo e associados à situação presente. Isso ocorre através da escolha de cenas e da maneira pela qual um tema tem continuidade subseqüente. Mas ocorre também durante o compartilhamento. Com uma certa regularidade, o terapeuta opta por *não* ceder à pressão do grupo para montar uma nova cena com um protagonista ou um tema do grupo. Nesses casos, a sessão é destinada à "elaboração". Fazem-se investigações sobre o que está sendo realizado com o material elaborado, com a finalidade de evitar que os membros do grupo, como forma de resistência, queiram apresentar constantemente material "empolgante ou traumático", por exemplo, com vistas a adquirir melhor posição diante do grupo. Esse procedimento também esteve presente na série dos seis psicodramas de Irene.

A primeira sessão foi inteiramente voltada à elaboração da resistência ao longo do tratamento como um todo. O fato de Irene tornar-se consciente dessa resistência, combinado com o efeito, que não deveria ser subestimado, de ser o foco da atenção do grupo por uma hora e meia, significa que essa sessão foi produtiva, e pode fazer-se sentir em todos os aspectos do ambiente da clínica. Esse fenômeno também está presente nas sessões seguintes. Está claro que o psicodrama tem um considerável poder de atração, uma certa aura, da qual outros programas podem claramente se beneficiar.

Uma olhada mais detida na segunda sessão mostra que, embora o padrão neurótico seja ainda bastante elaborado, ele ocorre com base no símbolo da resistência: relutância em fazer certas coisas etc. É apenas na terceira sessão e nas subseqüentes que aspectos do conflito central de Irene podem ser explorados de forma sistemática. Só então pôde ser construído um nível adequado de segurança para Irene no grupo terapêutico, e só então a aliança de trabalho com o terapeuta tem uma qualidade adequada para viabilizar esses tipos de dramatização. Quanto a isso, o papel desempenhado pela admissão à comunidade terapêutica deve ser constantemente levado em conta.

Se se considera o tratamento como um todo, deve-se concluir que o efeito do psicodrama aumentou com o acréscimo da terapia individual de base analítica. Lange & Hargers (1986) afirmam que, em casos como esse, há uma questão de "fertilização cruzada" entre o indivíduo e a psicoterapia de grupo; o grupo funciona como um campo de prática para o que é descoberto e elaborado na terapia individual e, inversamente, o grupo fornece material para a terapia individual.

Rutan & Alonso (1982) afirmam que uma combinação de terapia de grupo e terapia individual une as vantagens de ambas. Na terapia individual, pode-se aprender a crescer ligado a uma pessoa via transferência positiva e desenvolver um sentimento de segurança. No grupo, tem-se que se acostumar com a proximidade dos vários colegas, ao mesmo tempo que, em função de a atenção precisar ser dividida, não se pode ter constantemente para si as luzes da ribalta, e, portanto, adquirir segurança novamente.

Finalmente, deve-se enfatizar que uma permanência na comunidade terapêutica, com um tratamento extensivo de socioterapia e psicoterapia, cria um ambiente de continência que possibilita a elaboração dos problemas de Irene. Uma vez que todos os aspectos do ambiente clínico estão bem sintonizados entre si e o tratamento é relativamente longo e intensivo, pode-se atingir um certo nível de reconstrução de personalidade. Conseqüentemente, a recuperação é mais do que de natureza superficial, e a possibilidade de uma recaída, mesmo no caso de perturbações graves, é relativamente pequena.

Referências bibliográficas

Bhanji, S. (1975) "Operant conditioning in anoxeria nervosa", *in* J. H. Masserman (ed.) *Current Psychiatric Therapies*. vol. 15, Nova York: Grune & Stratton, pp. 59-64.
Bianco, F. J. (1972) "Rapid treatment of two cases of anorexia nervosa", Journal of Behaviour Therapy and Experimental Psychiatry, 3: 223-4
Bruch, H. (1974) "Perils of behaviour modification in treatment of anorexia nervosa", *Journal of the American Medical Association* 230: 1419-22.
Foulkes, S. H. (1965) *Group Psychotherapy. The Psychotherapy Approach*, 2.ª ed., Harmondsworth: Penguin Books.
_____ (1975) *Group-analytic Psychotherapy. Method and Principles*, Londres: Gordon & Breach.
Jones, M. (1973) (ed.) *Beyond the Therapeutic Community*, New Haven, Connecticut: Yale University Press.
Lange, S. G. & Hartgers, M. J. W. (1986) "Individuele psychotherapie in een psychotherapeutische gemeenschap voor adolescenten: een contradctie?" *Kinder en jeugdpsychoterapie* 1 (the Netherlands).
Meillo, H. J. (1986) "Psychodrama and the groupdynamic/groupanalytic frame of reference", *Journal of Psychoterapy* 3: 157-67 (the Netherlands).
Moreno, J. L. (1978) *Psicodrama*, São Paulo: Cultrix.
Rutan, J. S. & Alonso, A. (1982) "Group therapy, individual therapy, or both?" *International Journal of Group Psychotherapy* 32: 267-82.
Schatzberg, A. F., Lobis, R. A., & Westfall, M. P. (1974) "The use of psycodrama in the hospital setting", *American Journal of Psychotherapy*, 28.
Stern, S., Whitaker, C. A., Hagemann, N. J., Anderson, R. B., & Bargman, G. J. (1981) "Anorexia nervosa: the hospital's role in family treatment", *Family process* 20: 395-408.

Bibliografia adicional

Bruch, H. (1975) "Behaviour therapy on anorexia nervosa" (carta ao editor), *Journal of the American Medical Association* 233: 318.

CAPÍTULO DEZ

Esconde-esconde
O psicodramatista e o alcoolista

Gillie Ruscombe-King

> Primeiro, o homem toma um drinque,
> Daí, o drinque toma um drinque,
> Daí, o drinque toma o homem,
> Daí, o homem cai.
>
> (Provérbio japonês)

Introdução

"Senti-me tão confuso quanto na época em que bebia cerveja" (um homem aflito, que usou e abusou do álcool por muitos anos, em seu primeiro grupo de psicodrama).

O álcool contém uma droga que age como depressora do sistema nervoso central. Ela desperta o excitamento, a loquacidade e a alacridade, ao deprimir os centros inibitórios normalmente "alertas" no diálogo social e interpessoal. Em doses moderadas, o álcool muda o estado de consciência. Em excesso, promove a perda do controle emocional e físico. Com o uso e abuso habitual, torna-se fisicamente viciante, psicologicamente erosivo e socialmente destrutivo. A ocorrência de qualquer um deles, ou dos três, indicaria ao autor o diagnóstico de alcoolismo. A Organização Mundial de Saúde define o alcoolismo da seguinte maneira:

> Os alcoolistas são aqueles bebedores excessivos cuja dependência com relação ao álcool atingiu um tal nível que eles exibem uma perturbação mental perceptível ou uma interferência em sua saúde mental e física, suas relações interpessoais e seu bom funcionamento social e econômico; ou então exibem os sinais prodrômicos de tais desenvolvimentos. Eles, conseqüentemente, necessitam de tratamento.
>
> (OMS, 1952)

Para os fisicamente dependentes, o tremor, a náusea e em alguns casos a alucinose poderão, se não tratados, ser reduzidos apenas pelo álcool. A confiança pessoal e o amor-próprio são abalados pela dependência intensa com relação a uma fonte alternativa de força, levando potencialmente a uma quebra das relações interpessoais e familiares. Pode resultar um isolamento que, por sua vez, exacerba o desejo de fuga. E assim, o "carrossel", um termo freqüentemente empregado para descrever a síndrome alcoólica, continua a girar.

A causa do alcoolismo é uma entidade complexa, criada pela interação entre a personalidade, fatores sociais, raízes psicodinâmicas e uma provável predisposição genética. A tarefa do psicodramatista é explorar esses fatores e ajudar o alcoolista a sair do carrossel. Entretanto, as características específicas de culpa, da passividade, da baixa auto-estima e da paranóia que se apresentam na personalidade do alcoolista perpetuam a necessidade de se apoiar em pessoas de influência, e naqueles que oferecerão ajuda. Não obstante, essa necessidade desperta uma imensa raiva e hostilidade. O recipiente de tal encontro é imediatamente recepcionado com sentimentos e ansiedades, não expressos abertamente, antes mesmo que se desenvolva uma relação. Tal é o dilema que o diretor de psicodrama enfrenta no encontro terapêutico com o alcoolista. Na visão do autor, é isso que cria um trabalho psicodramático rico, desafiador e com certeza gratificante. As "tensões", como expresso na frase inicial, entre o diretor, o cliente e os outros membros do grupo, tornam-se uma característica destacada e central do trabalho psicodramático, de um modo que é visto menos claramente em outros grupos de clientes, devido ao profundo desejo subjacente de dependência e conforto que o alcoolista está procurando.

Imaginem a cena — um homem grande, robusto, profundamente enraizado num estilo de vida de "trabalhador":

"Como posso fazer isso? Não sou uma criança, e não vim aqui para ser tratado como se o fosse".

Ou um homem jovem, sem lar, com ligações sociais pobres:

"Você é a única pessoa que jamais... Tenho que ir embora amanhã?".

De onde vêm essas afirmativas, e como o psicodramatista responde a elas?

Ao trabalhar com alcoolistas, há a necessidade de uma compreensão clara das origens da síndrome e da natureza das complexidades que surgirão, tanto da parte do alcoolista quanto do psicodramatista.

A experiência do autor foi obtida através do trabalho numa unidade regional do NHS (National Health Service) de alcoolismo que oferecia um programa de desintoxicação e tratamento psicológico, implementando os métodos grupanalíticos e psicodramáticos.

As origens e o desenvolvimento do alcoolismo

A estrutura de personalidade é criada e influenciada por interconexões entre o indivíduo e seu meio. Se esse meio for inconsistente, superindulgente, hostil ou brutal, as necessidades instintivas e infantis do indivíduo serão repelidas. Para sobreviver, o indivíduo se adapta através do desespero, da raiva e da impotência, e suas necessidades são encobertas, suprimidas ou mesmo extintas. Tais supressões geram ansiedade, conflito emocional e culpa.

Com relação ao alcoolista, estudos demonstram que há uma falta de cuidados maternos, os quais são freqüentemente inconsistentes e rejeitadores (McCord., 1960). As figuras paternas se caracterizam por serem ásperas, punitivas, rejeitadoras e, por vezes, ineficientes (Kessel & Walton, 1965), mas McCord enfatiza que a inconsistência nos cuidados é um fator essencial. Karl Menninger, em seu livro *Man Against Himself*, sugere que:

> o padrão alcoólico deveria ser considerado como uma progressão; a frustração no estádio oral conduz à raiva contra os pais; essa raiva é suprimida devido à culpa e substituída por sentimentos de falta de valor e inferioridade... Esses sentimentos conduzem, por sua vez, ao vício.
>
> (Menninger, 1938)

À medida que a criança se desenvolver, ela descobrirá diferentes modos de se defender dos conflitos internos e externos que a rodeiam. Algumas crianças tornam-se tímidas e socialmente retraídas, isoladas e discriminadas na escola. Outras tornam-se externamente valentes, fortes e fanfarronas. Algumas mantêm-se protegidas, com poucas necessidades. De outras, espera-se que assumam um papel paterno precoce. O que pode emergir é uma completa negação da realidade da situação em que se encontram, à medida que ocorre a supressão das necessidade de dependência. A negação é um mecanismo de defesa comum associado à personalidade do alcoolista: "Não há nada de errado com meu pai, ele só...". Ao contrário, as relações tornam-se fantasiosas e irreais: "Minha mãe era simplesmente maravilhosa". Eles aprendem a se desligar das necessidades emocionais e experiências reais e "falam" sobre os assuntos de forma razoável: "As coisas estão em ordem lá em casa".

O temor da expressão emocional torna-se grande, às vezes associado a autoridades punitivas do passado: "Eu disse a meu pai que eu havia apanhado na escola, e ele me deu uma surra para que eu me tornasse mais forte". Os medos internos causam uma tensão firmemente controlada em face das inconsistências, levando à rigidez mental e à emotividade, numa tentativa de estabelecer a ordem a partir do caos emocional: "Eu não posso chegar e brincar como se...". Inversamente, os cuidados de pais superprotetores criam a apatia, a passividade e a falta de ligação emocional, evitando a exploração da expressão e da maturação: "Minha mãe vai fazer isso. Ela faz tudo".

No caso de recusa de reasseguramento e afeição, o indivíduo poderá continuar a procurar de adulto em adulto, a fim de satisfazer suas necessidades interiores rejeitadas. O amor-próprio só pode permanecer baixo, na medida em que a experiência de rejeição continua. A confiança no próprio senso de expressão do indivíduo e a confiança no contato interpessoal são difíceis de desenvolver, o que contribui para um estado de defesa e "independência" que está mascarando desejos e necessidades altamente dependentes. Através do estado de defesa e de negação, evitam-se os sentimentos. Resiste-se às decisões e revelações, que logo se tornam inacessíveis: "Não há nada de errado comigo, não sei por que você está fazendo tanto espalhafato com relação a isso!"

O desejo de relacionamentos é muitas vezes intensificado com a finalidade de achar alguém que tome conta de necessidades não resolvidas. O nível de maturidade pode ser inadequado para uma relação adulta amadurecida, e o papel de adulto "normal" não é assumido. O desejo por relações passadas e absoletas com figuras parentais evita a exploração e ligações adequadas e amadurecidas com o próximo. Pode-se buscar o restabelecimento de relações semelhantes àquelas vividas com pessoas de influência no passado. O medo e a ansiedade que cercam a sexualidade latente ou a dominância parental inderminada podem levar à esquiva do compromisso nas relações e levar à negação de necessidades íntimas e sexuais. Poucas dessas relações podem ser satisfatórias, e muitas podem se tornar improdutivas, destrutivas e pouco gratificantes. No entanto, tornam-se repetidamente re-atuadas e reaparecerão claramente no contexto do tratamento.

Dependência

Na descoberta posterior do álcool, a "criança" dentro do adulto vivencia o consolo e o conforto que procura há tantos anos. O álcool torna-se um suporte estável e constante, que promove a autoconfiança, reduz as inferioridades pessoais e desatrela ansiedades não resolvidas. Ele facilita a expressão daqueles aspectos da personalidade de um indivíduo, conscientes ou inconscientes, que não poder ser expressos sem a ajuda da droga.

Tal é o estabelecimento da dependência psicológica. Mas, com a dependência, vem a exacerbação do conflito original, que o indivíduo tentava resolver. E, uma vez que a ansiedade aumenta, a confiança social é destruída, e a rigidez emocional torna-se mais acentuada. O comportamento irracional e irrazoável persiste, criando grande tensão para os que o cercam. A violência, as dívidas e um possível desemprego levam a um maior atrito interpessoal. As famílias se desfazem, e pode resultar a privação do lar. Auto-agressões e suicídios são comuns.

Inversamente, emergem relações que poderão proteger o indivíduo da responsabilidade por seu comportamento inadequado, perpetuando o "amor incondicional" que o alcoolista persegue (Blane, 1968) e sustentando os mecanismos de defesa altamente desenvolvidos, já mencionados.

Mudança de atitudes

É quando se toma consciência de que o álcool não conseguiu realizar as fantasias pelas quais se buscou num primeiro momento, que pode emergir uma atitude diferente com relação ao beber contumaz. A dependência física crônica e a saúde deficiente reforçam a hospitalização. Um trauma súbito, a perda de um parente ou o sentimento de que "eu simplesmente não posso continuar dessa maneira" evidenciam uma modalidade secreta de bebida que já envolve a dependência psicológica e física. Quando fisicamente dependente, o alcoolista apresenta-se trêmulo, agitado, nauseado, suado e inquieto. Sua concentração é precária, com sentimentos de irritabilidade e confusão, alguma paranóia e suspeitas dos que o rodeiam. À medida que os sintomas físicos diminuem, emergem aspectos da personalidade "dependente" associados à necessidade exagerada, à preocupação e à sensação de falta iminente do álcool. Esse fenômeno tem sido comparado por muitos a uma reação de pesar, juntamente com a raiva, a tristeza, a romantização e desejos pelo objeto perdido. Entretanto, isso pode ser revertido, por opção, pela reintrodução do beber.

Paralelamente ao fenômeno de desmame, expõe-se um funcionamento psíquico deficiente, com excessiva inibição na ausência do álcool. O baixo amor-próprio é dissimulado, às vezes, pela hostilidade e irritabilidade. Lentamente, a extensão e as conseqüências do comportamento alcóolico emergem com a sensação de culpa, de angústia e de auto-recriminação, enfrentadas, talvez pela primeira vez, sem a escapatória oferecida pelo álcool. É esse o quadro visto inicialmente pelo psicodramatista.

Como resposta à turbulência emocional da retirada, as defesas serão conseqüentemente fortalecidas. Evidencia-se uma verdadeira extensão das dificuldades. "Dessa vez eu desmontei". A intelectualização poderá impedir a expressão do verdadeiro sentimento de dor e perda: "Vou comprar a minha própria casa, e começar tudo de novo!" A furtividade e a esquiva de contato bloqueiam qualquer exploração do que está se passando. Um indivíduo pode promover a "situação difícil"de outro, em deferência a si próprio, através da identificação com aquela situação penosa, mas como modo de desviar de suas próprias necessidades: "Mas veja, *ele* está sem teto, o que você vai fazer por *ele*?" O alcoolista usa freqüentemente a projeção, "uma defesa comum usada contra a dor mental" (Main, 1975), através da alocação inconsciente de aspectos desconfortáveis e dolorosos da própria personalidade na personalidade de um terceiro, vendo-os somente nessa pessoa. Toda a sua relação com o álcool, apesar de seu caráter inanimado, poderia ser considerada uma projeção: "O álcool é maravilhoso. O álcool será minha morte". Quanto aos relacionamentos, o alcoolista aponta para os outros e projeta seu desconforto neles: "Não confie nele, ele é um perdedor". "Ela parecia tão repugnante quando chegou bêbada". Tais projeções, quando não enfrentadas, encorajam a formação de pares, para reforçar a projeção e distanciar ainda mais o sofrimento: "Você a viu outro dia, não é, Bert?" Isso, por sua vez, conduz à cisão, onde algumas pessoas se agarram firmemente a uma crença, e outras se apegam a outras de modo igualmente firme. As fantasias são confirmadas e as realidades jamais testadas. Disso podem resultar o ostracismo e o retraimento.

O caminho a seguir

Na minha opinião, a tarefa do psicodramatista é ajudar o indivíduo a explorar os mecanismos de defesa, para permitir que ele descubra o que está por trás de sua formação. Isso deve ser feito na *ausência* do álcool ou de outras drogas alteradoras do humor, uma vez que a própria bebida é uma manobra defensiva contra a auto-descoberta. É preciso estabelecer linhas de conduta claras, no início do encontro terapêutico, estipulando total abstinência durante o tratamento, comparecimento regular e pontual a todas as sessões, com uma programação clara dos horários. Sem isso, o psicodramatista não poderá trabalhar as ausências e as fugas; pelo contrário, o indivíduo precisa pesquisar a exata manifestação de seus mecanismos de defesa. O psicodramatista deve ser igualmente consistente e suficientemente exemplar para possibilitar uma estabilidade e confiança suficientes para desenvolver a permissão de explorar os mecanismos de defesa, dentro do indivíduo, dentro do grupo e entre o indivíduo e o psicodramatista. Será apenas mediante o oferecimento de um referencial de consistência e clareza que o alcoolista poderá começar a pesquisar aquilo que sempre foi negado e que nunca esteve ao seu alcance.

Para esclarecer minha posição, refiro-me ao pensamento e teoria psicanalíticos atuais. Todos os aspectos da personalidade de um indivíduo influenciarão e contribuirão para a relação que ele encontra num contexto terapêutico. "Poucos são livres em suas atitudes com relação a questões como autoridade parental, dependência, Deus, autonomia e rebelião — todas aquelas que, muitas vezes, vêm a ser personificadas na pessoa do terapeuta" (Yalom, 1975). Tal fenômeno é descrito como transferência. Há uma considerável celeuma quanto a definições específicas de transferência, bem descritas por Sandler, Dare e Holder (1973), mas ninguém contesta sua gênese na teoria freudiana (Freud, 1955). Para o propósito deste capítulo, a descrição de Greenson (1965) é útil: "Transferência é a experiência de sentimentos, impulsos, atitudes e fantasias com relação a uma pessoa no presente, que são impróprias àquela pessoa, e são uma repetição, um deslocamento de reações originadas com relação a pessoas importantes da infância precoce". Greenson enfatiza: "Para que seja considerada transferência, deve haver duas características: ser uma repetição do passado e imprópria ao presente".

Moreno, que escreve ao mesmo tempo que Freud, e é o pai do psicodrama, coloca uma ênfase muito maior no tele, que ele descreve como "um sistema objetivo de relações interpessoais" (Moreno, 1977: 231). Tele é a capacidade do terapeuta de ter empatia, de assumir o papel do outro em qualquer situação, e a capacidade de assumir os sentimentos dele. Moreno também prossegue, dizendo: "Subjacente a cada processo de transferência projetado por um paciente, há também complexas relações de tele. Muitos fatores atribuídos de forma não-crítica à transferência são verdadeiras relações de tele (*op. cit.*). Os dois pontos de vista parecem aproximar-se do que Moreno descreve como "identificação distorcida", em que os sentimentos evocados no presente (não necessariamente com relação ao terapeuta) não são congruentes com a situação, mas são reestimuladores de experiências passadas (*ibid.*, 383).

Qualquer que seja a orientação profissional e clínica do psicodramatista com relação a essas questões, talvez o ponto mais importante para este capítulo seja o reconhecimento da presença de tele e/ou transferência, a sensibilidade para fazer uso terapêutico de tais processos e, como enfatiza Yalom, trabalhar em direção à resolução de quaisquer incongruências. "Se o terapeuta mantém sua flexibilidade, poderá fazer um bom uso terapêutico dessas atitudes irracionais dirigidas a ele, sem que, ao mesmo tempo, negligencie suas muitas outras funções no grupo" (Yalom: 94). O fracasso em reconhecer esses fenômenos restringirá o potencial terapêutico do processo de grupo. Para citar mais uma vez Yalom, a transferência "ou é um instrumento terapêutico efetivo, ou um par de algemas que atrapalha cada um de seus movimentos (do terapeuta)" (*ibid.*, 191).

Ao mesmo tempo, as características específicas do psicodrama, como forma de psicoterapia de grupo, enfocam a ação. Trata-se de uma representação, através da participação ativa, para o indivíduo, das verdades percebidas, presentes e históricas, a fim de promover a autodescoberta. O psicodrama é, também, na experiência do autor, uma representação de grupo da interconexão dos mecanismos de defesa coletivos do indivíduo, que perpetuam a proteção contra a dor e as dificuldades emocionais. Sem investigação, elas permanecem inconscientes. Comumente, em grupos de alcoolistas, há muita discussão sobre o álcool como substituição da garrafa através da qual se comunicavam anteriormente. Longas histórias podem proporcionar ao grupo um relato, "trago a trago", de pequenos delitos, provocações e sustos durante o consumo. Pode começar a parecer como se a garrafa estivesse presente e circulando! Tais discussões criam barreiras contra um compromisso mais pessoal e íntimo com os demais membros do grupo.

A resistência coletiva contra o psicodramatista luta para restringir a potência e a força do poder fantasiado da figura de autoridade. Simultaneamente, a ansiedade é gerada pelo medo de falta de controle e de punição, e pode conduzir a uma aparente aquiescência e apatia. A cumplicidade com os outros membros do grupo, de comportamento delinqüente ou evasivo, pode tornar o psicodramatista menos eficiente.

A emergência do indivíduo como líder, dominante e eloqüente, impede a investigação do grupo. O mesmo ocorre, também, quando da formação de pares ou subgrupos, na medida em que "segredos" sejam compartilhados por uns poucos privilegiados. Os mecanismos projetivos são comuns onde um aspecto da personalidade de um indivíduo é visto num outro, mas sua posse não é percebida conscientemente. Poderão ocorrer ódio, inveja e rejeição do outro com relação a essa característica. A cumplicidade com a negação evita o desafio: a busca de conforto e intimidade cria emparelhamentos que resistem à investigação e pode promover o isolamento, os ciúmes e a rivalidade entre irmãos, na relação com o grupo e com as afeições do terapeuta. O grupo poderá fugir dessas e de outras questões difíceis, com discussões (comumente relacionadas ao álcool) que não sejam adequadas ou sensíveis à situação terapêutica. Os mecanismos de negação e intelectualização, bem conhecidos do alcoolista, podem tornar o fenômeno difícil de ser tratado. Entretanto, a exploração da existência e da forma como se apresentam os mecanismos de grupo é uma fonte vital de material para o crescimento individual, e, sem a investigação, a autodescoberta poderá uma vez mais ser negada e frustrada.

Para o alcoolista, a auto-investigação através da ação é assustadora. O trabalho do psicodramatista tem que começar pelo aproveitamento e reconhecimento das ansiedades e resistências à situação "percebida" — atitude para com a terapia, atitude para com o psicodramatista e para com a compreensão do processo psicodramático. À medida que o trabalho prossegue, através de cada etapa e dos aspectos técnicos do psicodrama — aquecimento, inversão de papéis, colocação em cena, trabalho do ego auxiliar, catarse —, o processo acolhe a dor individual, as defesas individuais contra a dor e os fenômenos grupais que poderão afastar o indivíduo da expressão genuína daquela dor.

O psicodrama

Em seguida, uma pequena descrição técnica de alguns aspectos do processo psicodramático, com a descrição de quatro trajetórias individuais através desse processo. Todos os quatro participaram, em diferentes épocas, de um programa de tratamento com internação de três semanas numa unidade de alcoolismo de uma regional do National Health Service. O principal foco do programa era o grupo de psicodrama. Os grupos eram fechados, com começo e fim estipulados; incluíam homens e mulheres e tinham de seis a oito participantes. A autora foi, em todos os casos, a diretora. Ela foi auxiliada por um co-diretor, e ambos mantiveram seus papéis durante as três semanas.

O aquecimento

Um bom aquecimento foi descrito como a criação de "uma atmosfera de abertura de expressão, sem o temor de ser ridicularizado ou colocado no ostracismo, e é, portanto, um processo necessário à geração de espontaneidade" (Treadwell, Stein e Kumar, 1988). O alcoolista é altamente tenso, desconfiado e desesperançado no início de um grupo. Devido a isso, é necessário cautela ao fazer uso de aquecimentos "clássicos". Sugerir um aquecimento ativo e lúdico significa mergulhar em sua área de dificuldade mais profunda, previamente expressa apenas ao beber, e, portanto, em geral evocadora da ridicularização e da perda de controle. O agudo desconforto dessa experiência, talvez difícil de ser contido, é tratado de duas maneiras. Ou "atirado" para o diretor — "Eu não sou um moleque de escola", "Isso é absurdo. Como você ousa me tratar assim?" —, ou então o participante torna-se mais retraído e desconfiado. Esse material é vital para que o alcoolista o investigue. Entretanto, os sentimentos emergem rapida e intensamente antes que o alcoolista tenha suficiente força, confiança e capacidade de auto-expressão para fazer uso da experiência. Ele poderá então tornar-se defensivo com relação à tensão despertada pela experiência, repetindo padrões do passado em vez de ser facilitado por seu potencial. É apenas através do trabalho interpessoal lento e sensível, com tempo suficiente para compartilhar as ansiedades e hostilidades, que a genuína confiança com relação ao processo psicodramático e ao diretor pode ser obtida. A afoiteza cria um estado de defesa e suprime a espontaneidade.

O aquecimento cria a coesão grupal. O alcoolista se sente perseguido e ansioso. O trabalho interpessoal com todo o grupo é vital para reduzir altos níveis de tensão. É importante que o diretor tenha em mente os mecanismos grupais que estejam eventualmente destruindo a coesão — negação de grupo, conversas sobre bebida, exclusão do terapeuta. Todos esses fatores precisam ser considerados ao se pensar na escolha e na direção do aquecimento. Na visão do autor, cada sessão pode ser iniciada por um período de reflexão, talvez de silêncio, discussão ou debate, dependendo do que seja apresentado espontaneamente pelos membros do grupo. É uma abordagem mais comumente usada com grupos bem estabelecidos, familiarizados com o processo do psicodrama. No entanto, o diretor estará habilitado a sintonizar as ansiedades individuais e de grupo, informações externas pertinentes aos membros do grupo e a defesas individuais e grupais que possam impedir à investigação.

A partir dessas informações, o diretor opta por um aquecimento mais ativo e atraente, que seja compatível com a expressão já então espontânea de material — um grupo silencioso e passivo necessita de um aquecimento ativo para criar energia; um grupo altamente loquaz e ansioso precisa de um aquecimento mais enfocado, mais interpessoal, para liberar a ansiedade e possibilitar uma expressão de maior intimidade. Durante todo o processo, o diretor precisa ter em mente o que cada indivíduo expressa ao beber ou quando desinibido, e, portanto, o que seria tão difícil revelar quando sóbrio. Entretanto, toda expressão envolvida no processo de aquecimento é importante para o alcoolista, assim como possivelmente o seja uma representação "aqui-e-agora" dos sentimentos e pensamentos que foram até então sempre evitados, negados ou afogados no álcool. O reconhecimento e a conexão com esses sentimentos precisam ser compartilhados e integrados antes que ocorra qualquer dramatização em profundidade. A afirmação através de cada etapa do processo de psicodrama é importante antes de se prosseguir com a autodescoberta.

O material a seguir pertence ao caso de Tom, e descreve sua resposta aos aquecimentos e o conseqüente trabalho com o qual ele prosseguiu.

Tom

Era um rapaz jovem, solteiro, razoavelmente desinibido e "palrador", um tanto quanto fanfarrão, atrevido, com um certo ar de bebê com expressão desnorteada. Internado desde idade precoce, ele relatava um grande complexo de inferioridade por não ter tido um lar, e uma considerável inveja daqueles que haviam tipo. Começou a beber muito cedo, e havia acumulado uma considerável folha corrida por pequenos crimes praticados quando estava bêbado. Não tinha ainda experimentado sobriedade e estava em abstinência a algumas semanas.

Esse era o primeiro grupo que Tom freqüentava. O grupo era ansioso, porém falante, fazendo afirmações determinadas com relação a mudanças futuras. Tom contribuía de forma bastante descontraída, gabando-se um pouco de suas façanhas durante as bebedeiras e expressando certa raiva com relação à falta de cuidados da polícia. Para focalizar o grupo numa relação de trocas mais pessoais, e auxiliar nas apresentações, a diretora pediu que o grupo atirasse uma almofada para cada membro, dizendo seu prenome, e algo que haviam notado com relação àquela pessoa. A resposta foi forte, com gozações descontraídas. Após algumas trocas, a almofada foi atirada para Tom, que se encolheu num canto, agarrado à almofada, tremendo e sem fala. Ele recusou todas as propostas de ajuda, e quando a diretora se adiantou, ele berrou: "Vá embora, odeio esse exercício estúpido! É a isso que vocês chamam ajuda? Você é igualzinha à minha madrasta; ela costumava bater em mim com uma varinha!"

Os sentimentos opressores de um material tão doloroso chocaram o grupo, silenciando-o. Tom estava sofrendo, sentindo-se perseguido e altamente desconfiado com relação ao diretor e suas razões. Devido a seus medos e associações anteriores, ele não conseguiu ter acesso ao apoio disponível. Outros membros do grupo se lembraram imediatamente da dor vivenciada nas mãos de "outros", e a perda de confiança naqueles a quem estavam confiados. As respostas variaram. Alguns se tornaram retraídos e preocupados; outros, agitados, e tentaram falar com Tom. Um homem virou-se para a diretora e disse: "Por que diabo você está fazendo isso com Tom?".

O grupo se sentiu inseguro e atemorizado, com pouca confiança na diretora. Enquanto isso, Tom ficou assustado, imobilizado e vulnerável, com forças e confiança insuficientes para trabalhar com o material levantado. A diretora sugeriu que o grupo formasse um círculo ao redor de Tom, e, sentando-se com o grupo, disse:

"Acho que faço vocês se lembrarem daqueles que, no passado, foram cruéis ou imprevisíveis. Talvez possamos compartilhar essas experiências juntos, e poderão ajudar Tom a nos contar mais sobre a dor que ele está sentindo agora".

Seguiu-se uma tentativa de compartilhamento sobre pais maus e loucos. Tom relaxou e conseguiu descarregar algumas das memórias dolorosas que estava carregando havia anos. Ele deu a entender que havia permanecido na sala só porque estava encurralado num canto. De qualquer maneira, começou a sentir-se mais seguro. A intensidade dos sentimentos diminuíra sem recorrer ao bar, e a sessão encerrou-se.

Sem dúvida, a resposta de Tom ao aquecimento foi mais explícita do que o usual, mas a autora retrucaria que cada indivíduo tem o potencial de responder dessa forma. A resposta pode ser negada ou objeto de defesa. A tarefa do diretor é ser verdadeiro com relação a essas defesas, trabalhando dentro da segurança do grupo.

Inversão de papéis e trabalho do ego auxiliar

No início da sessão seguinte, Tom estava presente. Havia um considerável nível de ansiedade relacionada a como iríamos "fazer" e se seria algo assim tão intenso. Parecia que o grupo estava se sentindo descontrolado, apresentando seus medos e ao mesmo tempo suas necessidades à diretora (um papel comumente assumido pelo álcool). Tendo isso em mente, bem como a necessidade de continuar o processo de aquecimento a partir do conflito intrapessoal para o trabalho interpessoal, mas consciente da falta de segurança do grupo e da falta de força egóica, a diretora pediu ao grupo que pensasse em alguém na vida deles, passada ou presente, que pudesse tê-los ajudado a lidar com seus medos e necessidades.

Um outro membro do grupo respondeu espontaneamente: "O único amigo que tive foi a garrafa".

Para o alcoolista, a importância do álcool e de sua representação têm de ser trabalhadas, e mesmo pranteadas, antes que possa ter início qualquer mudança significativa de independência emocional. O grupo ainda não havia usado o palco quando eles foram "colocados em cena", ou "postos na berlinda", como diziam. Esses comentários são fáceis de ignorar, mas expressam claramente um baixo amor-próprio. Igualmente, o grupo não havia usado a inversão de papéis ou o trabalho do ego auxiliar — idéias estranhas e perturbadoras para aqueles que se sentem emocionalmente descontrolados. Cada passo deve ser dado com sensibilidade, para se avaliar onde se encontram a ansiedade e a resistência.

A diretora colocou duas cadeiras vazias à frente do palco, uma para representar o álcool, e a outra para o membro do grupo. Ela pediu a cada pessoa que, por sua vez, se apresentasse e fizesse uma colocação a partir de cada cadeira. As respostas foram embaralhadas, algumas confusas, outras ansiosas por terem o álcool presente.

Tom estava cauteloso em ir à frente, e disse, como Tom, para o "Álcool":
"Eu o odeio. Você faz com que eu me sinta péssimo".
Tom como Álcool:
"Eu não forço você a me beber".

Após cada pessoa ter tido sua vez de se aclimatar ao palco e à inversão de papéis, a diretora perguntou se alguém gostaria de explorar o diálogo mais a fundo.

Tom se adiantou.
Tom para o Álcool:
"Eu o odeio".
Tom como Álcool:
"Por quê? Eu não fiz nada de errado".
Tom para o Álcool:
"Por que você me mete em cada confusão, e daí eu fico enrascado".
Tom como Álcool:
"Um monte de gente se diverte comigo. Eu não o forço a beber tanto assim!"
Diretora:
"Quero mantê-lo no papel de Álcool, e pedir a alguém que se sinta como Tom, que venha e seja Tom".
Kevin se apresenta para ser Tom.

Moreno disse: "O crescimento da estratégia de inversão, na criança, é um indicador da liberdade do ego auxiliar, da mãe e da mãe substituta" (Moreno, 1977: 63). Isso representa um crescimento vital para o alcoolista, muitas vezes paralisado por um sentimento profundamente estabelecido de isolamento e de percepção entrincheirada. Através da direção, a diretora pretendia levar mais longe a investigação de Tom com relação ao seu abuso e dependência do álcool na ausência de cuidados parentais adequados, no passado. O diálogo continua.

Kevin como Tom:
"Eu nunca me divirto. Você faz com que eu me sinta miserável!"
Tom como Álcool:
"Então, por que você passa dos limites?"
Diretora:
"Invertam os papéis".
Tom como Tom:
"Acho que estou procurando alguma coisa. Mas você é como o resto; não traz nenhuma coisa boa!"
Kevin como Álcool:

"Eu não sei porque você fala essas coisas. Você se odeia por me beber. Agora, isso é outro negócio. Mas não fique me acusando das coisas!"
Tom como Tom:
"Ah, cale a boca! Não quero ouvir droga nenhuma disso".
Diretora para Tom:
"Você acha que isso teve algum sentido?".
Tom:
"Não sei, vou pensar no assunto".

O compartilhamento envolveu discussões relacionadas à "responsabilidade" do álcool em problemas e conflitos. Tom começava a explorar seus sistemas projetivos de ódio e amargura, anteriormente ligados a relações passadas. Ele não estava "preparado" psicologicamente para reintegrar a projeção, e ainda não era apropriado aprofundar o trabalho psicodramático.

Montagem da cena e catarse

Na discussão inicial de uma sessão posterior, Tom começou espontaneamente a falar sobre suas experiências iniciais com a orfandade e, especificamente, sobre o odioso relacionamento com a madrasta. Seu material parecia "maduro" para o trabalho; no entanto, ele permanecia emocionalmente na defesa com relação à extensão de sua dor. Ele parecia se sentir mais forte para lidar com suas dificuldades não-resolvidas e, quando inquirido se gostaria de subir ao palco, respondeu:
"Bem, não posso continuar me odiando por toda a vida".
Diretora:
"Você ainda está desconfiado de mim?"
Tom:
"Não sei que diabo irá acontecer, mas preciso de ajuda".
Diretora:
"Se você se sentir infeliz sobre o modo como as coisas estão caminhando, diga-me. Como criança, você nunca teve o poder ou a oportunidade de dizer: Pare! Então, por onde devemos começar?"
Tom:
"Vamos começar com a brincadeira da almofada. Os outros sabem".

Com essa sugestão, a diretora teve em mente duas questões — a dimensão da autopunição de Tom, integrada por tanto tempo, e a necessidade de dar suporte ao grupo, que se sentia inseguro e cauteloso. O diretor, também, precisa manter-se sintonizado com sua resposta ao material emotivo e doloroso. Um diretor só pode ser eficiente quando trabalha dentro de suas possibilidades. Essa questão será mais aprofundada no final deste capítulo.

Com esses pensamentos em mente, a diretora sugeriu que ele deveria escolher alguém para ser Tom (de modo que não ficasse sozinho) e que Tom fosse o atirador da almofada, manifestando as palavras de punição que ainda guardasse consigo. Tom escolheu Frank, outro jovem que também tinha algumas experiências infantis em comum e com quem ele havia "se enturmado". Com Frank no lugar de "Tom", Tom atirou a almofada para ele e disse:

"Você não é legal".
"Não posso fazer nada com você".
"Você é um menino mau!"
"Como você ousa invadir a despensa?"
As frases continuaram.

Diretora: "Torne-se Tom, e Frank ficará como seu duplo. Quem poderia ser o atirador da almofada?"

É importante observar a escolha do personagem para diferentes papéis, para um sociograma claro da interação de grupo. Tanto os mecanismos projetivos quanto a tele — "uma troca mútua de empatia e apreciação" (Greenberg, 1975) — podem estar em ação.

Tom escolheu Albert, um homem alto e ameaçador, um ex-professor de modos tensos e bruscos. Albert concordou em assumir o papel, e, em ação, Tom tornou-se logo assustado e agitado.

Tom:

"Não faça isso", disse ele, se defendendo. "Eu sou pequeno. Não é culpa minha. Eu te odeio!"

Diretora:

"Quantos anos você tem e onde você se encontra?"

Tom:

"Estou no jardim, e *ela* (apontando para Albert) está com uma varinha na mão. Tenho uns três ou quatro anos, muito pequenininho".

Tom começa a soluçar.

Diretora: "Deveríamos arranjar alguém para ser sua madrasta, ou pedir a Albert que permaneça?"

Tom: "Posso vê-la de pé aí; ele pode ficar, se quiser".

Conferindo com Albert se estava bem para ele, a diretora lembrou a Tom que isso era uma dramatização, e que, com a ajuda do seu duplo, ele poderia dizer a essa pessoa o que pensava e sentia.

Tom lutou contra isso, passando de uma intensa raiva a um débil estado de abandono. O grupo estava alerta e tenso.

Diretora: "Quem, Tom, poderia tê-lo ajudado nessa situação?"

Tom (com os olhos arregalados): "Tia Joan. Eu era o favorito dela. Eu costumava engatinhar para a cama dela à noite".

(Tanto os aspectos positivos como os negativos da personalidade de alguém podem ser atribuídos a outros, deixando o indivíduo vazio dessas forças e confortos. A inversão de papéis pode facilitar um tipo de reclamação.)

Diretora: "Seja tia Joan, e Frank continua sendo Tom. Como Tia Joan, o que você diz a Tom?"

De repente, a cena não era assim tão sombria. Com reasseguramento e consolos, Tom, na inversão de papéis, redescobriu aspectos agradáveis e apreciados em si mesmo. Ele havia encontrado a "boa" mãe dentro de si. Com a escolha de Jane com auxiliar, ele começou uma certa integração daqueles aspectos, e, com a ajuda dela, conseguiu acalmar um pouco a hostilidade em relação à sua "mãe punitiva e rejeitadora".

Tom: "Tia Joan, você gostava de Sara".

A dramatização terminou com uma cena lúdica e alegre, em que Tom se sentava num muro com a namorada — uma relação adulta e apropriada, em que utilizou de um pouco de seu charme, humor e talento: "O que aquele touro está fazendo naquele pasto na porta ao lado?"

A cena se encerrou às gargalhadas.

No compartilhamento, foi importante esclarecer com Albert e Jane como eles haviam se sentido no papel, para recolocar eventuais percepções mal construídas pelos membros do grupo, e também para reconhecer identificações e similaridades com os papéis tanto da mãe "boa" como da "má" representadas.

Ensaio de vida

Na sessão seguinte, Tom estava mais animado. Sua permanência no grupo estava próxima do encerramento — um período de teste, uma vez que a separação iminente da intimidade e apoio do grupo reestimula sentimentos de separações e perdas passadas (Arroyave, s/d). Na verdade, era assustador seu retorno a uma existência solitária e isolada, com alguns recursos reavivados, mas uma vez mais deparando-se com a ameaça do álcool.

Para construir forças pessoais e trazer o "mundo de fora" para dentro, um certo ensaio talvez seja útil. Geralmente, o encontro com velhos companheiros de bebida causa algum embaraço, quando há um encorajamento, e mesmo zombaria e desdém, para retornar a velhos pontos de encontro. Cenas de experiências passadas (possivelmente falhas) ou eventuais encontros futuros podem ser encenados com proveito. Estratégias para a preservação da sobriedade (e, para o alcoolista, a preservação do "self" numa sociedade orientada para o álcool) podem ser praticadas, vivenciadas e fortalecidas.

A encenação de Tom foi interessante. Ele escolheu uma cena num bar do qual era freguês e também protegido e agraciado com dinheiro emprestado etc., por alguns dos presentes, e para outros fonte de escárnio e zombaria — "Aí vem o mijão!" No ensaio, ele se manteve independente de ambos os "campos", não precisando obter estima através de posições ou partidos, ser abusivo ou intolerante com relação ao outro. Ele conseguiu, com apoio pelo menos, corrigir algumas das projeções tanto negativas quanto positivas que o haviam esvaziado emocionalmente. Com a integração, ele assumiu uma atitude duradoura com relação ao álcool, exatamente o problema que, potencialmente, pode erodir a força pessoal. Tais são as exigências para uma vida sóbria.

Jo

O próximo caso ilustra o uso da inversão de papéis e do trabalho do ego auxiliar como uma entrada nas percepções nubladas da abordagem que o alcoolista fará da "autoridade".

> Jo, um homem na casa dos cinqüenta anos, com quatro filhos, está em vias de se divorciar por beber demais; sempre foi um bom trabalhador, bastante esforçado:
> "Estou aqui para salvar meu casamento".
> Ele bebe tanto em segredo quanto com colegas de trabalho. Parou de beber há três semanas; parece condescendente e ansioso por agradar.

Da primeira vez em que Jo veio ao grupo, parecia afoito para protagonizar, animava os membros do grupo como se fosse "co-terapeuta" e ignorava a resistência deles. Na preparação de um psicodrama, o diretor pede a cada indivíduo que descreva, na inversão de papéis, um objeto significativo ou artigo de vestuário, como aquecimento para as questões individuais e para avaliar as ansiedades individuais e grupais com relação à sua expressão e revelação. Jo era sempre o primeiro a se apresentar, falando numa voz monótona, ligeiramente tensa, mas "preparada". Algo o estava impulsionando, mas ele não tinha noção de suas necessidades. Suas ações estavam começando a bloquear, e, conseqüentemente, a negar as ansiedades mais conscientes dos outros membros. O sentimento da diretora era de não favorecer essa situação, uma vez que ele não estava aquecido, e suas contribuições tinham um caráter defensivo; todavia, ela estava consciente do desejo dele de agradar.

Durante uma vinheta com um outro membro do grupo, pediu-se a Jo que desempenhasse o papel de um companheiro que bebesse excessivamente. Nesse papel, ele se tornou mais assertivo e determinado.

> "Como você ousa me pressionar? Afinal, tenho cabeça! Eu posso beber demais, mas não sou o idiota que você imagina!"
> No compartilhamento, ele reconheceu que discutia freqüentemente com a mulher quando alcoolizado, antes de ficar completamente bêbado.

Uma vez que o grupo esteja familiarizado com a situação de cena, a inversão de papéis e o trabalho do ego auxiliar, o diretor pode introduzir um aquecimento centrado no protagonista, baseado em relações passadas ou presentes e lidando lentamente com as resistências do grupo.

> Jo estava se conscientizando da natureza de sua dificuldade com relação à esposa e às mulheres e, por outro lado, tornou-se mais preocupado e menos necessitado da aceitação da diretora. Muito menos audacioso, ele se propôs a dramatizar uma cena com a esposa. Ele estava montando umas prateleiras a pedido dela, sabendo o tempo todo que ela criticaria o resultado final. A primeira encenação mostrava-o recebendo a crítica,

sentindo-se sem esperanças e desanimado, e se esgueirando para tomar um drinque antes de tentar consertar a situação. Através da sugestão da diretora, de que expressasse o que não estava sendo dito, a segunda encenação foi diferente. Fortalecido por seu trabalho anterior, com o ego auxiliar, ele entrou em contato com um pouco da raiva e da mágoa que havia sentido na relação, e expressou seu temor quanto a abrir mão do casamento, devido à sua necessidade de aprovação constante. Meio rapidamente, ele estabeleceu conexões com a mãe dele. Com uma agitação ainda maior, descreveu uma cena numa pequena sala de estar. Ele era o mais velho de uma grande família e era constantemente repreendido pela mãe pelo comportamento das demais crianças, e jamais elogiado, e até mesmo rejeitado pelo que realizava.

Mãe: "Diga ao seu irmão para abaixar o rádio".
Jo: "Eu já fui".
Mãe: "Bem, ainda está alto demais. Quantas vezes tenho que dizer essas coisas a você?"

Para obter o amor pelo qual ansiava, ele nunca respondia. Assustado demais com a possibilidade de retirada do mínimo de afeto que recebia, tornou-se oferecido e condescendente. Na dramatização manifestou um pouco da tristeza e raiva por não haver sido reconhecido por tanto tempo, coisas para as quais o álcool havia sido um consolo.

Em termos de grupo, houve um certo alívio mediante a expressão da raiva, à medida que emergia uma compreensão maior quanto à posição de Jo, liberando o grupo de tendências inconscientes. No compartilhamento, houve uma certa identificação com suas experiências. Entretanto, mesmo após uma dramatização tão franca e aberta, o compartilhamento do grupo pode ser difícil e, muitas vezes, viscoso. Os outros ficam baqueados pela natureza da encenação, sem estarem suficientemente animados, em termos emocionais, para esclarecer a identificação de modo imediato. Eles ficam temerosos de se expressar, embaraçados e incapazes de superar as barreiras da auto-revelação. Na experiência da diretora, o compartilhamento é o período mais difícil de um psicodrama, e exige uma modelagem sensível e uma simplificação individual, de modo a dar suporte ao protagonista e a todo o grupo. É por essa razão que a diretora começa a sessão a seguir com um período de reflexão e compartilhamento, para apanhar os fios de qualquer compartilhamento não revelado das sessões anteriores. Jo parecia mais relaxado no compartilhamento, e sua relação com a diretora tornou-se mais clara e, conseqüentemente, mais livre, fácil e adequada.

Catarse

John

Era um homem alto e forte, de cerca de trinta anos, no segundo casamento, que rejeitava e negava seu alcoolismo. Era jocoso, só havendo procurado ajuda por causa "da mulher"; apresentando-se de modo protetor com relação aos participantes masculinos, e conquistador com relação aos participantes do sexo feminino, e uma combinação de ambos com relação à terapeuta, embora fosse sempre polido. Ele mostrou-se razoavelmente arredio, e manteve a dominância falando de modo intelectual. Estava amendrontado em se comprometer, e assustado, não apenas com relação ao psicodrama, mas também com seu próprio processo interno. Mostrava-se cauteloso em participar das cenas dos outros, sentindo-se pouco à vontade, rígido e temeroso, defendendo-se através da negação. Sua posição causava irritação a outros membros do grupo — uma resposta inconsciente às próprias resistências e temores deles. A diretoria se sentia não merecedora de sua confiança, levemente protegida, e tratada friamente.

Seu primeiro envolvimento com o processo psicodramático ocorreu ao ser escolhido por um membro feminino para desempenhar o papel do marido violento e bêbado. Ele representou bem, mas se defendeu do compartilhamento, mantendo-se alheado do papel. Entretanto, no dia seguinte, falou sobre seu comportamento de bêbado. Parecia pronto a explorar seus pensamentos mais profundamente; estava jocoso, mas cooperativo. Descreveu uma cena num bar, com uma amiga, onde, para sua total consternação, vomitou dentro do drinque dela. A resposta dele:

"Oh! Deus, o que eu fiz? O que minha mãe diria? Ela ficaria muito chateada!"

Quando inquirido se gostaria de falar com a mãe, respondeu:
"Ela não acreditaria. Tenho sido sempre tão perfeito aos olhos dela!"
Ainda na encenação:
A mãe de John: "Você sempre foi um ótimo menino".
John: "Mas, mãe, olhe o que eu fiz. Há aspectos meus que não são assim tão bonitos".
A mãe: "Ah, isso foi apenas um pequeno deslize".

Aqui se revela uma contribuição às origens da negação de si mesmo em John, seus problemas em se revelar para o grupo, e seus dilemas de autorevelação diante de um terapeuta do sexo feminino. Ele se sentiu diminuido por sua internação, e, devido à natureza da encenação, um tanto quanto embaraçado com relação à diretoria. É importante que um diretor, ao trabalhar com defesas intensas, seja sensível a uma "ansiedade de cartases". Talvez precise manejar o ricocheteio de uma revelação de culpa, arrependimento, raiva, ansiedade e, comumente, um sentimento de traição:

"Eu nunca tive a intenção de falar tanto sobre minha mulher!" Igualmente, as respostas do grupo podem ser desarmoniosas ou irritadas quando um ângulo muito diferente da personalidade de alguém, como no caso de John, é revelado.

John se sentiu encabulado, o grupo, embaraçado, Talvez o vital seja reconhecer a existência da "resposta de cartases".

Diretora para John:
"Talvez você esteja se sentindo um pouco preocupado com o que nos contou, e talvez os outros possam compartilhar esse desconforto".

Através do reconhecimento e possível integração da ansiedade de catarse, pode-se realizar um trabalho melhor na direção de uma futura catarse, se se diminuir a ansiedade. A tarefa do diretor consiste em facilitar a independência e a autonomia, livre da dependência dos outros. Moreno o descreve como "a criança que se emancipa da identidade da matriz" (Moreno, 1977: 63).

A resposta individual à dinâmica de grupo.

Prosseguindo com John, ele se tornou constantemente irritadiço com um elemento feminino do grupo. Por instigação dela, a relação foi investigada. Numa imagem, ela colocou-se dominando a cena como um grande urso. No papel:
John: "Devo ser grande e duro na queda; não posso deixar que você me sufoque".
Na inversão de papéis: "Eu não posso dar conta se você parecer tão grande. Não posso me aproximar de você".
John: "Não posso deixar que você se aproxime demais, pois você me esmagaria".
Na inversão de papéis: "Você me lembra um grande urso, feroz e bravio por fora e mole como manteiga por dentro".
John: "Não dou conta de ser meigo. Isso é ser fraco e emotivo".

O diálogo evocou a John sua experiência com a primeira mulher. Ela o abandonara quando ele estava se compensando de sua visível fragilidade através do consumo exagerado de bebida. Ele não suportou aquela rejeição e optou por tomar a iniciativa de se livrar dela. Daí a irritação com o membro do grupo. Sabe-se que esse mecanismo é tão poderoso e quando não é investigado pode levar os participantes a abandonar um grupo. Ao rejeitar, John simultaneamente ansiava por aplauso e apoio — uma encenação exata de sua apresentação no grupo.

Investigação dos processos individuais e grupais no grupo psicodramático

Caroline

Era uma mulher casada, com vários casamentos anteriores e filhos adolescentes. Era conhecida pelos serviços de atendimento a alcoolistas há muitos anos; tem alguns períodos de sobriedade, mas, ao beber, apresenta sintomas de retraimento graves e assustadores. Foi desintoxicada recentemente e está implorando por "uma última chance". Sente-se atormentada pela culpa e furiosa com seus fracassos. Quando sóbria, apresenta-se sempre muito bem produzida.

Da primeira vez que foi ao grupo, Caroline estava ansiosa, tamborilando os dedos e olhando para o teto. Sua tensão foi captada por outros membros do grupo que estavam pouco à vontade e preocupados. Qualquer tipo de aquecimento lúdico teria sido forçado, e o silêncio era pesado e cheio de suspeitas. Um jogo introdutório de nomes aliviou a atmosfera, embora eles demonstrassem estar ligeiramente acanhados e idiotas. O amor-próprio e a autoconfiança eram baixos, e parecia haver um desejo não-verbalizado com relação ao álcool, para acalmar a angústia. A diretora pediu ao grupo que pensasse o que seria de maior ajuda para cada participante, e iniciou uma "butique mágica" para possibilitar a troca de tensões.

Caroline adiantou-se, e disse que não merecia nada da butique, uma vez que era um fracasso. A diretoria pediu-lhe que trocasse o papel com a balconista:

Caroline como balconista: "Posso ajudar em alguma coisa?"

Caroline: "Não sei. Eu não mereço estar aborrecendo-a".

Caroline como balconista: "Não nos ajuda dizer que está se sentindo tão mal?"

Caroline: "Sim".

Diretora: "Escolha alguém para ser a balconista". (Caroline escolhe outra mulher.)

Balconista: "O que você deseja?"

Caroline: "Quero fugir e me esconder".

Balconista: "Mas aonde você iria?"

Caroline: "Para a sarjeta, acho".

Diretora: "Invertam os papéis".

Caroline como balconista: "Bem, por que não faz uma tentativa e entra aqui primeiro, e vê o que temos aqui dentro?"

Diretora: "Invertam os papéis".

Caroline (entra): "Sinto-me melhor aqui dentro, mas ainda estou insegura sobre o que pedir".

A diretora pede aos outros membros do grupo para irem à butique e compartilharem sentimentos análogos. Assim se iniciou o processo de envolvimento com o grupo, e o nível de isolamento se reduziu. À medida que o grupo progredia, Caroline era muitas vezes escolhida como coadjuvante, não da maneira como ela se via — fraca e culpada — mas como eles a viam — vivaz e assertiva. Enquanto não se desfazia dessa imagem, ela disse:

"Isso soa igualzinho ao que o meu marido diz. Ele é arrogante, um espírito de porco, e eu o odeio. Ele me desvaloriza o tempo todo".

Ao ser solicitada pela diretora a escolher uma cena para explorar suas relações, ela replicou:

"Não posso pensar em nenhuma cena específica, uma vez que ele é sempre assim".

Diretora: "Apresente-nos a ele".

Caroline: "Ele é grande, forte e alto".

(Caroline sobe na peça de mobília mais alta que consegue achar, e ergue-se, firme e ereta, com as mãos na cintura.)
Caroline como o marido: "Bem, não há nada de errado comigo. Tenho meus negócios, tenho meus carros. Vocé é o problema, uma vez que bebe o tempo todo".
(Caroline, no papel, parece assertiva e forte.)
Diretora: "Inverta os papéis e escolha alguém para ser o marido".
Caroline: "Não posso fazê-lo. Ele é odioso demais. De qualquer maneira, posso visualizá-lo de pé aí".
Diretora: "Vamos escolher alguém para desempenhar o papel".
James se oferece, um homenzarrão que, embora isso não fosse claro para ele, tinha uma forte identificação com o papel. O diálogo continua com James, alto e forte.
Caroline: "Por que você sempre me deixa por baixo?"
Marido: "Você sempre comete erros idiotas".
Caroline: "Mas cuido de todas as suas trapalhadas".
Marido: "E daí vai, e cai de boca na garrafa — uma bela maneira de dar conta".
Caroline: "Mas por que você não me faz nenhum elogio?"
Diretora: "Invertam os papéis".
Caroline como marido: "Não seja patética. Qual é a sua? Você não é nenhuma criança. Estou muito ocupado!"
Caroline como marido, para a diretora: "Oh! Deus, estou por aqui. Ela parece tão patética. Realmente, não *há* nada de errado comigo".

Durante a cena, a diretora foi alertada para as percepções mal construída de cada parceiro, e as "inverdades" que não estavam sendo postas em jogo. Em termos psicanalíticos, a identificação projetiva de Caroline para como o marido, de poder, força e autonomia, atribuía a ele um tal poder a partir desses atributos, a ponto de excluir tudo o mais. Dessa forma, ele se tornava aquela pessoa para ela. Para Caroline, esses aspectos da personalidade estavam perdidos na projeção, e ela ficava diminuída, impotente e vulnerável, particularmente com relação à bebida. Ela procurava se cuidar, e o marido tinha alguém que contivesse suas falhas e fraquezas. A tarefa da diretora era tornar isso consciente, e trabalhar com o sistema projetivo mutuamente entrelaçado.

Caroline como marido: "Você nunca vai mudar".
Diretora: "Invertam os papéis".
Caroline: "Bem. Vim aqui para me tratar, não vim?"
Diretora: "Como isso pode significar uma diferença?"
Caroline: "Ele nunca vai mudar. Só quero um pouco de força para continuar brigando".
Diretora: "Como você se sentiu quando era ele?"
Caroline: "Sim, acho que sim, mas ele nunca admitiria isso para mim".
Diretora: "Por quem você se sente fortalecida?"

Caroline: "Pelos membros dos Alcoólatras Anônimos. Me faz muito bem freqüentar as reuniões deles".

Com a ajuda de outro membro do grupo — curiosamente, uma mulher —, perguntou-se a ela, no papel, o que precisava do marido, e pediu-se que esclarecesse o que ela poderia achar em outro lugar. Sua trajetória no grupo encorajou-a a se individualizar e se descobrir como pessoa, afastada do álcool, e só a partir dessa posição ela começou a lidar com as origens de uma relação assim tão destrutiva. Sua relação com a diretora era sempre agradável e cooperativa. As coisas poderiam ter sido diferentes, se a diretora fosse homem.

Em termos do grupo, a encenação de Caroline teve um efeito profundo. James, que havia desempenhado o papel de marido dela, tornou-se agitado e indignado no compartilhamento.
James: "Como alguém poderia ser assim? Ele é um animal! Eu jamais quero ser assim!"
Seus sentimentos ecoaram nos demais homens do grupo. Na sessão seguinte, apesar da repetida rejeição da imagem desse homem, houve uma discussão contínua e intensa sobre ele.
A: "Sinto-me perseguido por ele".
B: "O que você disse que ele disse?"
James: "Eu nunca quero encontrar um cara assim".
Parecia à diretora que o marido de Caroline havia "se juntado ao grupo", e o que ele representava estava muito presente, se negado e projetado de volta à sua fonte original.
Diretora: "Estou me perguntando o que esse homem representa para cada membro do grupo, uma vez que se está falando dele continuamente. Colocarei uma cadeira vazia aqui e pedirei que cada um venha à frente e diga-lhe do que ele faz vocês se lembrarem.
James dá um salto, e diz raivosamente: "Acho que você é um homem horrível. Eu nunca quero vê-lo. Adeus". (Ele senta-se rapidamente, enrubescido e desafiador.)
Andrew: "Acho que você passa dos limites!"
Bert: "Minha mulher diz que sou igual a você quando bebo. Acho duro acreditar, mas temo que ela tenha razão".
(Essa foi uma conexão interessante para Caroline, uma vez que ela era sempre vista como "o parceiro bêbado".) Bert concordou em montar uma cena com sua mulher, descrevendo essas acusações. Na resolução, ele reconhece: "Eu sei que sou um porco quando bebo, que eu fedo, que eu mijo, que eu digo coisas que ferem os outros; mas, em meu íntimo, sinto-me mal, sinto-me fraco e preciso de você".
A partir dessa encenação, Caroline pôde continuar a desenredar algumas das percepções distorcidas do marido.

James se sentou transfigurado, ficou preocupado e retraído, e só após várias sessões conseguiu reconhecer sua fragilidade e necessidade de se fazer poderoso através do álcool, levando-o a uma atitude rejeitadora e indiferente com relação à mulher. Assim, várias dramatizações contribuíram para desmontar os sistemas de defesa dos membros do grupo que eram mutuamente sustentados. Os indivíduos começaram a reivindicar, através do reconhecimento consciente, aspectos de suas personalidades até então negados e combatidos. É apenas através do encorajamento de uma mudança que parte de um estado de percepção absoluta comprometido, que o alcoolista começa a progredir emocional e psicologicamente e, através disso, reduzir a vulnerabilidade à bebida.

Atitudes do diretor para com os clientes

Tem-se enfatizado consideravelmente as atitudes e sentimentos do paciente ou cliente em relação ao diretor ou terapeuta. O que dizer dos sentimentos e pensamentos que o diretor possa ter com relação ao cliente? A introdução sugeria que a tarefa do diretor era facilitar ao indivíduo "cair fora do carrossel". Na opinião da autora, a menos que se seja muito cauteloso, é fácil demais ser varrido para dentro do carrossel (movimentação rápida) e sofrer, subseqüentemente, a queda conjunta ou separada, as duas sem valor terapêutico. Na realidade, isso pode se somar a uma lista já longa de "fracassos", pessoais e terapêuticos. Como isso acontece? A patologia (e sobrevivência) dos alcoolistas levou-os a defender, negar e iludir a si próprios e aos que os rodeiam, numa busca constante pela intimidade, e aprovação pelas quais tanto anseiam e, no entanto, com relação às quais se sentem constantemente rejeitados. Para o diretor, pode haver, e é mais provável que haja, aspectos da personalidade dos clientes com os quais ele possa consciente ou inconscientemente se identificar, com os quais possa ter empatia, possa fazer-se amado, e mesmo apaixonado por eles. Inversamente, os sentimentos de repulsa, rejeição, hostilidade, suspeita e temor podem ser comumente experienciados em meio a um grupo bastante variado de clientes. Storr diz: "A maior parte dos traços que mais deploramos nos outros tem seu lugar nos recessos de nossas psiques" (Storr, 1979). Moreno faz eco a isso, afirmando: "Os processos mentais dentro de sua própria mente (do diretor) definitivamente têm um efeito sobre sua conduta durante o trabalho psicodramático" (Moreno, 1977: 228).

O alcoolista com freqüência busca a "salvação". Para obter a estima pessoal e profissional, pode ser fácil escorregar para a posição de salvador, para que o ajudador auxilie o desamparado, para o bem do ajudador; um sentimento de potência possivelmente mais confortável do que a identificação com o sentimento de impotência. "A pessoa ativa e projetivamente prestativa, inconscientemente demandará dos outros que sejam indefesos, enquanto os indefesos demandarão que os outros sejam prestativos" (Main, 1975). Tais padrões perpetuarão a impotência, despertarão a frustração e aumentarão o potencial de rejeição.

Nenhuma resposta é "má", na medida em que as atitudes sejam reconhecidas e exploradas abertamente, através da discussão. Se submersas, alienadas ou descartadas, então a interação antiterapêutica poderá se instalar. O diretor, igualmente, corre riscos, escorregando para mecanismos de defesa contrários às suas próprias frustrações, raiva e, freqüentemente, desespero. A projeção enviada de volta ao cliente é fácil demais de ocorrer: "Ele é tão passivo! Ele é um desperdiçador. Estou certo de que ele não quer parar de beber". Todas essas afirmativas, pensamentos e idéias precisam ser constantemente ventiladas, discutindo-se e esclarecendo-se através de processamento ou de supervisão, para estabelecer a fonte e os limites do material pessoal. Tanto Storr quanto Moreno encorajariam a auto-análise para maior compreensão desses processos, a fim de facilitar a relação com os pacientes em tratamento.

As atitudes para com os limites pessoais e grupais necessitam de análise constante, com uma clara compreensão com relação à decisão pela ação: "Sinto não poder vir ao grupo hoje, tenho que ir ao dentista". Através do questionamento de uma afirmativa desse tipo, o diretor poderá suscitar a raiva e o ressentimento; no entanto, poderá penetrar numa importante ansiedade de abstinência, que acabará por facilitar o engajamento do grupo. No caso em que esse comentário permaneça inquestionado, a abstinência pertencerá ao diretor, permitindo que o alcoolista entre uma vez mais em parafuso dentro de seu caótico mundo não estruturado. É importante permanecer sintonizado com o provérbio introdutório, modificado para ilustrar este capítulo:

> Primeiro, o homem toma um drinque,
> Daí, o drinque toma um drinque.
> Daí, o drinque (o terapeuta pode) toma o homem,
> Daí, o homem (e o terapeuta pode) cai.

Conclusão

É difícil predizer se o uso do psicodrama com alcoolistas, tal como ilustrado, influencia o alcoolismo. Acredito que a experiência do psicodrama possibilita uma oportunidade para a redescoberta do potencial pessoal de cada indivíduo. No alcoolista, esse potencial foi afogado pelo álcool. O uso do potencial redescoberto demanda decisões, e cada indivíduo detém a escolha de voltar a beber ou continuar a construir redescobertas.

Agradecimentos

Foi o compartilhamento de tais descobertas que me deu inspiração para fazer este trabalho. Serei sempre grata aos clientes que me permitiram acompanhá-los em suas jornadas. Estou em débito, também, com Marcia Karp, que permanece uma constante fonte de inspiração, e com o saudoso dr. Fernando Arroyave, sem cujo suporte e encorajamento eu não poderia ter feito minha própria jornada.

Referências bibliográficas

Arroyave, F. (s.d.) "Group analytic treatment of drinking problems", *in* T. E. Lear (ed.) *Spheres of Group Analysis*, Naas, Co. Kildare: Leinster Leader Ltd.

Blane H. T. (1968) *The personality of the Alcoholic, Guises of Dependency*, Nova York: Harper and Row.

Freud, S. "Cinco leituras em psicanálise", *in* Obras Completas

Greenberg, I. (1975) *Psychodrama*, Nova York: Souvenir Press.

Greenson, R. R. (1965) "The working alliance and transference neurosis" *in Psychoanalytic Quarterly* 34: 155-81.

Kessel, N. & Walton, T. (165) *Alcoholism*, Harmondsworth: Penguin.

Main, T. (1975) "Some psychodynamics of large groups", *in* L. Kreeger (ed.) *The Large Group*, Londres: Constable.

McCord, W. & McCord, J. (1960) *Origins of Alcoholism*, Londres: Tavistock Publications Ltd.

Menninger, K. *O homem contra si próprio*, São Paulo, IBRASA, 1970.

Moreno, J. L. *Psicodrama*, São Paulo: Cultrix.

Sandler, J., Dare, C. & Holder, A. (1973) *The Patient and the Analyst*, Londres: George Allen & Unwin, cap. 4.

Storr, A. (1979) *The Art of Psychotherapy*, Londres: Secker & Warburg.

Treadwell, T., Stein, S. & Kumar, V. (1988) "A review of psychodramatic warm-up techniques for children, adolescents and adults", *Journal of the British Psychodrama Association* 13 (1): 5-18.

Weiner, H. (1965) "Treating the alcoholic with psychodrama", *Group Psychotherapy and Psychodrama* 18: 21-49.

World Health Organization (1952) *Expert Committee on Mental Health*, "*Alcohol Subcommittee, second report*" W.H.O. Technical Report Series, n.º 48.

Yalom, I. D. (1945) *The Theory and Practice of Group Psychotherapy*, 2.ª ed., Nova York: Basic Books Inc.

Bibliografia complementar

Blume, S. (1968) "Psychodrama techniques in the treatment of alcoholics", *Group Psychotherapy and Psychodrama* 21: 241-6.

Blume, S. (1974) "Psychodrama and alcoholism", *Annals New York Academy of Science* 233: 123-7, abril.

Edwards, G. & Gross, M. M. (1976) "Alcohol dependence: provisional description of a clinical syndrome", *British Medical Journal* I: 1058-61, maio.

Feasy, D. (1984) "Psychodrama is group psychotherapy", *Journal of Drama Therapy* 13 (1), outono.

Marrone, M. (1979) "An approach to analytic psychodrama", *Journal of Drama Therapy* 13 (1), outono.

Monroe, C. (1968) "An effective treatment for the alcoholic", *Journal of British Psychodrama Association* 1 (2): 30-6, Winter.

Powell, A. (1986) "Object relations in the psychodrama group", *Group analysis* 19: 125-38.

Ruscombe-King, G. (1983) "Psychodrama — a treatment approach to alcoholism", *British Journal of Occupational Therapy* 46 (7), julho.

Speroff, B. J. (1966) "Psychodrama with alcoholics — two brief paradigms", *Group Psychotherapy* 19 (3-4): 214-19.

Van Meulenbrouck, M. (1972) "Serial psychodrama with alcoholics", *Group Psychotherapy and Psychodrama* 125: 151-4.

* Silêncio.

CAPÍTULO ONZE

Umbral para o passado:
O uso de técnicas dramáticas com filhos adultos de alcoolistas e co-dependentes

Kit Wilson e Elaine Eller Goldman

Tem havido um crescente interesse mundial pelos filhos de alcoolistas, tanto crianças quanto adultos, enquanto população de risco em termos de alcoolismo, e uma ampla variedade de outras disfunções emocionais e físicas. Os filhos de alcoolistas se assemelham a sobreviventes do Holocausto, ou aos veteranos do Vietnã — sobreviveram aos traumas diários do alcoolismo parental —, mas carregam profundas cicatrizes em suas psiques.

Em todo o mundo, atualmente, a cobertura nacional e local pela mídia conduziu a uma demanda por tratamento. A freqüência a conferências e "oficinas" (*workshops*) para filhos adultos de alcoolistas excedeu a todas as expectativas. O entusiasmo gerado se assemelha a um movimento social. Terapeutas e conselheiros se apressam no sentido de oferecer serviços que preencham as necessidades dessa população.

O psicodrama e outras técnicas de ação são particularmente adequados aos propósitos do processo de recuperação específico de FAAs (filhos adultos de alcoolistas) e de co-dependentes.

A psicoterapia verbal tradicional freqüentemente não rompe a barreira da negação, nem atinge as emoções profundamente guardadas no *self*. A verdadeira cura raramente ocorre, até que esses sentimentos sejam reexperienciados e liberados. Quando essa catarse experiencial é acompanhada da aprendizagem cognitiva inerente ao processo psicodramático, há possibilidade de uma arrancada em direção à recuperação.

Neste capítulo, discutiremos alguns dos estágios típicos de recuperação experienciados por um filho adulto. Daremos então exemplos de técnicas psicodramáticas que seriam úteis nesse estágio. Antes de começar, todavia, é importante colocar brevemente algumas das premissas básicas que constituem o embasamento do atual conceito de alcoolismo, assim como de outro vícios, como doença familiar.

A dependência química é um processo progressivo de doença. O rótulo "dependência química" inclui o alcoolismo e outras dependências de produtos químicos, como cocaína, drogas receitadas, narcóticos, e uma ampla variedade de drogas de rua, isoladas ou misturadas. O estilo de vida varia de acordo com diferentes drogas — o estilo de vida de um viciado de rua é muito diferente do estilo de vida de uma mulher alcoolista que bebe escondida em seu quarto. Um agitado *yuppie* consumidor de cocaína levará uma vida diferente de um jovem negociante assustado. No entanto, o processo de doença, os problemas, os efeitos no autoconceito e na personalidade, a progressão constante da doença, são previsivelmente parecidos, não importa a droga. E o efeito e a progressão no sistema familial são os mesmos, quer a droga seja o álcool, a cocaína, a maconha, a heroína ou o Valium.

"Qualquer pessoa cuja vida esteja em contato com a do alcoolista é, de um modo ou de outro, afetada por sua doença, mas suas conseqüências diretas recaem sobre os membros de sua família imediata" (Wegscheider, 1981). Para sobreviver à inconsistência, ao caos e à confusão criados pela dependência química, os filhos desenvolvem padrões de enfrentamento que podem ser disfuncionais, ou não-sadios. Tais padrões podem ter continuidade na vida adulta. Por exemplo, as crianças em geral não aprendem a identificar limites — onde *eles* começam e os outros terminam. Com fronteiras obscuras, a família torna-se uma massa emocional indiferenciada. A um membro da família aprisionado nessa armadilha chamamos co-dependente. A co-dependência é uma obsessão ou dependência com relação a pessoas ou coisas fora do *self*, a ponto de negligenciar o *self* e ter pouca auto-identidade (Lerner, 1987).

Os sistemas familiais alcoolistas são tipicamente fechados, com regras e papéis rígidos. Os adultos que crescem nesses sistemas precisam de tanta ajuda quanto o próprio alcoolista. Isso é verdade, quer quando a pessoa quimicamente dependente ainda faça uso do álcool, esteja em recuperação, esteja ausente ou tenha morrido. O tratamento para filhos adultos não tem o objetivo de ajudar a família a ajudar o alcoolista. Trata-se de uma outra questão: um processo chamado intervenção. Os filhos adultos precisam enfocar suas próprias áreas de disfunção, de modo a começar a se autocurar.

Preparação para a mudança

As regras básicas das famílias de alcoolistas são: "Não confie, não fale sobre as verdadeiras questões, e não se sinta mal" (Black, 1981). As técnicas de ação são excelentes intervenções para lidar com essas regras. As técnicas de ação derivam do psicodrama, que se baseia na teoria, filosofia e metodologia de J. L. Moreno. O uso da "ação" facilita a mudança construtiva através do desenvolvimento de novas percepções.

Confiando

A confiança é um pré-requisito terapêutico. Os filhos adultos precisam aprender a confiar tanto no terapeuta quanto no grupo, antes de começarem o processo de recuperação. Eles também precisam aprender que podem estabelecer limites no processo de terapia, assim como na vida. Em qualquer grupo, a confiança é imperativa, se se quiser explorar os sentimentos interpessoais.

É importante lembrar que a escolha e o uso de um exercício ou técnica depende do tipo de grupo, do tamanho do grupo e do tempo da sessão. Finalmente, o mais importante é a avaliação geral do diretor sobre o que o grupo está preparado para fazer. Usamos uma série de exercícios simples para aquecer o grupo com relação a cada um dos membros e aos facilitadores. Isso cria, subseqüentemente, o começo da confiança no grupo. Ao estruturar qualquer exercício, sentimos que é importante ser claro, dar uma instrução por vez e estar consciente do nível de conforto dos membros do grupo. Em cada estágio, nossas questões e estrutura refletem nosso propósito. Num grupo pequeno, podemos colocar uma questão para cada membro, de cada vez. Convém começar por pedir ao grupo que feche os olhos ou que olhe para o chão, a fim de tentar focalizar a si mesmo. Você pode precisar "estabelecer" o grupo, pedindo que as pessoas dêem uma ou mais inspiradas profundas. Peça-lhes que focalizem a questão que vocês estão colocando, dê-lhes um momento para fazê-lo. Peça-lhes que abram os olhos quando estiverem prontas. Esteja consciente do seu *propósito* ao escolher um tópico e se aprofundar mais com um indivíduo. Eis alguns exemplos:

Qual é o sentimento preponderante em você, hoje ou nos últimos dias?
Descreva-se (o tipo de pessoa que você é) num quadro ou numa imagem.
Que pessoa ou evento em sua vida o faz ficar com raiva?
Que tipo de coisa em sua vida o faz ficar triste?
Quem representou uma influência significativa em sua vida (positiva ou negativa)?
Do que se sente mais orgulhoso?
Que tipo de comportamento ou ação você mudaria, se pudesse?
Se você pudesse ser alguém ou algo, quem ou o que você seria?
Descreva um objeto significativo que você tem ou teve em sua vida.
O que você gosta de fazer (e é capaz de fazer) que não tem feito há muito tempo?

Desenvolva ou amplie suas próprias questões, mas tenha em mente seu objetivo. Não se esqueça de compartilhar sua resposta à questão. Você pode escolher fazer isso por último, ou primeiro, como um quebra-gelo. Num grupo grande, os membros podem ser divididos em subgrupos de quatro a oito pessoas; ou um grupo pode ser dividido em pares, e receber uma tarefa simples que os ajude a conhecer aos outros e a começar a sentir mais confortáveis no grupo maior. Ao final da tarefa no grupo pequeno, o grupo se reúne novamente no grupo maior e é convidado a compartilhar a experiência.

Há também exercícios mais sofisticados de confiança e risco, como o "andar às cegas". Para fazer esse exercício, divida o grupo em pares. Designe um companheiro de cada par para ser o líder. Designe o outro parceiro de cada par como o cego. Instrua os cegos a fechar os olhos. Instrua os líderes para que conduzam *não-verbalmente* a pessoa cega e forneça-lhe tantas experiências quantas forem capazes de encontrar no meio. Isso pode ser feito numa sala, ao ar livre ou numa combinação dos dois. Considere seu grupo, o meio, ou outros fatores que possam limitar ou realçar a experiência. Dê-lhes o tempo que for necessário para fazê-lo, enquanto você observa o nível de interação. Então, inverta o processo. Pode ser que você queira que o grupo mantenha os mesmos parceiros. Talvez você queira que eles se dividam nos papéis opostos e façam com que os novos líderes escolham quem eles conduzirão (ou vice-versa).

Quando todos os membros do grupo tiverem experienciado cada papel, encerre com o compartilhamento. Lembre-se, todavia, de que é mais difícil atingir um nível de confiança com filhos de alcoolistas, devido à sua experiência de vida. Conseqüentemente, antes de usar um exercício como o "andar às cegas", estejam seguros de que seu grupo está pronto para isso.

Falando sobre as verdadeiras questões

A negação continua sendo o sintoma primário dos filhos adultos de alcoolistas. Uma vez que cresceram em silêncio com relação ao alcoolismo, como adultos ainda estão aprisionados no processo de se protegerem e aos demais membros da família dos fatos dolorosos. Um dos primeiros passos na recuperação é a aceitação do papel que o álcool desempenhou em suas famílias de origem.

A família quimicamente dependente é organizada ao redor do álcool ou das drogas, e ao redor da pessoa quimicamente depedente. Os membros da família geralmente estão tão aprisionados na proteção do sistema, em livrar a cara e sobreviver, que freqüentemente não estão conscientes do que está acontecendo. Um dos primeiros passos na recuperação é a compreensão crescente do papel que o álcool ou as drogas desempenharam em sua relações familiares. Precisamos quebrar a regra que diz: "Não falem sobre as verdadeiras questões". Por essa razão, esse primeiro estágio de recuperação é chamado de conscientização emergente.

"É o estágio do processo de recuperação em que os filhos adultos dos alcoolistas começam a tornar-se conscientes das vulnerabilidades psicológicas, fisiológicas e genéticas que adquiriram como resultado de terem sido criados numa família onde havia um alcoolista (Gravits & Bowden, 1985).

Uma das maneiras de ajudar os FAAs a "ver o alcoolismo" e "falar sobre ele" é usar o sociograma dramático.* É uma representação

---

* No Brasil, esse procedimento é conhecido como "imagem do átomo familial". (N.E.)

simbólica da dinâmica das relações dentro de um grupo específico. Usada com os FAAs, serve para esclarecer as relações, reconhecer "antigas mensagens" e obter uma compreensão mais clara da influência do álcool no sistema familial, em termos de gerações.

Para nossos propósitos, fazemos dois sociogramas com os FAAs. O primeiro, com a família atual do FAA, e depois com sua família de origem. Em primeiro lugar, o indivíduo escolhe um membro do grupo para representar cada um dos outros significativos em seu sociograma (isto é, esposa, marido, filhos). Então, o FAA descreve um de cada vez. Ocasionalmente, pode-se incluir alguém para representar o "álcool" e seu lugar na dinâmica da família. Após experienciar o "retrato simbólico" da estrutura da família atual, assim como da família de origem, o FAA pode ver as semelhanças e diferenças entre as duas famílias. Isso aumenta a percepção do papel que o álcool desempenha através das gerações.

Temos um exemplo recente do poder visual do sociograma dramático: um FAA do sexo masculino colocou-se de pé numa cadeira, no lugar do "poder", ao representar o sociograma atual, com o filho incapaz de se comunicar com ele. Então, mostrou-nos seu sociograma da família de origem. Colocou a mãe (a alcoolista) numa cadeira, com ele incapaz de alcançá-la ou de se comunicar com ela. À medida que se conscientizou das similaridades e de como o filho devia estar se sentindo, imediatamente desceu da cadeira e lidou com seu filho de modo diferente.

Sentindo

Reconhecer a dependência química na família e começar a se identificar como um FAA geralmente traz alívio e mesmo excitamento. O papel do "não fale" foi rompido, e a conspiração do silêncio finalmente se encerrou. Há uma nova liberdade para ser aberto e honesto.

Entretanto, os bons sentimentos iniciais são muitas vezes seguidos de uma carga de emoções menos agradáveis — raiva, vergonha, tristeza extrema —, todas as partes do processo natural de luto. De modo típico, uma família quimicamente dependente é um recipiente de lutos não resolvidos. As perdas que envolvem a pertinência a uma família deficiente são enormes — perda da infância, perda dos pais, perda da esperança. De mãos dadas com a necessidade de afligir-se, temos a necessidade de completar coisas não terminadas que não podem, por qualquer razão, ser completadas na vida.

Uma técnica ideal para ajudar o FAA a lidar com as "questões não terminadas" é a da "cadeira vazia". É uma técnica de desempenho de papéis em que o indivíduo pode falar para o outro significativo como nunca foi capaz de fazê-lo. A cadeira vazia é um exercício poderoso, e deve ser utilizado criteriosamente, e por alguém bem treinado em lidar com emoções intensas, pesar e raiva. Dispomos a cadeira vazia e escolhemos um voluntário que tenha assunto não terminado com uma pessoa significativa em sua vida. Freqüentemente, trata-se de alguém que não está mais vivo. Quando permitimos que o FAA diga o que ele não foi capaz de dizer em vida, possibilitamos muitas vezes uma catarse de antigas raivas ou um aspecto retardado do processo de luto que podem estar causando algumas das dificuldades atuais.

Os exemplos de trabalhos usando a cadeira vazia são numerosos e variam de uma catarse de anos de uma raiva não resolvida com relação ao progenitor alcoolista e violento a um profundo trabalho de luto com relação às perdas inerentes à vida de um FAA.

O FAA precisa de ajuda na elaboração de seus sentimentos. Apenas sentir pode ser uma experiência assustadora, porque uma outra regra familial, "Não sinta", estará sendo quebrada.

Um exemplo de trabalho realizado com a cadeira vazia poderia ser o de um FAA que, pela primeira vez, consegue ter uma catarse de raiva com relação ao progenitor alcoolista e/ou o progenitor que não o protegeu do alcoolista. A partir daí, ele é finalmente capaz de ter uma catarse das lágrimas e da dor com relação ao "amor perdido" do progenitor violento.

Outra técnica consiste em pedir aos FAAs que escrevam "a carta" que eles nunca escreveram. Escrever uma carta que jamais foi escrita a alguém significativo — falecido ou vivo — encoraja o FAA a trabalhar com questões não terminadas, dentro de uma atmosfera segura, controlada e suportiva. A cadeira vazia e a carta freqüentemente dão origem a um trabalho de luto indispensável.

A estrutura do jogo da carta é a seguinte:

1. Muitas vezes há pessoas a quem você desejou dizer algo e não o fez. Escrever uma carta é um modo de fazê-lo.

2. Que tipo de papel de carta você vai usar?

3. Você usará caneta ou lápis?

4. Qual a data da carta?

5. Quem é a pessoa para quem você está escrevendo?

6. Descreva a personalidade dela em poucas palavras.

7. Escreva a carta.

8. Como você vai assinar a carta?
(use a realidade suplementar)

9. Inverta os papéis com o protagonista ocupando o lugar da pessoa que vai receber a carta.

10. No papel do outro, faça com que o protagonista se descreva.

11. Enquanto no papel do outro, escreva uma carta para ele.

12. Faça a re-inversão dos papéis.

13. Pare após o ponto 8, não use a inversão de papéis, apenas a passagem do tempo.

14. Que tipo de resposta você poderia obter?

15. Ou: que tal você se sente agora que escreveu a carta? Compartilhe.

Muitas vezes, após fazer esse exercício, os participantes realmente escrevem a carta.

Mudando

O segundo estágio de recuperação em filhos adultos de alcoolistas se relaciona a lidar com questões fundamentais: formas de comportamento aprendidos na infância e que persistem até hoje; sentimentos e atitudes com relação ao álcool e às drogas, questões de confiança, dependência e controle; problemas com intimidade e sexualidade; questões de limites (Gravitz e Bowden, 1985). Nesse ponto, após a onda inicial de sentimentos já haver diminuído de intensidade, é útil para o filho adulto ser protagonista de uma sessão de psicodrama completo.

Um psicodrama "básico" ou "clássico" consiste numa sessão de aproximadamente uma hora e meia, durante a qual o FAA explora quaisquer problemas básicos. O psicodrama encoraja e possibilita um veículo direto através do qual o indivíduo reexperiencia as questões principais de sua vida. Em vez de falar sobre o problema, o FAA é imerso novamente em sua realidade, como se fosse pela primeira vez. É aí que reside o verdadeiro poder do psicodrama. A catarse emocional, as percepções que ocorrem nessa experiência são tão imediatas, tão vívidas e tão intensas, que podem ter um impacto duradouro.

Ensaiando

Não é sempre necessário ou terapêutico para um filho adulto lidar com outros membros da família que ainda se encontrem em negação, que ainda estejam envolvidos ou fazendo uso do álcool. Entretanto, em algum momento da recuperação, talvez seja importante fazer uma visita à sua casa, conferir percepções com um irmão, ou ir a um casamento, a um enterro, ou outros eventos familiares. Os encontros podem ser atemorizantes, particularmente no início da recuperação. Muitas vezes, a preparação e o ensaio são um modo útil de prover um suporte antecipado.

O treino de papéis é um ensaio para situações da vida real. É planejado para ajudar o cliente a mudar comportamentos específicos e/ou habilitar alguém a praticar novos comportamentos. O FAA recorre a eventos reais para demonstrar suas reações numa situação específica. Então, dentro desse referencial, podemos utilizar a técnica do espelho ou outras técnicas psicodramáticas para a compreensão ou esclarecimento, à medida que o FAA esteja preparado para mudar o comportamento indesejado.

Por exemplo, numa cena de treinamento de papel pode-se ver o FAA preparando-se para enfrentar um progenitor de modo temeroso, beligerante ou nervoso, sem consciência de como está se aquecendo para o evento. Poderíamos usar um espelho para mostrar ao FAA o que ele está fazendo, e ajudá-lo a tentar outros comportamentos.

Brincando

Numa família governada por regras rígidas e pela necessidade de proteger e poupar a cara, há muitas vezes uma falta de espontaneidade que retarda a criatividade e a capacidade de se divertir. Os papéis são invertidos e as crianças crescem para se tornar "adultos" em miniatura. A necessidade de se responsabilizar por todas as situações e controlá-las nos conduz a uma família incapaz de se relaxar, ficar à vontade e vivenciar a alegria. Seus membros nunca aprenderam a brincar. Os exercícios de espontaneidade são úteis na liberação daquela "criança espontânea" que existe dentro de todos nós. Com essa finalidade, usamos uma série de "exercícios de espontaneidade", e um pouco de "dramatização de estórias".

Esses exercícios são projetados para realçar e aumentar a espontaneidade, a criatividade e o esforço cooperativo de grupo. Primeiramente, eles geram diversão e risadas e ajudam os FAAs a se sentirem como crianças. Variam da representação de eventos históricos, lugares, temporadas, à dramatização de uma estória, fábula ou conto de fadas.

"Dramatizar estórias" é um exercício de grupo em que cada membro assume um papel ou uma parte na representação de uma estória ou conto de fadas. Ao fazer esses exercícios, divirtam-se! Eles aumentam a coesão grupal e favorecem a espontaneidade e a criatividade. Permitem que os membros vivenciem papéis que usualmente não são assumidos.

Alguns clientes podem se mostrar tão restritivos com relação a brincar quanto a demonstrar outros sentimentos. Encorage o envolvimento em algum nível. Mantenha a segurança física do grupo.

Peça a vários membros do grupo que sugiram diferentes estórias, fábulas, contos de fadas etc. Escolham uma delas (pode ser uma escolha "sociométrica", uma escolha majoritária obtida através de votos ou outro método qualquer. Geralmente, é melhor que o grupo escolha). Talvez haja a necessidade de se delinear a estória muito brevemente. Decida que personagens necessitarão ser retratados. Lembre-se, podem-se acrescentar personagens ou pedir às pessoas que representem objetos etc. (incluam um narrador, se necessário). Peça que os membros do grupo se apresentem voluntariamente ou se escolham um ao outro para representar cada personagem. Peça que os personagens preparem a cena. Represente a estória. Permita que o grupo retrate a estória à sua maneira. Encerre com o compartilhamento sobre a experiência total e os sentimentos específicos ao representar os personagens. Foram diferentes ou semelhantes aos papéis que eles representam na vida?

Escolhendo

Finalmente, os filhos adultos de alcoolistas começam um processo de escolha. Eles aceitam as responsabilidades por suas decisões, compromissos e crescimento. Necessitam de uma estrutura e de uma visão para continuar a recuperação. Esse é o estágio espiritual de recuperação

O exercício final dirige-se a muitos dos problemas dos FAAs e, para nós, tornou-se um encerramento poderoso para nossas sessões. Na "butique mágica", apenas qualidades abstratas (isto é, coragem, confiança, esperança, paciência, a capacidade de demonstrar sentimentos etc.) são trocadas por qualidades pessoais específicas do indivíduo (isto é, medo, raiva, impotência, desconfiança etc.). Na butique, pede-se que se façam escolhas e decisões e que se seja responsável por si mesmo.

Para esse jogo, criamos uma "butique" especial, um vendedor, e um ajudante. A butique opera apenas no sistema de trocas, e, dentro desses limites, o FAA tem que se defrontar com as escolhas feitas no passado e as desejadas no futuro. Por exemplo, um FAA pode querer "comprar" a capacidade de mostrar os sentimentos, mas o vendedor só estará desejando efetuar a transação se o FAA desistir do muro de desconfiança que ele mantém em torno de si. Embora a butique mágica comece na fantasia, à medida que o escambo ocorre, o exercício desloca-se da fantasia para o simbolismo e, finalmente, para a realidade.

Acreditando

Se o amor-próprio é o alicerce da estrutura psíquica, é fácil ver como os filhos adultos de alcoolistas, desenvolvendo-se numa atmosfera de tensão, crise, caos e imprevisibilidade, estão constantemente lutando pela sobrevivência psíquica.

Moreno disse: "Os seres humanos têm duas questões importantes a responder. 'Quem sou eu?' e 'Onde eu me encaixo?'" Afirmou também que a capacidade de responder bem a essas questões é uma medida de quão plenamente vivenciamos nossas vidas (comunicação pessoal).

Esse é o âmago da luta adulto-criança: uma busca de identidade, de um "self" sólido, de limites confortáveis — uma busca para descobrir quem eu realmente sou. E uma busca por um nicho, por relações, por um sentimento de pertencer — uma busca por um meio onde eu me encaixe e seja cuidado.

Conseqüentemente, se pudermos ajudar os FAAs em sua busca de confiança, honestidade e sentimento, *vis-à-vis* do passado, talvez eles possam vir a ter confiança e acreditar neles mesmos.

O psicodrama e as técnicas dramáticas envolvem o filho adulto do alcoolista num experienciar de suas buscas em todos os níveis: intelectual, físico e espiritual.

Referências bibliográficas

Black, C. (1981) *It Will Never Happen to Me*, Denver, Colorado: M.A.C. Publishers, Capítulo 3, pp. 31-52.
Gravitz, H. & Bowden. J. (1975) *Guide to Recovery: A Book For Adult Children of Alcoholics*, Homes Beach, Flórida: Learning Publications Inc., p. 29.
Lerner, R. (1987) Conferência, Seattle, Washington, 31 de julho.
Wegscheider, S. (1981) *Another Chance: Hope and Health for the Alcoholic Family*, Palo Alto, Califórnia: Science and Behavior Books, Inc., p. 76.

CAPÍTULO DOZE

O que estamos tentando fazer aqui é desarmar bombas
Psicodrama com delinqüentes graves

Jinnie Jefferies

Numa sala do presídio de Grendon, uma assistente jaz num colchão no chão, coberta por um cobertor. Ajoelhado ao seu lado, John se encontra no leito de morte da mãe, dizendo-lhe como se sentiu ao ser espancado e desprezado por ela quando criança. A mãe de John morreu de modo um tanto inesperado durante a prisão dele. Há lágrimas em seus olhos.
 Diretora: "O que está acontecendo enquanto você fala com sua mãe, aqui?".
 John: "Sinto muita raiva de mim mesmo".
 Diretora: "A que se refere sua tristeza?".
 John: "A arrependimento, raiva, amor. Continuo buscando desculpas dentro de mim, mas não consigo encontrá-las. Digo que a culpa é da minha mãe. Não sei se realmente é".

Grendon

John é um dos 260 homens que escolheram cumprir parte de sua sentença no presídio de Grendon, construído em 1962 para oferecer um regime terapêutico a prisioneiros com problemas graves de comportamento e de personalidade. Todos os sentenciados que desejam ir para Grendon precisam ser recomendados por seus oficiais médicos. A média de permanência é de dois anos, mas a qualquer momento os internos ou a equipe podem decidir encerrar o tratamento. Ao final de sua permanência, os prisioneiros retornam às prisões de triagem para um novo remanejamento.
 Quando chegam a Grendon, são avaliados e encaminhados a uma ala. Eles têm celas individuais que, diferentemente das outras prisões, permanecem destrancadas durante o dia para possibilitar que se associem livremente com os demais. Existem alas destinadas a estupradores, a assassinos e àqueles que cometeram crimes violentos ou delitos relacionados a drogas. Há uma regra de não-violência, e os homens que cometem atos violentos são transferidos de Grendon. Em outro presídio, muitos desses homens cumpririam a totalidade de suas sentenças na

"Lei 43", que lhes permite um virtual isolamento. Muitos preferem esse regime em vez de se arriscar ao contato com outros prisioneiros, pois temem o que possa lhes acontecer se a natureza de seus crimes tornar-se conhecida.

Enquanto estão nessa ala, os prisioneiros participam de uma terapia intensiva de grupo. Pede-se-lhes que freqüentem regularmente um grupo, a fim de falar sobre si, suas relações e seus delitos. Eles também têm que freqüentar um encontro mais amplo da comunidade, que oferece um fórum em que pequenos grupos recebem informações e lidam com dados referentes à comunidade. Funcionários do presídio desempenham um papel ativo na terapia de grupo; eles proporcionam valiosos modelos de papéis, e de relacionamentos que os prisioneiros não experienciariam de outra forma. Há também destacamentos de trabalho e classes educacionais, mas a terapia sempre foi a prioridade número um em Grendon.

O psicodrama é um acontecimento semanal para os prisioneiros em três alas; há uma sessão de duas horas semanais, durante doze semanas. É dirigido pelo psicodramatista, às vezes auxiliado por uma assistente de outro departamento. As assistentes não são treinadas em psicodrama, mas sua presença pode ser valiosa quando um papel complementar, na dramatização, precisa ser desempenhado por uma mulher. No início de cada série de doze semanas, os membros do grupo recebem um treinamento com relação a técnicas auxiliares e de duplo, para uso em sessões posteriores.

Os que desejam freqüentar as sessões de psicodrama discutem suas intenções com seu pequeno grupo. Nas avaliações que ocorrem a cada três meses, a equipe discute com um prisioneiro a possibilidade de que ele freqüente o psicodrama como parte de seu plano de tratamento. Antes que se inicie cada período de sessões de doze semanas, os prisioneiros selecionados são entrevistados pelo psicodramatista, para discutir as áreas de trabalho com as quais gostariam de lidar. Após a entrevista, fazem um acordo para permanecer no grupo por todo o período de doze semanas, uma vez que o grupo de psicodrama funciona como grupo fechado.

Após cada sessão semanal, os membros do grupo fornecem informações à comunidade e aos seus pequenos grupos; o psicodramatista fornece informações à equipe policial e civil, na presença do terapeuta da ala. Adicionalmente, a sessão é registrada no Livro de Ocorrências Diárias, de modo que a equipe que entrar em plantão saiba o que ocorreu.

O grupo-cliente

A maior parte de nós abomina a violência, e não aceita o fato de um indivíduo infligir dor e sofrimento a outro. Temos pouca compreensão de como isso pode ocorrer, e a imprensa sensacionalista expressa nosso ódio por essas ações com manchetes como "Animal", "Bruto" ou "Demônio".

Muitos dos que vêm a Grendon, como John, por exemplo, estão infelizes, alienados e angustiados. O que ocorreu a alguns desses homens é muitas vezes mais destrutivo que seus crimes. Há numerosos casos de homens que, quando crianças, foram espancados, humilhados e abandonados por um ou ambos os pais; há histórias de incesto violento, de extrema crueldade, de crianças cujas mãos foram colocadas sobre chapas incandescentes, que foram alimentadas com as próprias fezes, ou solicitadas a proporcionar prazer sexual a mães e pais. Há histórias de estranhos que se aproveitaram de seus anos vulneráveis e de crianças que foram testemunhas indefesas de cenas de violência entre os pais amados ou que se tornaram o objeto escolhido para uma raiva redirigida. Desprovidos de amor-próprio e confiança e revoltados por haverem sido privados quando crianças do que lhes era de direito, fazem uma tentativa, na vida adulta, de recuperação do equilíbrio dessas danosas experiências precoces. "A tendência de tratar os outros da mesma maneira pela qual fomos tratados é arraigada na natureza humana" (Bowlby, 1988: 91). Numa tentativa de se auto-afirmar, os homens que foram maltratados redirigem os sentimentos negativos destinados a seus pais para aqueles membros da sociedade geralmente vistos como mais fracos que eles.

À lista de delitos, alguns prisioneiros acrescentam o espancamento das esposas, maus-tratos ou abandono de filhos. Assim que suas relações sofrem uma ameaça, eles respondem repetindo o padrão familiar de lidar com questões tão difíceis: papai e mamãe discutem; papai bate em mamãe; a raiva é redirecionada para a criança, e papai vai para o bar, ou vai embora para sempre. Eles não têm outro modelo.

Teoria do vínculo

O texto de John Bowlby sobre a "teoria do vínculo" e suas aplicações clínicas (Bowlby, 1988) confirmam o que descobri através de meu trabalho de psicodramatista, ao lidar com essas questões. Além disso, ele oferece um enfoque teórico para ajudar a compreender o que está ocorrendo com esses homens em Grendon.

Bowlby acredita que os tipos de experiência que uma pessoa tem na infância, e os tipos de vínculos criados, são fundamentais para o desenvolvimento da personalidade. "As experiências precoces afetam tanto a expectativa do indivíduo de encontrar mais tarde uma base pessoal segura, ou não, como também o nível de competência que ele tem para iniciar relações mutuamente enriquecedoras quando surge a oportunidade" (Bowlby, 1979: 104). É através de relações mutuamente enriquecedoras e da interação repetida com os outros que uma personalidade saudável se desenvolve.

Pesquisas que confirmam as idéias de Bowlby indicam que muitos indivíduos que sofrem de ansiedade e insegurança, ou exibem sinais de dependência, imaturidade e baixo autoconceito, foram expostos a uma patogenia parental, resultando num grande ressentimento parcialmente inconsciente que irá persistir posteriormente, usualmente expresso de forma não mais ligada aos pais, mas a outras pessoa mais fracas (Henderson, 1974). É muito provável que tal pessoa, diz Bowlby, esteja sujeita a intensos desejos inconscientes por amor e apoio, que podem ser expressos através de um comportamento aberrante, de demanda de atenção como tentativas inconvictas de suicídio ou sintomas conversivos (Bowlby, 1979).

A visão de que a auto-imagem negativa pode, de algum modo, estar ligada à propensão a cometer delitos é muito antiga em criminologia (Cohen, 1955; Hewit, 1970; Kaplin, 1975). A confirmação de que existe uma ligação entre o baixo amor-próprio, de um lado, e a hostilidade e agressão, de outro, tem vindo através de várias fontes (Green & Murray, 1973). Rosenbaum e de Charms (1960) consideram o baixo amor-próprio associado não apenas a indivíduos aparentemente dóceis, retraídos ou apagados, mas também àqueles cujo comportamento social assume a forma oposta — agressividade, força e ataque.

Procurando entender os exemplos extremos de violência nas famílias, Bowlby estabelece uma relação entre a ansiedade e a raiva como resposta ao risco da perda de relações específicas. Eles são de três tipos: relações com os pais, com os filhos e com um parceiro sexual. "Cada tipo é revelado com grande emoção... A vida emocional de uma pessoa como um todo, o tom subjacente de seu sentimento, é determinada pelo estado dessas relações comprometidas a longo prazo" (Bowlby, 1988: 80). Ele considera que o comportamento raivoso é funcional, e serve para manter essas relações de longo prazo vitalmente importantes. A violência inadequada nas famílias é encarada por Bowlby como uma versão distorcida e exagerada de um comportamento que é potencialmente funcional, especialmente o comportamento de vinculação ou eliciador de cuidados.

Ao estudar os efeitos do desenvolvimento da personalidade em crianças que foram agredidas física e psicologicamente, Martin Rodeheffer (citado em Bowlby, 1988) constatou que elas eram deprimidas, passivas e inibidas, mas também iradas e agressivas. As observações de Bowlby com relação a crianças pequenas que sofreram maus-tratos e abusos sexuais mostram com clareza inconfundível quão precocemente na vida certos padrões característicos de comportamento se estabelecem. Ele diz: "Uma porção significativa de crianças rejeitadas e violentadas crescem para perpetuar o ciclo da violência familiar, continuando a responder nas situações sociais exatamente com os mesmos padrões de comportamento que desenvolveram durante os primeiros tempos da infância (Bowlby, 1988: 92).

John

O trabalho psicodramático de John oferece evidências que sustentam as teorias de Bowlby, bem como outras pesquisas nesse campo.

Quando John se deslocou do leito de morte da mãe para a cena de seu delito, ele disse ao grupo que não compreendia seu crime. "A polícia me conhecia como um cara que saía, e se metia numa briga, e cometia alguns roubos em lojas, e fazia alguns assaltos, mas ela não sabia que eu iria sair e cometer um estupro. Nem eu mesmo sabia."

Na noite do crime, ele havia recebido alta do hospital, onde fora internado por haver cortado os pulsos e quase haver perdido um dos braços nessa tentativa. Seu braço estava engessado. Na reconstrução do crime, John agarra a vítima, desempenhada por um ego auxiliar.

John: "Não sei o que está acontecendo. Não sei o que aconteceu. Sinto muito".

A vítima jaz soluçando no chão.

John: "Mentalmente eu a feri. Devo tê-la humilhado. Ficamos chorando por dez minutos. Eu estava chorando mais. Eu estava pirando".

Diretora: "Mostre-nos, não diga".

John e a ego auxiliar simplesmente ficam chorando; lágrimas escorrem dos olhos de John à medida que ele recorda a cena, à medida que o "lá-e-então" de suas ações é vivenciado no "aqui-e-agora" de suas emoções.

John: "Eu não bati em você, bati?".

Em vez de interromper a fala de John com uma inversão de papéis, a ego auxiliar faz que não com a cabeça.

John: "Cada vez que começo a pensar no que fiz a você, simplesmente tenho vontade de agarrar um copo e esmagá-lo em meu braço. Continuo a desejar que eu tivesse perdido o braço, que o médico não tivesse conseguido salvá-lo. Parece loucura, mas minha vontade é de me fazer em pedaços. Eu me odeio pelo que lhe fiz. A única pessoa que eu queria ferir era minha mãe. Deus sabe o que estava se passando em minha cabeça naquela noite, porque eu não sei".

Após o crime, ele perambulou por duas semanas, dormindo sob arbustos, em parques e se embebedando. Com os poucos objetos de que dispomos na sala, construímos os símbolos de um arbusto e pedimos a John que reconstitua sua perambulação e se ajeite debaixo do arbusto quando estiver pronto. Pedimos que ele verbalize seus pensamentos em voz alta.

John: "Fico procurando desculpas, mas não consigo achá-las. Digo que a culpa é de minha mãe, mas não sei se é. Não sei se sou apenas eu querendo ferir uma mulher por alguma razão. É difícil perdoar a mim mesmo, o que fiz é simplesmente nojento. Meu estupro foi pior do que tudo o que minha mãe fez para mim. Espero chegar a compreender isso".

John se levanta, anda pela sala e pára, anda e pára de novo.

John: "Eu só queria ser capaz de confiar nas pessoas, e amar as pessoas, e abraçar as pessoas, pois deve ser maravilhoso ser capaz de confortar alguém, de dizer: 'Você é ótimo' e 'Eu gosto de você', esse tipo de coisa. Deve ser legal".

Psicodrama em Grendon

O psicodrama em Grendon se baseia nas melhores pesquisas disponíveis. Elas demonstram que o comportamento negativo e anti-social é muitas vezes o resultado do baixo amor-próprio, da falta de autoconfiança, e é uma expressão de raiva e ressentimento inconscientes com relação ao que aconteceu nos primeiros anos de vida e no mundo interior dos objetos de transferência.

A experiência psicodramática possibilita um fórum para que o prisioneiro considere em detalhes como seus modos de procurar e lidar emocionalmente com os parceiros significativos podem ser influenciados pelas experiências que ele teve com os pais durante a infância. Para Bowlby, o tratamento tem como conseqüência reverter essas experiências da maneira mais honesta possível (Bowlby, 1979). Psicodramaticamente falando, isso significa trazer o prisioneiro de volta à fonte primária de seu sofrimento; o "lá-e-então" torna-se o "aqui-e-agora", de modo que ele tenha acesso às emoções reprimidas. Ele é encorajado, no meio psicodramático, a exprimir e focalizar seus sentimentos negativos em sua fonte de origem, e é auxiliado na compreensão de como ele desloca esses sentimentos e transfere seu mundo interno para os outros. John estuprou uma mulher em vez de lidar com seus sentimentos referentes à sua relação com a mãe, sua infância e seus próprios sentimentos de inadequação.

A diretora pinça a afirmativa de John: "A única pessoa que eu queria ferir era mamãe". O próprio John já fez a conexão entre suas ações presentes e seus sentimentos passados. A diretora ajuda John a arrumar a cena. A mãe está no banheiro, onde ele a encontrou sangrando, por haver se cortado. Na vida real, ele nada disse, fechou a porta e deixou-a, para ir para baixo e discar 999; mas, agora, pedimos que ele a confronte.

John: "Eu quis ver você morta muitas vezes. Às vezes, acho que, se a tivesse deixado morrer, eu seria um homem melhor agora. Odeio você. (Há uma longa pausa, à medida que John vê o suspiro da mãe indefesa.) Por que você bateu em mim?".

Nessa conexão, é importante para John inverter os papéis com a mãe, de modo que ele possa lidar com isso, e, quem sabe, promissoramente vir a compreender por que sua mãe fez isso de que ele a acusa, e como ela se sentiu. Através da inversão com os parceiros significativos de sua vida (o que pode incluir a vítima), o prisioneiro aprende a ver os eventos como os outros os vêem e chegar a uma melhor compreensão das interações à medida que elas ocorrem. Ao fazê-lo, ele ajusta sua própria visão.

Mãe (representada por John): "Você me lembra seu pai, e eu simplesmente quis ferir você. Você está sempre tomando o partido de seu pai e dizendo para as pessoas que sou má".

John (representado por outro prisioneiro): "Mas eu amava papai. Por que você não me amava?".

Mãe: "Acho que eu simplesmente odiava você. Eu odiava você e seu pai. Você é igual a seu pai — egoísta, mesquinho e cruel".

John: "Você também é. Você bebia, você não cuidava dos filhos. Você não cuidava da gente".
Mãe: "É verdade, eu não dava conta das pressões. Pensei em fazer você cuidar da casa, cuidar das crianças".

A diretora pediu à ego auxiliar que assumisse novamente o papel de mãe, sabendo que é importante para John falar de algo sobre o qual ele nunca falou na vida real. (Lembre-se, a mãe de John morreu quando ele estava na prisão.)

Diretora: "Você nunca falou sobre essas coisas".
"Não".
Diretora (percebendo os sentimentos que John está vivenciando e se arriscando a verbalizá-los para ele): "E não importa que ela tenha morrido há seis anos: esses sentimentos queimam dentro de você?".
John: "Sim, é isso".

A cena é retomada. Pede-se que a ego auxiliar forneça a John as informações que ele próprio descobriu ao desempenhar o papel da mãe.

Mãe: "Não consigo evitar a bebida: olhe a carga que eu carrego com nove crianças".
John (de volta a seu próprio papel): "Você não fazia nada. Você nem ia ao banheiro, você costumava fazer tudo no balde e dizer: 'Esvazie, lave' ".
Mãe: "Esvazie, lave".

Ao pegar a deixa de John, a ego auxiliar traz um "aqui-e-agora" à interação deles. John começa a gritar, expressando sua raiva.

John: "Eu odeio você! Eu odeio você! Eu deveria ter deixado você morrer! Você continua a fazer isso na frente das crianças. Você me fez limpar sua sujeira. Você abusou de mim!".

Um dos prisioneiros dá indicações de que deseja fazer o duplo de John.

Duplo: "Na realidade, você não é uma mãe de verdade".
John (seguindo a deixa do duplo): "Não, você não é uma mãe de verdade".
Duplo: "E o que dói mais é que você não me ama".

A afirmativa do duplo interrompe o percurso de John. Ele ajudou John a chegar ao âmago da questão com a mãe. John luta com as lágrimas.

John: "É verdade. O que me dói é que você não me ama. Acho que todas as mães deveriam amar os filhos (voltando-se para a diretora e saindo do papel): Ela me causou muito mal".

A diretora instrui John a falar com a mãe sobre os danos que ela causou por não amá-lo. Nesse ponto, ele começa a estabelecer conexões entre as experiências passadas e o comportamento presente, e suas dificuldades em estabelecer relações pessoais.

John: "Você me fez sair de casa quando eu tinha dezesseis anos. A única coisa que eu sabia fazer era beber. Eu sentava nos bares, e bebia; você simplesmente arruinou minha vida com o que me fez fazer a você, por não me amar. Eu sempre questionei as pessoas quando elas diziam: 'Eu te amo'. Eu sempre precisei perguntar: 'Por quê?. Se elas tentavam me segurar ou abraçar, eu costumava empurrá-las, eu não suportava aquilo. Eu achava que elas iam fazer as coisas que você fez, ser todas amáveis e, então, dar um soco na minha boca".

Pedimos a John que diga à mãe o que ele queria.

John: "Tudo o que eu queria era que você me amasse. Tudo o que desejo é uma esposa e dois ou três filhos. É tudo o que sempre quis. Nunca desejei ser rico. Só quero ser capaz de sustentar minha mulher e filhos, e ser feliz. Por que você não me amou? Por que você se embebedava?".

Pedimos-lhe, então, que inverta os papéis e descubra a história por si mesmo.

Mãe: "Eu estava casada há quinze anos quando descobri que seu pai estava tendo um caso com outra mulher. Seu pai me sacaneou, e isso me despedaçou, saber que ele estava transando com outra mulher. Eu sei que eu tinha um problema de saúde; engordei. Seu pai era um jóquei, então entendo como ele se sentia, mas não achei que ele faria isso. Quando eu engordava, ele raramente dormia comigo. Eu só me sentia feliz quando ficava bêbeda".

Tendo começado a entender a situação da mãe, e tendo expressado sua própria raiva, a ação prossegue, e John tem a oportunidade de descobrir aquilo de que havia sido privado em seus primeiros anos de vida. "Tudo o que eu queria fazer quando ela estava bêbeda ou chateada era abraçá-la, mas eu tinha medo."

O psicodrama, através do uso da "realidade suplementar", oferece ao prisioneiro emocionalmente faminto a experiência, talvez pela primeira vez, de descobrir como seria ter sido abraçado, ter ouvido que era amado, ter recebido ternura em vez de crueldade.

Na cena final, a mãe está morrendo no hospital, e John ouve o que ele acha e espera que a mãe poderia ter dito, se ele estivesse estado lá para apaziguá-la antes que ela morresse. A ego auxiliar pega a mão de John, mas ele a afasta: é cedo demais para aceitar o contato físico, uma vez que o único contato que ele conheceu era ou sofrer abuso ou abusar dos outros. Após a sessão, John contou como ele ansiava pelo dia em que pudesse pegar "aquela mulher" (a ego auxiliar) e abraçá-la.

Mãe: "Oi, filho, não achei que você viria. Que bom vê-lo. Sinto-me triste ao vê-lo, porque as coisas não deram certo. As coisas deram certo no início, mas, depois, deram errado. (Ela o lembra dos tempos melhores, e diz-lhe que o ama).

John: "Sim, eles foram bons".

A diretora nota que John está arrasado por sentimentos que ele não sabe expressar, e está "encalhado"; ela instrui outro membro do grupo a entrar no lugar do médico e dizer a John que a vida da mãe está chegando ao fim. À medida que ele o faz, lágrimas começam a escorrer pela face de John.

Diretora (para John): "Deixe-me perguntar a você: antes que sua mãe morra, você consegue descobrir dentro de si a possibilidade de perdoá-la?

John: "Não".

Dando-se conta de que é ainda cedo para reparar os danos, a diretora pergunta a John o que ele quer dizer a ela.

John: "Não consigo entender algumas das coisas que você fez. Não consigo entender o que meu pai fez. Eu me importo com você, mas não amo ninguém; mas consigo entender algumas coisas".

O médico estende um cobertor sobre o corpo da mãe, e John tenta deixar o aposento, em lágrimas, mas é impedido de fazê-lo.

Muitos desses homens acham mais fácil esconder as lágrimas por trás da raiva, e, para a maior parte deles, as lágrimas no psicodrama são as primeiras que derramam em público em muitos anos. Enquanto é amparado por outro prisioneiro ao chorar, perguntamos a John que inscrição ele gostaria de colocar na lápide da mãe. "Eu a amo e a perdôo", diz ele. Ele encerrou sua trajetória, entretecendo passado e presente, presente e passado. À medida que o grupo forma um círculo para compartilhar suas próprias experiências com John, ele experiencia a compreensão, o apoio e o sentimento de ser cuidado, que ele não teve enquanto criança.

Como explicou um prisioneiro no programa da BBC, *Actuality*, em 1985:

Os prisioneiros nunca tiveram amor nem cuidados. Isso é tudo o que pedem. Com um pouquinho disso, vocês terão mais sucesso do que espancando-os ou acorrentando-os. Vocês não o conseguirão dessa forma, pois tudo o que isso ocasiona é endurecê-los mais ainda. Eles viveram assim durante toda a vida; e conseguem dar conta disso. Mas mostrem a eles amor e cuidados, e vejam como eles respondem. Eu vi caras desmontarem, por não saber como fazê-lo. Isto aconteceu comigo. Não sei como lidar com amor e cuidados, e é isso que dói. Isso dói mais que qualquer prisão. As pessoas vêm e dizem: "Nós o amamos"; jamais tivemos antes esse tipo de sentimento.

Implicações práticas

Naturalmente, há dificuldades em conduzir um grupo de psicodrama nesse tipo de meio. Para começar, o grupo é constituído por prisioneiros que cometeram delitos muito diferentes, e não há ninguém tão intolerante com relação aos prisioneiros quanto seus próprios colegas de cárcere. O psicodrama e o protagonista dependem do suporte do grupo; isso significa que a introdução do psicodrama e a construção de uma unidade de grupo não pode ser um processo feito apressadamente. Se isso ocorrer, alguém paga o preço mais tarde, à medida que o trabalho se intensifica e o diretor procura o apoio dos demais. Comentários dos outros prisioneiros como: "Não tenho tempo para criminosos sexuais", ou "Você é um animal", ou "Sinto-me intimidado por sua violência", não encorajam os prisioneiros a compartilhar seus sentimentos sobre si próprios, ou sobre seus delitos.

Durante as sessões iniciais, é importante para o diretor se assegurar de que todos, não importa quais sejam seus crimes, o quanto possam articular seus sentimentos, tenham espaço para explorar questões que precisam ser exploradas, quão perturbadoras elas sejam para os outros. O uso de aquecimentos psicodramáticos ajuda os membros do grupo a começar a compartilhar entre si, e a se dar conta de que, para se ajudarem uns aos outros, eles (em contraste com outros grupos que experienciam) necessitam dar apoio, facilitando e encorajando, em vez de estabelecer o confronto. Se a dramatização for interrompida por um julgamento da parte de um outro prisioneiro, com relação ao que está se passando no espaço dramático, tudo pode ser posto a perder. Muitas semanas consumidas na construção de uma cena em que um pai que matou o filho se arrisca a examinar suas ações, ou carregar o filho morto nos braços, podem ser postas a perder por um comentário hostil; o protagonista é remetido a seu mundo de isolamento e auto-recriminação, uma vez mais incapaz de dizer o indizível.

Além dessas dificuldades iniciais, há o fato de que os prisioneiros (particularmente os de natureza violenta) muitas vezes temem o aspecto emocional do psicodrama. "E se eu perder o controle, o que acontecerá?", é uma questão familiar que expressa um temor genuíno. A incapacidade de controlar a própria violência levou-os à prisão: além disso, atos de violência poderiam levar à transferência de Grendon. Sentir emoções que não foram trabalhadas anteriormente provoca ansiedade no que se refere a saber se todo o grupo — protagonista, diretor e outros membros — pode sobreviver às emoções que precisam ser exprimidas.

Tony, um presidiário, chegou a uma sessão e avisou ao grupo da intensidade de sua raiva contra o tio, que o havia forçado a comer as próprias fezes antes de violentá-lo sexualmente. O grupo se retraiu visivelmente, sem saber se eles, ou o diretor, seriam capazes de conter a raiva dele. Ninguém quis se apresentar como voluntário para fazer o papel do tio, temerosos com a própria segurança perante a transferência negativa. Nesses momentos, o protagonista e o grupo estão em diferentes lugares. Por mais que o protagonista esteja aquecido e pronto para trabalhar, não convém prosseguir se o grupo não estiver aquecido para o protagonista, para o tema, bem como para si próprio. É essencial reconhecer a necessidade do grupo de ter alguma forma de continência, bem como sua não-prontidão para lidar com certas questões. Não estamos lidando aqui com pessoas que fantasiam atos agressivos: esses homens transformaram a fantasia em realidade (Coln, 1990). O diretor apóia-se firmemente no grupo para usar técnicas de refreamento e contenção; com freqüência, os membros do grupo refrearão fisicamente o protagonista, de modo que, a partir dessa contenção, ele possa verbalizar suas emoções. Para muitas pessoas, esse é um modo crítico de trabalhar. Elas sabem como transformar esses sentimentos em ações, geralmente às expensas dos outros. A tarefa, no caso, para alguns, consiste em encontrar as palavras que foram esmagadas pela ação. Para outros, é importante achar o lugar correto de pausa para as ações, assim como para as palavras.

Passaram-se muitas semanas até que o grupo se sentiu capaz de retornar ao trabalho de Tony. Juntos, achamos modos criativos e psicodramáticos de tornar as coisas seguras para todos, inclusive o protagonista, sem roubar dele a chance de expressar a raiva que ele temeu demonstrar aos doze anos de idade.

Freqüentemente, as explosões raivosas são seguidas de lágrimas de arrependimento e remorsos pelo que fizeram, e por não haverem recebido o que lhes era de direito quando criança. Para muitos de nós, as lágrimas são uma expressão natural da emoção. Para esses homens, que foram criados num meio em que ser homem significa adotar uma imagem de macho insensível e onde se é espancado por chorar, a sessão de psicodrama pode ser o primeiro lugar seguro e aceitável para compartilhar esses sentimentos. Um presidiário com uma sentença de dezessete anos por assalto à mão armada, conhecido dentro do sistema por sua brutalidade e com fama de pistoleiro, com muitos nomes em seu "livro negro", derramou suas primeiras lágrimas ao assistir a um companheiro de prisão trabalhar. Ao chorar quando criança, o pai tirou o cinto para bater nele ou o empurrou para a rua para levar uma surra de garotos maiores, a fim de que ficasse mais forte.

Num tal contexto, constantemente a gente se questiona como diretor: "O que mais preciso alcançar nessa sessão?". Pode-se arruinar o impacto de uma sessão ao tentar conseguir demais. É vital manter o acordo. Conduzir o presidiário, sem uma negociação mais aprofundada, para além do que ele pediu ou quer, significa colocar tudo em risco. Precisamos dominar o entusiasmo de ir mais a fundo, e aceitar que há um tênue equilíbrio entre o encorajamento e o reconhecimento do momento em que é suficiente para um presidiário simplesmente estar presente, sem participar.

Esses homens têm suas vulnerabilidades. Alguns tentaram se matar, tendo tido tempo para avaliar a plena extensão de seus crimes. Refazer a trilha novamente, ir além do desespero pelo que fizeram, rumo a seu próprio desespero, é uma jornada que exige cautela; nosso julgamento profissional sobre o quanto e em que momento é essencial. O presidiário que eventualmente carregou o filho morto nos braços não pôde fazer mais nada durante o primeiro conjunto de sessões senão ficar na sala enquanto os demais investigavam questões e compartilhavam experiências e emoções. O próximo passo foi a diretora fazer o duplo do sentimento que ele ainda não podia pôr em palavras. O toque confortador dos outros, as palavras de encorajamento e o asseguramento de que ele estava indo bem conduziram-no ao trabalho que tinha que ser feito.

Conclusão

Ao reunir minhas experiências e pesquisas pessoais, e as idéias de Bowlby e outros defensores da teoria do vínculo e suas aplicações clínicas, constatei ser o psicodrama uma maneira das mais efetivas e eficientes para se trabalhar nesse ambiente. O psicodrama inclui a representação dramática do "self", nosso próprio comportamento, crenças e sentimentos; como outras psicoterapias, baseia-se na constatação de que uma pessoa tem a capacidade de se autocorrigir quando recebe informações precisas sobre seu comportamento. A pesquisa conduzida em Grendon demonstra que o psicodrama tem um papel efetivo na correção das experiências emocionais de presidiários e na melhora de seu autoconceito (Jefferies, 1987).

Como o prisioneiro Tony descreve o processo:

> O que estamos fazendo aqui é desarmar bombas. O que vocês acham que vão conseguir de mim se me puserem numa cela durante oito anos e me cutucarem com uma vara; o que vocês acham que conseguirão? Vocês me terão pior do que quando entrei, e isso vale para qualquer um. É algo de sério, isso. Realmente me aborrece quando as pessoas dizem que o psicodrama é um monte de remendos. Você deveria vir comigo durante uma meia hora, e eu farei um em você.
>
> ("Actuality", BBC, 1985)

Eu gostaria que pudéssemos desarmar mais bombas em mais prisões. Não creio que as pessoas nasçam criminosas, estupradores, assassinos ou violentadores de crianças, embora eu reconheça que algumas delas apresentem patologias que se manifestam sob a forma de comportamento anti-social. Enquanto sociedade, temos que aceitar a responsabilidade pelo modo através do qual lidamos uns com os outros. Infelizmente, procuramos panacéias: mas não importa quão horrendo seja o crime, simplesmente trancafiar esses homens 23 horas por dia, sem tentar obter alguma mudança nas atitudes e comportamento durante o cumprimento da pena, significa devolvê-los à sociedade mais desesperançados e amargurados do que quando foram condenados. Em vez disso, o psicodrama tem demonstrado que pode mudar atitudes e comportamentos; ele oferece uma abordagem muito mais humana e construtiva para o tratamento dessas pessoas condenadas por crimes graves.

Referências bibliográficas

Bowlby, J. (1979) *Making and Breaking of Affectional Bonds*, Londres, Tavistock.
_____ (1988) *A Secure Base — Clinical Applications of Attachment Theory*, Londres: Routledge.
Cohen, A. (1955) *Delinquent Boys — the Culture of the Gang,* Nova York: New York Free Press.

Coln, H. (1990) *The Place of the Actual in Psychotherapy*, Londres: Associated Press.

Green, R. & Murray, E. (1973) "Instigation to aggression as a function to self-disclosure and threat to self-steem", *Journal of Counselling and Clinical Psychology* 40: 440-3.

Handerson, A. (1974) "Care-eliciting behaviour in man", *Journal of Nervous and Mental Diseases* 159: 172-81.

Hewit, J. (1970) *Social Stratification of Deviant Behaviour*, Nova York: Random House.

Jefferies, J. I. (1987) "The effect of psycodrama on the self-concept of prisoners", unpublished M.Sc. thesis, University of Surrey.

Kaplin, H. (1975) *Self Attitudes of Deviant Behaviour*, Pacific Palisades, Califórnia: Goodyear.

Rosenbaum, M. & De Charms, R. (1960) "Direct and vicarious reduction of hostilities", *Journal of Abstracts and Social Psychology* 66: 54-61.

Bibliografia complementar

Becker, H. (1963) *Outsiders, Studies in the Sociology of Deviants*, Nova York: New York Press.

Bois, K. (1972) "Role playing as behaviour change technique", *Psychotherapy: Theory Research Practices* 9: 185-92.

Charney, M. (1975) "Psychodrama and self-identity", *Journal of Group Psychoterapy* 28: 118-27.

Cooley, C. (1922) *Human Nature and Social Order*, Nova York: Scribner.

Fine, L. (1978) "Psicodrama" *in* R. Corsini (ed.) *Current Psychotherapies*, Illinois: Peacock.

Goffman, E. (1959) *The Presentation of Self in Everyday Life*, Nova York: Double Anchor.

Goldstein, J. (1971) "Investigation of doubling as a technique for involving severely withdrawn patients in group psychotherapy", *Journal of Counselling and Clinical Psychology* 37: 155-65.

Kaplin, H. & Meyorwitz, J. (1970) "Social and psychological correlates of drug abuse", *Social Science Medicine* 4: 203-25.

McGuire, J. & Priestley, P. (1985) *Offending Behaviour Skills and Strategy of Going Straight*, Londres: Batsford.

Marshall, W., Christie, M. & Lanthier R. (1979) "Social competence, sexual experience and attitudes seen in rapists and paedophiles", a Report to the Solicitor-General, Toronto: Ontario Research Psychiatric Center.

Mead, G. (1968) *Mind, Self and Society*, Chicago: University of Chicago Press.

Rosenthal, S. (1976) "Effects of psychodrama on self actualisation and perceived locus of control", *Dissertation Abstracts International* 38 (1 - B): 378, july, 1977.

Toch, H. (1969) "Violent men enquiry", *in Psychology of Violence,* Chicago: Aldine Press.

Wickland, R. (1978) "Opinion change and performance facilitation as a result of objective self awareness", *Journal of Experiential Psychology* 1978 7.

Williams, S. (n.d.) "Personality differences between rapists, paedophiles and normals", Kingston, Ontario: Penitentiary (unpublished).

CAPÍTULO TREZE

O drama do paciente gravemente enfermo
Quinze anos de experiência com psicodrama e câncer
Anne Ancelin Schützenberger

> Não somos perturbados pelos eventos, mas perturbados por nossa percepção desses eventos.
>
> (Epicteto)

Introdução

Quinze anos atrás, após trabalhar por vinte anos com psicóticos, comecei a perceber uma relação entre os problemas mentais e físicos, e a me perguntar se o psicodrama também poderia ser aplicado com êxito no tratamento dos doentes graves e terminais. Comecei então a trabalhar (às vezes, em cooperação com as pessoas responsáveis pelos cuidados médicos, e outras apenas acrescentando ajuda psicológica aos cuidados médicos clássicos) com indivíduos com câncer.

Aristóteles, Platão, Galeno, Freud, Jung, Moreno — todos eles reconheceram o homem como pessoa integral. A abordagem é antiga, mas para os que acreditam numa ciência sólida, o elo entre mente e corpo necessita de provas. Recentemente, com as descobertas das novas ciências (psico-neuro-imunologia e psico-neuro-endócrino-imunologia), a comunidade médica e científica começou a desenvolver uma compreensão (com base mais científica) da influência da mente sobre o corpo. Muitos neurotransmissores novos que formam a ligação entre a estrutura mental do indivíduo e seu corpo foram descobertos (na saúde ou na doença) (Ader, 1981; Solomon e Moos, 1964; Solomon, 1985; Bahnson, 1989). No câncer, assim como em qualquer doença, constatamos, quando ouvimos cuidadosamente o paciente, um componente psicossomático e somatopsíquico no problema. Essa unidade entre mente e corpo deve ser levada em consideração se quisermos ajudar o paciente a ficar bom novamente. Tentamos provocar um remissão espontânea; reduzir a possibilidade de morte; desafiar o prognóstico, as "predições" do diagnóstico médico (que se baseiam em probabilidades estatísticas).

Em 1986, Bernie Siegel, um conhecido cirurgião americano, escreveu um livro chamado *Amor, medicina e milagre*, em que descrevia um tipo de trabalho surpreedentemente parecido com o meu, que desenvolvo há quinze anos. Siegel enfatiza a teoria de Carl e Stephanie Simonton (Simonton *et al.*, 1978), segundo a qual a saúde dos pacientes com câncer poderia ser sensivelmente melhorada através da ajuda, do apoio, da esperança, de exercícios físicos, de relaxamento, da visualização positiva, de imagens mentais e da psicoterapia. O objetivo primário seria o deslocar-se da impotência e da desesperança passivas para uma cooperação ativa na recuperação da esperança e da saúde.

A contribuição pessoal de Siegel a essa abordagem é a sua experiência como cirurgião num hospital, bem como seu maravilhoso humor e cordialidade. Minha contribuição (a ser descrita neste capítulo) é o uso do psicodrama e do genossociograma (Ancelin Schützenberger, 1985).

Como resultado de um evento familiar que me afetou profundamente (a morte de uma prima devido a um câncer de seio aparentemente "curável", em 1974), fiz uma pesquisa que me levou ao primeiro artigo dos Simonton sobre esse assunto (Simonton & Simonton, 1975). Comecei então a trabalhar em bases experimentais com pacientes voluntários que estavam à procura de qualquer tipo de ajuda que pudessem encontrar com relação a seu câncer terminal.

Para surpresa de todos, assim como para a minha própria, em muitos pacientes as metástases gerais desapareceram, a saúde deles melhorou, e eles viveram ou sobreviveram com ânimo. Alguns se recuperaram e (ainda) estão vivendo uma vida prazerosa, gozando de boa saúde, dez a quinze anos após.

As melhoras poderiam ser chamadas de *"remissões espontâneas* provocadas de longa duração", uma situação que Bernie Siegel descreve como "ensinar ao seu paciente a tornar-se um *paciente excepcional*, com uma melhor qualidade de vida e uma expectativa de vida mais longa" (Siegel, 1986).

O drama do paciente

Quando se diz a alguém que ele está com câncer, isso tem, é claro, um efeito devastador — a maior parte das pessoas se sente "sem esperança e impotente" (Seligman, 1975), e torna-se vítima passiva de uma assim chamada doença fatal (o câncer não é sempre fatal, uma vez que 45 por cento de todos os pacientes cancerosos tratados sobrevivem pelo menos cinco anos após o diagnóstico). As doenças graves fazem-se acompanhar de depressão e passividade, que são um mau sinal clínico para a recuperação.

A primeira coisa a se fazer é ajudar o paciente a ter a esperança de que ele possa se recuperar e ajudá-lo a se tornar ativo novamente, e a lutar pela vida. O paciente tem que realizar a sua parcela de trabalho, a fim de ajudar os médicos e cirurgiões a realizar a deles.

Para a maioria dos pacientes e suas famílias, algumas questões são assustadoras. Por exemplo: Por que câncer? Por que eu? Por que ele/ela? Por que agora? Eles sentem que são vítimas inocentes de circunstâncias desconhecidas e injustas, sem nenhuma chance ou capacidade de lutar contra o câncer. Muitas pessoas que estão sofrendo de câncer com um "prognóstico razoável" (isto é, aqueles que, de acordo com as estatísticas, podem ser curados na maior parte dos casos) fecham-se e "deixam-se morrer" — de certo modo "cumprindo a própria predição" (Rosenthal & Jacobson, 1966; 1968) de que o câncer é fatal. Isso ocorre apesar do fato de que o câncer não é a causa primária de morte em nossa sociedade (em primeiro lugar, estão as doenças cardiovasculares, incluindo os ataques do coração).

O primeiro passo, então (em acréscimo a um bom tratamento e cuidados médicos), é ajudar tais pacientes a examinar questões de vida e de morte, as expectativas deles (Rosenthal e Jacobson, 1966; 1986) e a rejeitar a idéia de que o câncer significa morte. É importante detê-los na predição e eventualmente na provocação da própria morte, para ajudá-los a aceitar o tratamento mais prontamente e a sobreviver ao câncer. Em outras palavras, dar ao paciente esperança, cuidados, apoio e amor.

Neste capítulo, apresentamos um método coadjuvante eficiente (derivado do trabalho dos Simonton) para ajudar o paciente a conviver com doenças graves e tratamentos e a "lutar pela vida" (LeShan, 1977) — para "ficar bom novamente" (como Carl e Stephanie Simonton o colocam) ou para se tornar (nas palavras de Bernie Siegel) um "paciente excepcional".

Um dos objetivos desse método consiste em ajudar o paciente a viver, a viver plenamente, e com a saúde tão boa quanto possível; é ajudá-lo a encarar o que quer que possa acontecer. No caso de alguns pacientes, talvez possa-se interromper a evolução da doença, e mesmo promover sua recuperação, detendo um desenlace fatal (ver as estatísticas dos Simonton referentes a 152 pacientes terminais — Simonton & Simonton, *in* Ancelin Schützenberger, 1985).

Usamos esse método há cerca de quinze anos, estendendo-o dos pacientes com câncer para vários outros tipos de pessoas muito doentes, incluindo algumas com AIDS. É, sem dúvida, um método a ser acrescentado ao tratamento médico usual administrado pelos médicos. O método pode ser sintetizado da seguinte forma:

1. Encontre uma "causa" para a doença atual (numa entrevista, ou através de um "questionário de eventos de vida e *stress*"); a causa geralmente está relacionada a eventos de vida dramáticos ou difíceis, associados a uma dose excessiva de *stress* (Holmes & Rahe, 1967; Tabela 13.2) ou a uma "síndrome de aniversário" (Hilgard, 1955).

2. Ajude o paciente a superar o *stress* através de exercícios regulares de relaxamento e de técnicas de visualização positiva.

Tabela 13.1 Método Simonton: evolução de 152 pacientes com diagnóstico de câncer terminal

Atitude dos pacientes

Reação do paciente		Não-cooperação Instruções não seguidas	Não-cooperação Instruções raramente seguidas	Instruções geralmente seguidas	Instruções seguidas e alguma iniciativa demonstrada	Cooperação total Instruções seguidas implícita e explicitamente. Acredita firmemente na recuperação	Total
Remissão completa de sintomas e melhora espetacular	Excelente	0	0	0	11	9	20
Melhora dos sintomas e do estado de saúde	Bom	0	2	34	31	0	67
Ligeira melhora dos sintomas	Médio	0	14	29	0	0	43
Nenhuma melhora dos sintomas	Mau	2	17	3	0	0	22
Total		2	33	66	42	9	152

Fonte: Simonton & Simonton (1975) *in* Ancelin Schützenberger (1985).

3. "Domestique" o tratamento médico através do psicodrama, da terapia de grupo e da visualização positiva de questões como a cirurgia, a quimioterapia, a radioterapia; considere várias saídas: bons resultados de tratamento, permanecendo como está, ou recuperação total; e eventualmente fale sobre a ansiedade e o medo (ou fato) da morte ou invalidez.

4. Aconselhe o paciente a fazer um pouco de exercício físico, pelo menos duas vezes por semana.

5. Ajude o paciente a superar o ressentimento.

6. Descubra os "benefícios secundários" da doença (e mesmo da morte), e, através da visualização e do psicodrama, descubra uma maneira de solucionar os problemas da vida de outro modo que pela morte ou pela proximidade da morte.

7. Ajude o paciente a criar um grupo de apoio e a construir uma "família ampliada" para ajudá-lo a lutar contra a doença e o *stress*, a recuperar o bom humor e a descobrir a alegria de viver.

8. Torne a vida cotidiana tão agradável quanto possível; comece por fazer uma lista de pelo menos 25 coisas agradáveis para fazer (algumas grátis, baratas, outras eventualmente muito dispendiosas — não é proibido sonhar!). Providencie para que algumas dessas coisas possam ser feitas de imediato (mesmo no hospital), outras brevemente, e outras ainda mais tarde. A lista é escrita, visualizada, ou representada através de vinhetas psicodramáticas (um pequeno *role play* ou dramatização). Isso ajudará o paciente a liberar seu futuro ora bloqueado, a recuperar um pouco de esperança e a viver sua situação presente de modo diferente e mais prazeroso.

9. Descubra as "predições" do paciente para o desenlace de sua doença, e, eventualmente, ajude-o a mudar aquelas que são más ou mortais, isto é, "reprogramando" o *script* de sua vida. Faça com que o paciente identifique sua doença, e a luta contra ela.

10. Freqüentemente a morte, o acidente e as doenças estão associados a eventos passados, pessoais ou familiares, por três ou mais gerações. "Lealdades familiares" invisíveis e "síndromes de aniversário" ligam o paciente à história de sua família. Uma árvore familiar completa, com "laços sociométricos" e eventos de vida importantes demonstram esses elos. Isso é o "genossociograma".

O paciente com câncer

Por que a doença, agora?

A fim de tentar responder às dramáticas questões: Por que câncer? Por que eu? Por que agora?, usamos o "Questionário de eventos de vida", de Holmes & Rahe (1967), para associar a doença ao *stress* excessivo. É claro, sabemos que muitas pesquisas falharam em provar a ligação direta entre *stress* e câncer — mesmo que, clinicamente, o elo seja muitas vezes óbvio. Não se trata tanto do *stress*, mas sim as reações ao *stress* que são importantes. A evidência científica disso jaz nos recentemente descobertos neurotransmissores do sistema nervoso e imunológico e no número e na qualidade de glóbulos brancos (as células destruidoras naturais do corpo), que variam nos pacientes, dependendo de sua referência mental (Ader, 1981; Solomon, 1964, *in Advances*; Solomon, 1989; Bahnson, 1975 *in Advances*; Bahnson, 1989, e coletivamente *in Advances* 1984, 1985 e 1989).

Para a maior parte das pessoas que não acreditam em psicologia, o elo entre a doença e os eventos difíceis da vida (como a morte de um cônjuge ou filho, a perda do emprego ou de uma promoção esperada, a perda de um objeto amado) tem sentido, a nível de senso comum. As pessoas entendem que esse tipo de perda e *stress* possa debilitar sua força e enfraquecer seu sistema imunológico, conduzindo assim à doença.

Uma vez que o paciente sinta que a doença está ligada ao *stress* e à perda, isso o ajudará a superar os sentimentos destrutivos de desesperança e de impotência, e a ter a expectativa de ser capaz de reverter a situação, de lidar com ela e, assim, melhorar.

Geralmente, perguntamos ao paciente sobre os eventos de vida que ocorreram nos cerca de seis e dezoito meses antes da descoberta do câncer (embora saibamos que muitos cânceres levam anos para aparecer, apesar de que em alguns casos, após alguns eventos de vida dramáticos, o câncer possa aparecer subitamente) (ver Tabela 13.2). Em qualquer caso, isso tem sentido para o paciente.

Tabela 13.2 Escala de Avaliação do Ajustamento Social

Eventos de vida nos últimos doze anos	Valor	Valor pessoal
Morte do cônjuge	100	
Divórcio	73	
Separação conjugal	65	
Sentença de prisão	63	
Morte de membro próximo da família	63	
Ferimentos ou doença pessoal	53	
Casamento	50	
Dispensa do emprego	47	
Reconciliação conjugal	45	
Aposentadoria	45	
Mudança na saúde de membros da família	44	
Gravidez	40	
Dificuldades sexuais	39	

Eventos de vida nos últimos doze anos	Valor	Valor pessoal
Aumento na família	39	
Reajustamento nos negócios	39	
Mudanças no "status" financeiro	38	
Morte de amigo próximo	37	
Mudança para um tipo de trabalho diferente	36	
Mudança no número de brigas conjugais	36	
Hipoteca ou empréstimo acima de US$ 10 000	31	
Término de hipoteca ou empréstimo	30	
Agressão	30	
Doença prolongada em membro da família	30	
Toxicomania ou AIDS na família	30	
Mudança nas responsabilidades de trabalho	29	
Filho que sai de casa	29	
Problemas com parentes por afinidade	29	
Realização pessoal extraordinária	28	
Cônjuge começa ou interrompe trabalho	26	
Começo ou término de escola	26	
Mudança nas condições de moradia	25	
Revisão de hábitos pessoais	24	
Problemas com o patrão	23	
Mudanças no horário e nas condições de trabalho	20	
Mudança de residência	20	
Mudança de escola	20	
Mudanças de hábitos recreacionais	19	
Mudanças em atividades eclesiásticas	19	
Mudanças em atividades sociais	18	
Hipoteca ou empréstimo abaixo de US$ 10 000	17	
Mudança nos hábitos de dormir	16	
Mudança no número de encontros familiares	15	
Mudança nos hábitos alimentares	15	
Férias	13	
Natal	12	
Delinqüência leve	11	
Eventos pessoais, recentes, outros	??	
Total pessoal		

Fontes: Adaptado de Holmes & Rahe (1967).

Nota: Esta escala inclui eventos estressantes como morte do cônjuge, divórcio, perda de emprego, e outras experiências dolorosas. Inclui também eventos como casamento, gravidez ou realização pessoal extraordinária, que geralmente são consideradas experiências felizes. Estas, também, são causadoras de *stress*. Pode-se morrer tanto com uma notícia alegre quanto com uma triste. Uma vez que o *stress* pode predispor à doença (para 49 por cento das pessoas com uma contagem de mais de 300 em 12 meses), o fator significativo seria como as pessoas o avaliam pessoalmente, e como cada uma lida com ele.

Geralmente, quando inquirido sobre o que lhe aconteceu recentemente, nos últimos anos, o próprio paciente descobre os eventos difíceis: a morte de um filho, roubo, problemas financeiros, uma promoção longamente esperada e não alcançada, a perda de um objeto querido. Ele pode sentir e lembrar-se do quanto esses eventos afetaram e deprimiram, e pode reconhecer sua ligação com o câncer ou outras doenças.

O paciente começa então a trabalhar em cima de seus sentimentos e reações (reações excessivas). Esses são elaborados na psicoterapia ou no psicodrama.

De acordo com Lawrence LeShan (1977), a situação é muito pior se a perda de um objeto querido na idade adulta for uma repetição de outra perda na infância, especialmente uma perda que tenha ocorrido numa ocasião em que o paciente não teve permissão de chorar e lamentar (como, por exemplo, a morte de uma avó, ou babá, ou empregada querida, um pai que se divorcia, um cachorro de estimação, ou outros substitutos maternos/paternos). O psicodrama ajuda bastante, trazendo à tona a dor escondida, possibilitando as lágrimas e o luto de perdas, ou proporcionando uma "realidade suplementar".

Encontrar o significado na vida de uma pessoa é muito importante (1959). Então, uma vez que o paciente tenha descoberto por que está com câncer e associado sua doença "como uma decorrência" de eventos de vida, é possível ajudá-lo a decidir se esses eventos lhe trouxeram tanta tristeza, raiva, sofrimento, ressentimento ou desencorajamento que ele não queira mais viver (isto é, quer se deixar morrer) — ou se ele escolhe reverter o curso da ação e agora deseja lutar pela vida e tentar se restabelecer*. O paciente, então, dará um jeito de superar esses eventos e adotar uma atitude diferente perante a vida. Por exemplo, algumas pessoas preferem morrer (de câncer) a se divorciar, ou perder uma herança em favor de um irmão. Confrontadas com a proximidade da morte, entretanto, elas podem preferir abrir mão da morte e viver (embora possivelmente com uma vida um tanto diferente).

Muitas vezes, essa recuperação está ligada a novas escolhas de estilo de vida, ou a uma crença, ou a uma paixão (por uma pessoa, um esporte, uma arte, um desafio). A primeira batalha está vencida.

Superando o estresse: relaxamento

O primeiro objetivo dessa abordagem da doença é tirar o paciente do estado de desesperança e impotência, identificando o evento *estressante* que tornou a vida tão difícil ou mesmo impossível para o paciente. O próximo objetivo importante é fornecer ao paciente todos os recursos necessários para combater o *stress*; através de apoio, relaxamento, vi-

---

* O câncer é uma doença multifatorial, e, portanto, tem ao mesmo tempo muitas "causas". Uma delas poderá ser associada a sentimentos relacionados a eventos de vida; essa é a única sobre a qual o paciente e o psicoterapeuta poderão trabalhar.

sualização positiva e exercícios físicos, e sendo tão feliz e estando em tão bom estado quanto possível, o tempo todo.

O paciente necessita de alguns exercícios de relaxamento muito simples, fáceis de serem praticados a qualquer hora, em qualquer lugar, que exigem não mais que 10 a 15 minutos. Conseqüentemente, usamos algumas técnicas simples de relaxamento. É melhor praticá-las de três a cinco vezes por dia — a cada três horas, digamos assim —, por um máximo de 15 a 20 minutos; por exemplo, ao acordar, no meio da manhã, após o almoço, no meio da tarde e antes de se deitar — todos os dias. Se for possível, fazer os exercícios de relaxamento uma vez por dia com toda a família também é desejável; eles também precisam se relaxar.

Usamos uma abordagem muito simples, derivada do método de Jacobson (Jacobson, 1938), tensionando e em seguida relaxando músculo por músculo, e enfocando a respiração, algo que quase todo paciente poderá praticar sozinho após meia hora de treinamento. Geralmente, é fácil encontrar pessoas capazes de ensinar tais métodos. Fitas de relaxamento ou livros sobre o assunto podem ser úteis.

Visualização do corpo e do câncer

Uma vez que o paciente esteja relaxado (leva cerca de 8 a 11 minutos), pedimos-lhe que visualize em sua mente o trabalho dos glóbulos brancos de seu sangue, do sistema imunológico e do tratamento. Em primeiro lugar, ele tem que se ver e a seu corpo, e visualizar os glóbulos vermelhos do sangue indo a todos os lugares, para alimentar o corpo. Então, visualiza os glóbulos brancos, fazendo um trabalho de pesquisa: detectando, atacando, destruindo ou levando embora quaisquer coisas que sejam prejudiciais ao corpo, como micróbios, vírus, células malignas, e mesmo células cancerosas secundárias. Isso pode ser feito ou de forma muito realística (com a ajuda de livros médicos ou ilustrações), ou através de símbolos, usando imagens mentais, ou mesmo personagens de histórias em quadrinhos. Algumas pessoas visualizarão e desenharão cavaleiros combatendo dragões, outros verão grandes aspiradores de pó ou grandes cachoeiras.

Isso poderá ser representado mais tarde através de vinhetas psicodramáticas: Uma dramatização breve da luta vitoriosa... os glóbulos brancos perseguindo as células cancerosas e matando-as, ou conduzindo-as gentilmente pelo braço rumo à porta de saída. O paciente poderá então ser levado a conversar com seus glóbulos brancos, para estimulá-los a lutar cada vez mais bravamente. Novamente, breves vinhetas psicodramáticas são bastante eficazes e úteis.

O paciente visualizará então seu tratamento, às vezes a cirurgia, a quimioterapia, a radioterapia, ou seja lá o que for, e divisará os seus efeitos benéficos, como será curado, e com ele recobrará a saúde novamente, feliz e numa boa disposição de espírito. Então, ainda relaxado e em ondas alfa, ele terá que repetir o mote do dr. Coué (a famosa injunção repetitiva para si próprio do dr. Coué): "A cada dia, sob todos os aspectos, estou ficando cada vez melhor".

Ilustração da luta contra a doença

Pedimos ao paciente que desenhe a imagem de sua doença. Seus desenhos são analisados e, se a doença for vista como sendo mais poderosa que as defesas, primeiramente fala-se sobre isso, e analisa-se a ansiedade ou ambivalência com relação à morte; então, o paciente é estimulado a ver os glóbulos brancos como algo forte, poderoso, dinâmico e agressivo, e a ver as células malignas como algo pobre e fraco, derrotadas pelos glóbulos brancos. Um procedimento eficaz é pedir ao paciente que faça um desenho semanal dos glóbulos brancos e do sistema imunológico, e da ação do corpo e do tratamento contra a doença. Analisamos esses desenhos, "compreendendo seu significado profundo" e a ambivalência com relação à recuperação. Comentamos então as mudanças e melhoras. O terapeuta poderá notar se o paciente é otimista ou pessimista, e se está realmente lutando (ou não) contra a doença. Muitas vezes, os desenhos revelam um grande desespero escondido sob uma superfície sorridente, e mesmo um desejo de morrer. O paciente é com freqüência mobilizado por seu trabalho. Este é discutido e trabalhado na psicoterapia e, eventualmente, no psicodrama.

Psicodrama e visualização do tratamento e seus resultados

A maior parte das pessoas tem mais medo da dor, da perda de uma parte do corpo, de uma cirurgia ou de um tratamento, do que da morte. Portanto, usamos o psicodrama para prepará-las — uma projeção no futuro e um abrandamento do desconhecido, usando uma sessão completa em vez de uma vinheta. Freqüentemente, dramatizamos a operação, antecipada tão realisticamente quanto possível: os pacientes geralmente perguntam ao cirurgião, às enfermeiras e a antigos pacientes muitos detalhes a fim de se preparar para a cirurgia.

Falamos com o paciente, que freqüentemente tem medo da cirurgia ou de um acidente, tal como um instrumento esquecido dentro da cavidade abdominal, uma morte não prevista na mesa de operações, ou dores ou complicações pós-operatórias. Realizamos uma dramatização com três possíveis desenlaces: um acidente durante a operação, uma morte na mesa de operações e uma operação bem-sucedida com uma recuperação indolor. O paciente escolhe com qual deseja começar. Em geral, enfrentamos os três desenlaces possíveis, num psicodrama muito eficaz.

Na maior parte do tempo, o paciente tem "certeza" de que vai morrer na mesa de cirurgia, e começa por essa cena. Quando o paciente "morre", perguntamos se tem certeza de que quer permanecer morto (tais pacientes freqüentemente desejam estar "mortos" e acabar com toda a história de hospitais, problemas e doença — às vezes como vingança com relação à família ou amigos) e ver o amor e sofrimento expressos na presença de seu cadáver. Se o paciente não permanecer "morto", o desenlace é bom. Aí, representamos, na dramatização, a morte, a dor da família e o enterro. Uma vez "morto e enterrado", o paciente muitas vezes opta por um nova cena, com um desfecho diferente: recuperação e boa saúde.

Assim, tendo expressado os medos ocultos e as piores ansiedades, o paciente se encontra mais livre para encarar a cirurgia num estado de espírito melhor e mais relaxado — o que, é claro, é uma ajuda real para o cirurgião e para a equipe cirúrgica. Os resultados do tratamento são, em conseqüência, melhores. O mesmo método pode ser aplicado à quimioterapia ou à radioterapia.

Lina

Uma paciente (chamemo-la Lina) era estudante de nossa universidade, e tinha um sarcoma no braço direito, com um mau prognóstico (terminal). Ela tinha 25 anos, e era solteira. Seu pai era oficial do Exército francês, muito severo e antiquado, e não aprovava o modo de vida dela; ele teria apreciado se ela fosse ou um filho brilhante, ou uma filha casada acomodada que ficasse em casa, com os filhos. Na clínica oncológica mais famosa de Paris, ele ficou sabendo que a filha só tinha de dois a três meses de vida, e, mesmo assim, se o braço dela fosse amputado. Ofereceram-lhe até eutanásia para ajudá-la a morrer, uma vez que se previa que ela brevemente seria acometida por dores terríveis e insuportáveis. Felizmente, ele contou tudo isso à filha. Lina queria estudar e trabalhar, e não estava interessada em viver por pouco tempo, sem o braço. Assim, ela conversou com seu professor e deão, que a encaminhou a mim; ela nos procurou para lutar por sua vida e usar nossa abordagem. Ela sobreviveu e melhorou, mas não sem altos e baixos: metástase pulmonar (que desapareceu) e um braço que quase foi fraturado um ano depois devido ao câncer no osso. Ela descobriu um cirurgião que concordou em tentar manter o braço com apenas uma cirurgia secundária, para consolidar o ombro com um pedaço de osso do quadril (uma vez que o braço havia sido prejudicado por uma operação prévia e pela radioterapia). Como ela disse: "Tenho certeza de que vou morrer" da operação do quadril. Mais tarde, numa dramatização, ela associou esse temor ao fato de sua avó haver morrido de um acidente que envolvia um quadril fraturado.

Primeiro, examinamos sua história familiar, e ela descobriu que sua avó havia tido dois acidentes, ela *não* havia morrido devido ao acidente com o quadril. Ela então conseguiu aceitar a cirurgia, embora ainda extremamente temerosa.

Realizamos uma dramatização da cirurgia. Durante uma inversão de papéis, ela desempenhou o papel de cirurgião, e a paciente (Lina) morreu na mesa de cirurgia. Uma vez que ela estava "morta", sua "família" veio e a pranteou, e ela foi "enterrada". Em seguida, numa inversão de papéis, ela desempenhou o papel do sacerdote e disse:

"Pobre Lina, uma moça tão legal, que pena que ela morreu tão jovem, ela nunca teve a chance de ter um bebê, uma casa; ela não conseguiu se formar como professora e ter uma vida tal como queria".

Após isso, Lina perguntou se podia mudar de idéia e realizar uma outra cena com um desfecho diferente: dessa vez, uma cirurgia e uma recuperação bem-sucedidas.

Ela foi então operada de verdade; tratava-se de uma operação diferente, algo que o cirurgião estava tentando pela primeira vez: tirar um pedaço do osso do quadril para reconstruir e consolidar o frágil antebraço. Naquela época, há cerca de quinze anos, não havia casos de recuperação de sarcoma a menos que todo o braço fosse amputado. A verdadeira operação foi bem-sucedida, com uma rápida recuperação. Dentro de alguns meses, ela conseguiu fazer e ter o que havia dito no psicodrama que seria impossível.

Agora — quinze anos depois —, ela está bem e gozando de boa saúde, e, para a surpresa de todos — uma vez que sua recuperação não era esperada —, com ambos os braços. Ela tem uma profissão de que gosta, um apartamento de frente para o mar, um companheiro, e um filho adorável, forte e sadio (chamado Angelo). De algum modo, a dramatização de sua morte e enterro fê-la viver como havia sonhado.

Aquele psicodrama foi tão vívido, o que ela descreveu que desejava da vida tão claro, e o que estava faltando em sua vida naquele momento (um filho, um marido, um emprego) tão óbvio, que ela transformou sua previsão de morte numa previsão de vida e sucesso. A projeção no futuro, ou "realidade suplementar" (Moreno, 1953), tornou-se realidade para ela. Ela foi a primeira pessoa (pelo menos da França, e provavelmente do mundo) a se recuperar de um sarcoma do braço sem tê-lo totalmente amputado.

Como disse Robert Rosenthal (Rosenthal & Jacobson, 1968), há muitas vezes uma "realização automática de predições". Uma espécie de "efeito Pigmalião" estava em funcionamento para Lina. Isso foi intensificado pelo fato de a visualização ter-se tornado mais eficiente, através da preparação psicodramática para o tratamento. Foi realmente impressionante observar Lina indo para a sala de cirurgia com os olhos brilhantes, certa de que acordaria após a operação (viva e bem disposta), e que se recuperaria e viveria uma vida feliz, fruto de sua própria escolha.

Ao encontro do futuro

Quando alguém está seriamente doente, há necessidade de se preparar para o futuro imediato: muitos arranjos têm que ser feitos porque o paciente poderá ser internado no hospital, necessitar de ajuda concreta, e assim por diante. Todas as situações de vida do paciente podem ser representadas em psicodramas, assim como pequenas vinhetas podem ser dramatizadas para preparar o paciente para situações novas e inesperadas com que irá se defrontar: enfrentar o médico, ir para o hospital, receber tratamento (quimioterapia, radioterapia, cirurgia), recuperar-se, receber alta do hospital, comprar novas roupas bonitas para vestir e que, em alguns casos, ajudem a dissimular a perda de um seio ou um membro.

Se a cirurgia privar o paciente de uma parte do corpo (um seio, uma perna, um braço), muitas vezes é útil para o paciente despedir-se da parte do corpo que será amputada — "Adeus, e obrigado" —, panteá-la e, então, ver-se a si mesmo com um corpo reparado, harmonioso e em boa forma. Vinhetas ou dramatizações ativam o processo de luto, despedida e preparação para novos papéis e modos de lidar com o corpo.

Margaret

Margaret, que teve câncer no seio, era uma mulher agradável, de pouco mais de quarenta anos; era contabilista, divorciada, e tinha um filho. Estava temerosa de perder o namorado, se ficasse com apenas um dos seios. Ela tinha medo de se tornar feia após a cirurgia, e perder sua feminilidade.

Discutimos seu corpo no grupo, e ela disse que seus seios eram muito pequenos, como os de um garoto (ela descreveu-os como sendo "parecidos com ovos, com a gema do lado de cima"), mas, ainda assim, necessitava de ambos. Ela não acreditava que, após a cirurgia, pudesse ter os seios reconstruídos e que poderia até mesmo, se quisesse, ter qualquer tipo de seio juntamente com um estilo de vida feminino normal. Assim, numa dramatização, criamos um desfile de estrelas de cinema bem conhecidas e bem-dotadas: Gina Lollobrigida, Rita Hayworth, Brigitte Bardot, Sophia Loren, Liz Taylor, e assim por diante.

Após muitas risadas, Margaret escolheu uma das atrizes menos bem-dotadas, e viu-se com aquela espécie de seio, agora sabendo e "vendo" que seus seios seriam reconstruídos alguns meses após a cirurgia. Ela até mesmo decidiu operar o segundo seio a fim de torná-lo um pouco maior. Assim, foi para a sala de cirurgia com esperanças, a expectativa de ser mais bonita no futuro e certa de que tudo daria certo. Voltou a si na sala de recuperação sem dores, para surpresa de todos, e teve uma recuperação muito rápida. Ela agora tem o tipo de lindos seios com que sempre sonhou. Comprou (antes da cirurgia, no psicodrama, e, mais tarde na vida real) maiôs e vestidos decotados que realçavam o corpo, e manteve o namorado. Margaret (seis anos mais tarde) tornou-se mãe, construindo uma nova vida para si, gozando de boa saúde, trabalhando normalmente, e sendo feliz.

A síndrome de aniversário e o genossociograma

Há muitas vezes um elo de ligação entre eventos estressantes da vida e as doenças; o método dos Simonton se baseia na superação do *stress* através do relaxamento, do pensamento positivo e da psicoterapia. Constatamos, entretanto, que, em muitos casos, não há eventos de vida causadores de um *stress* excepcional antes da instalação da doença. Como isso poderia ser explicado? Descobrimos que, muitas vezes, há uma repetição de uma situação ou dificuldade familiar, uma espécie de "síndrome de aniversário". Em geral, as pessoas desenvolvem um câncer exatamente na mesma época da vida e com a *mesma idade* em que uma pessoa muito próxima da família o teve, ou morreu por causa disso.

Tivemos uma paciente — Katherine —, que desenvolveu um câncer aos 36 anos de idade, exatamente a mesma idade que sua mãe tinha quando teve câncer e morreu, muitos anos antes. Tomemos mais um exemplo, o da família de Mary. Seu avô morreu de câncer aos 76 anos em 12 de maio de 1976, sua mãe (a filha mais velha) morreu de câncer em 12 de maio de 1982; três anos mais tarde, o tio morreu num acidente de carro (que pode ter sido um suicídio) também no dia 12 de maio, e, um ano depois, sua avó, Mary, "deixou-se morrer" no aniversário da morte do marido, 12 de maio.

Simone de Beauvoir morreu ("deixou-se morrer") durante a noite de 15-16 de abril de 1986, exatamente seis anos após a morte de seu companheiro, Jean-Paul Sartre, que morreu em 15 de abril de 1980.

Esses são exemplos típicos da síndrome de aniversário, um evento de vida difícil (câncer terminal, um acidente de carro ou de avião) que acontece *exatamente na mesma data* ou com a mesma idade de alguém da família nuclear ou da família num sentido mais amplo, como se o coração não mais tivesse a vontade de viver e "se deixasse ir". Além disso, há muitas vezes um elo de ligação entre as gerações: o paciente desenvolve câncer terminal com a mesma idade com que seu avô morreu e tem um filho da mesma idade que seu pai tinha quando o avô morreu (ver genossociograma na Figura 13.1). Em outras palavras, a mesma estrutura de família aparece.

Genossociograma

Com a descoberta de tantas síndromes de aniversário em pacientes terminais, desenvolvemos o genossociograma para explorar essas repetições invisíveis. O termo "genossociograma" vem da palavra "genealogia" — a árvore da família — e das relações sociométricas entre as pessoas. Um genossociograma é mais completo que os genogramas utilizados em terapia familiar. Há uma ligação com a sociometria. O terapeuta familiar Nathan Ackerman costumava visitar Moreno, e, então, começou a usar os genogramas e as "esculturas familiares".

Um genossociograma é uma árvore genealógica completa, com eventos importantes de vida, que utiliza os conceitos da sociometria moreniana (Moreno, 1953; Ancelin Schützenberger, 1971, 1985). Ele mostra (de três a cinco gerações) nascimentos (inclusive abortos e natimortos), casamentos, mortes (e suas causas), doenças importantes, acidentes, alianças e rupturas, níveis de educação, profissões, lugares de residência (e mudanças), eventos de vida importantes, perda de objetos de estimação, o que é conhecido e desconhecido em relação a alguns ramos perdidos e pessoas que se mudaram para longe da família. As relações sociométricas, os átomos sociais e os "livros de contabilidade familiar" psíquicos (Boszormenyi-Nagy & Spark, 1975), com seus "débitos e créditos" e ressentimentos, também são incluídos.

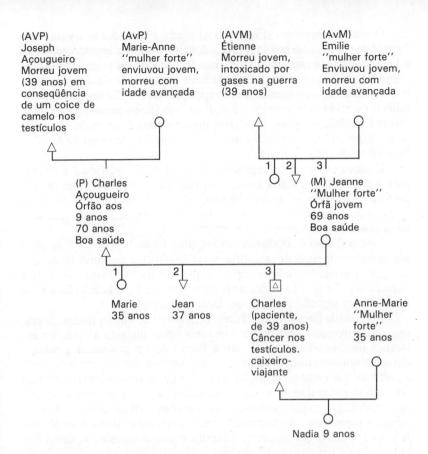

Figura 13.1 Lealdades familiares invisíveis — genossociograma de Charles

Fonte: (Caso clínico de *Querer sarar*, Ancelin Schützenberger, 1985)

Nota: Poder-se-ia dizer que a doença de Charles, o risco de morte, suas ligações transgeracionais e sua lealdade familiar foram todos herdados: a doença afetou seus testículos, como no caso do avô paterno, e então afetou os pulmões, como no do avô materno, que foi intoxicado por gases, e com a mesma idade (39 anos). Ele concordou em ser operado, mas recusou quaisquer outros tratamentos (quimioterapia, radioterapia). Seria como se, enquanto filho e neto de açougueiros, ele apenas acreditasse no poder da lâmina. Todas as mulheres da família são caracterizadas como mulheres fortes; ambas as avós enviuvaram cedo. Além disso o pai perdeu o próprio pai com 9 anos de idade, e sua filha corre o risco de tornar-se órfã aos 9 anos, uma vez que ele se considera condenado, e sua mulher também corre o risco de enviuvar jovem. Há uma espécie de *script* ou cenário repetitivo de morte aos 39 anos para o pai, com um filho de 9 anos.

Também é possível comentar com relação a Joseph (AVP), atingido na flor da idade, e a repetição dos nomes das esposas (Marie-Anne e Anne). Ao assinalar tudo isso para ele, ele poderá tentar reestruturar e mudar seu *script* com relação a perder a vida (uma vida jovem), para um *script* de ganhar a vida: é possível amar seu avô sem morrer como ele, com a mesma idade.

Código: △ Filho; ○ Filha; (P) Pai; (M) Mãe; (AVP) avô paterno, (AvP) avó paterna; (AVM) avô materno; (AvM) avó materna; △ sujeito doente, filho mais velho, terceiro filho.

O genossociograma (Figura 13.1) ajuda a entender sua vida e seu "*script* de vida", suas escolhas profissionais e pessoais, levando em conta a hereditariedade familial e a herança (consciente ou inconsciente), ao longo de várias gerações. É um modo de demonstrar claramente algumas das tendências inconscientes e repetições da família nuclear e da família no sentido mais amplo, e descobrir seus vários papéis, mitos dinâmicos e lendas, segredos familiares dissimulados e repetições (escolha de cônjuges ou de doenças e mortes, de profissão, de estilo de família, de modos de encarar a vida).

Usamos um genossociograma em psicoterapia individual e de grupo (com psicóticos, assim como com pacientes de câncer), em terapia familiar, e também em grupos de formação; na formação de estudantes de psicologia, de medicina, de enfermagem; e na formação pós-graduada de profissionais.

Esse trabalho é conduzido da seguinte forma: o paciente desenha seu genossociograma de memória, e eventualmente pesquisa fatos apenas posteriormente, se necessário. O que não for conhecido ou estiver esquecido pode ser tão importante quanto o que é conhecido (isto é, os fatos de um segredo ou uma perda de memória).

No caso de pacientes de câncer, bem como de outros pacientes gravemente enfermos, geralmente tomamos notas durante a primeira entrevista do "estudo de caso" sob a forma de um genossociograma, e olhamos seu conjunto; freqüentemente, torna-se óbvio para o paciente a partir de que evento, repetição ou síndrome de aniversário sua doença ou o seu sentir-se doente advém; a similaridade — a repetição — de acidentes, doenças, nomes, idades, datas, ligações entre nascimento e morte atingem o paciente. As identificações inconscientes tornam-se óbvias. A linha vermelha que atravessa a família torna-se aparente e, dessa forma, o elo de ligação com a doença.

Ao trabalhar com seu genossociograma, ao ver as repetições ao longo de muitas gerações, o paciente muitas vezes tem um vislumbre de verdades não ditas ou secretas, de segredos familiares e de "fantasmas" invisíveis. O psicanalista franco-húngaro Nicolas Abraham formula a hipótese de que, em algumas instâncias difíceis, é como se um fantasma (de pai ou de avô) estivesse escondido numa "cripta" corporal dentro de duas ou três gerações, perseguindo e falando em favor do que está escondido ou do que é injusto, até ser ouvido (Abraham com Torok, 1970). O próprio paciente descobre "lealdades familiares invisíveis", ou ligações entre doenças e mortes familiares. Ele vê as repetições multigeracionais de boa ou de má saúde e de modos de vida felizes ou patológicos. Isso ajuda o paciente a ver claramente o que está se passando em sua família, e nele próprio; isso o ajuda a reverter tendências insanas ou pavorosas de morte, e o libera dessas repetições.

Vida seguindo-se à morte — o filho substituto

Muitas vezes, numa família, há um nascimento logo após um falecimento. Esse é um tipo diferente de síndrome de aniversário, como se a vida estivesse brotando novamente após uma morte importante. (Há muito mais nascimentos após uma guerra do que em épocas normais.) Às vezes, a criança nascida após a morte de um irmão é um "filho substituto", e sua vida poderá ser difícil se a mãe não houver pranteado e dito adeus ao seu ente querido.

Vincent Van Gogh nasceu um ano após a morte de seu irmão mais velho, Vincent, e deram-lhe o mesmo prenome. Era proibido na família Van Gogh falar sobre a morte do primeiro Vincent. Como sabemos, o segundo Vincent teve uma vida difícil, não conseguiu se casar, e ficou doente e foi internado em casas de saúde mental muitas vezes. Quando seu irmão Theo casou-se e teve um filho, ele deu o nome de Vincent ao novo bebê. Alguns meses mais tarde, Theo escreveu uma carta ao irmão Vincent, que estava internado num hospital para doentes mentais em Arles, França, dizendo: "Espero que este Vincent seja feliz e capaz de viver a vida da maneira como quiser". Quando recebeu essa carta, Vincent se matou, como se fosse impossível para ele que houvesse dois Vincent Van Gogh vivos e felizes ao mesmo tempo. Theo morreu pouco depois de ser informado do suicídio do irmão.

Do mesmo modo, Salvador Dali sempre soube quem era Salvador Dali: ele (Salvador) era seu irmão mais velho que estava no cemitério, a partir de quem fora nomeado, e que havia morrido antes de seu nascimento. Ele costumava visitar o túmulo do irmão todas as semanas junto com a mãe. Ele explicou como começou a bancar o maluco e tornar-se excêntrico a fim de criar uma distância e não ser confundido com o doce menininho que jazia sob a terra.

Dali pintou o famoso *Ângelus* de Millet 56 vezes — uma pintura que representa dois camponeses orando diante de uma cesta de batatas num campo. Quando recentemente a pintura de Millet foi radiografada, descobriu-se que o caixão de uma criança havia sido pintado anteriormente, e, então, coberto pela cesta de batatas. Numa carta privada, Millet disse que um amigo dele havia lhe pedido que cobrisse o caixão com a cesta de batatas — um *pentimento*. Quando Dali soube disso, disse que sempre havia sentido que essa pintura se relacionava com a morte de uma criança.

Uma criança nascida após uma morte familial nem sempre é um filho substituto e nem sempre tem uma história trágica; depende da atitude da mãe: se ela encerrou o luto dessa morte, se ainda está desgostosa, depressiva, se sente a falta de seu querido filho morto, ou vê a criança morta quando olha para o novo bebê. O psicanalista francês André Green (1975) fala da "mãe morta" para descrever a mãe que está tão submersa no sofrimento após uma morte, que está morta para o mundo, quase morta ela própria, em profunda depressão ou psicose, e o quanto isso afeta o novo bebê que ela traz nos braços. Muitas vezes, o bebê dessa "mãe morta" terá uma vida difícil, tendências suicidas ou sofrerá de esquizofrenia ou outros tipos de problema.

Muitas vezes, quando um paciente descobre que sua mãe era uma mãe morta, ainda enlutada quando ele nasceu, isso ajuda a entender e a superar o sentimento de estar morto por dentro, de ser não-desejado, de não ter um lugar próprio para viver. Muitas vezes, é através de um genossociograma que isso pode ser descoberto, e, então, elaborado num psicodrama.

O genossociograma ajuda a descobrir e a entender as "lealdades familiares invisíveis", e a identificar o paciente com um membro falecido ou difícil da família. Ele ajuda o paciente a desfazer esses laços e a se remover da situação.

Outros fatores para a melhora da saúde

Superando o ressentimento

Superar o ressentimento não significa perdoar aqueles que feriram você; significa apenas superar o ressentimento, parar de colocá-lo no fogão, para aquecê-lo e requentá-lo. Manter o ressentimento consigo o tempo todo e remoê-lo é das coisas mais nocivas. É melhor superá-lo e ser capaz de canalizar sua energia para algo que seja positivo para você, e não seguir por aí odiando as pessoas que o feriram, lembrando-se do negativo e da injustiça, tendo pena de si mesmo, ou deixando-se roer por dentro. Memórias agradáveis, os sentimentos positivos e a felicidade reerguem o corpo. Uma das maneiras mais simples de superar o ressentimento é desejar felicidades àqueles que o feriram (ver o método de Simonton). Muitas vezes, isso não é tão simples, e necessita de uma psicoterapia, um psicodrama ou uma análise de grupo. Cenas de morte, produção de assassinato, explicações com inversão de papéis freqüentemente são representadas.

Exercícios físicos

É importante para o paciente fazer exercício físico regularmente, se possível por uma hora, duas vezes por semana. Qualquer tipo de exercício físico ou esporte servirá, de acordo com as capacidades físicas do paciente. Se não for possível, imagens mentais de caminhar, correr ou nadar poderão ser usadas, ou mesmo a movimentação da mão ou do braço na cama.

Tornando a vida tão agradável quanto possível — desfrutando o presente

A vida geralmente não é muito agradável quando se está doente, devido à dor, ao sofrimento, à ansiedade e às dificuldades, ou a tratamentos desagradáveis. Portanto, é importante ser capaz de fazer coisas agradáveis todos os dias, mesmo que sejam pequenas coisas, e de antegozar coisas agradáveis ao despertar ou ao dormir. Há um prazer na antecipação do prazer, e a felicidade reduz a dor e contribui para uma boa saúde.

Pede-se ao paciente que faça uma lista de 25 coisas que ele gostaria de fazer agora (em casa ou no hospital), e mais tarde (algumas gratuitas, ou não muito caras, algumas sem se considerar sua impossibilidade), por exemplo:
— beber uma xícara de café ou chá;
— comprar ou ganhar flores;
— ouvir música;
— olhar uma nuvem no céu, ou a luz do sol;
— alimentar um passarinho;
— receber a visita de um amigo;
e fazer uma lista de coisas que poderiam ser feitas mais tarde, por exemplo:
— viajar;
— ir ao teatro;
— aprender a tocar piano;
— aprender a fazer tapeçaria;
— passar o fim de semana com amigos;
— construir uma casa;
— casar um filho ou uma neta.

Também pode-se fazer planos para o futuro. Alguns podem parecer extravagantes, como dar a volta ao mundo ou escalar uma montanha; outros podem ser mais mundanos. As experiências provam que, quando alguém quer muito uma coisa, dá um jeito de consegui-la, e essa determinação pode ajudar a melhorar a saúde. (Pesquisas recentes sobre psico-neuro-imunologia demonstram o impacto, via neurotransmissores, sobre os glóbulos brancos do sangue.)

Carl e Stephanie Simonton, em seu livro *Com a vida de novo* (Summus Editorial, 1987), dão o exemplo de uma mulher com câncer terminal, que tem apenas três semanas de sobrevida. Quando inquirida sobre seu último desejo — o que ela gostaria de fazer com o tempo que lhe restava —, ela disse que queria muito dar a volta ao mundo, mas nunca teve dinheiro para fazê-lo. Simonton sugeriu na discussão que ela poderia usar suas últimas semanas para fazer o que queria fazer. Ela deu-se conta de que, se pudesse fazer uso de suas economias e vendesse tudo o que tinha, inclusive a mobília, posses e carro, poderia comprar a passagem para a volta ao mundo e realizar seu desejo. Simonton encorajou-a e pediu que ela enviasse um cartão-postal de cada lugar que visitasse.

Os cartões-postais começaram a chegar e continuaram a chegar mesmo após o prazo terminal, pois ela não morreu. Quando chegou da viagem, o câncer havia desaparecido, não havia metástases. Embora ela não tivesse nem apartamento, nem emprego, nem casa, gozava de boa saúde, estava muito feliz, e capacitada a iniciar uma nova carreira e uma nova vida.

Preparando crianças para cirurgia

As crianças que aguardam uma cirurgia apresentam um problema muito especial em nossos hospitais; elas têm medo do desconhecido, encontram-se sozinhas (isto é, sem a mãe), às vezes a cirurgia tem que ser adiada, e elas esperam em maca ou cama, muitas vezes no corredor que leva à sala de cirurgia, que é escuro, estreito, mal iluminado, muitas vezes subterrâneo — e deprimente. Não se permite que a criança leve seu ursinho ou brinquedo favorito para a sala esterilizada, e, é claro, seus pais estão ansiosos.

Num hospital público francês, com a concordância do cirurgião-chefe, desenvolvemos um programa com as enfermeiras que trabalhavam conosco, usando nossa versão do método Simonton associado ao desempenho de papéis.

Na primeira consulta ambulatorial, convida-se a criança a trazer seu ursinho ou boneca; a enfermeira (após algumas horas de treinamento em laboratório de papéis) faz uma dramatização com a criança. Ela ausculta o peito do ursinho e explica que o ursinho está doente, e necessita ser tratado. Dá-se então o estetoscópio à criança e pede-se que ela ausculte os batimentos cardíacos da enfermeira, e depois do ursinho. Em caso de emergência, pode-se improvisar uma boneca com uma toalha, ou papel e caneta.

Pedimos à lavanderia do hospital que reserve as vestes cirúrgicas velhas e rasgadas; essas foram refeitas em vários tamanhos infantis, de modo que as crianças pudessem brincar de médico com roupas cirúrgicas de verdade. O cirurgião-chefe concordou até que se tirassem fotografias dele com e sem a máscara e touca, e essas fotos foram penduradas nas paredes da ala infantil. O hospital também concordou em comprar modelos de quartos de hospital e de salas de cirurgia de brinquedo, e alguns velhos estetoscópios foram dados às crianças para que brincassem com eles.

Quando a criança entra no hospital antes da cirurgia, com seu ursinho, a enfermeira faz um diagnóstico da doença do ursinho, e pede à criança que a ajude a tratar dela. Dá-se uma injeção no ursinho, e ele é então operado pela criança e pela enfermeira, enfaixado e colocado na cama. Encoraja-se a criança a brincar com os brinquedos e roupas de cirurgia, e permite-se que ela dê injeções e comprimidos ao ursinho, e faça os curativos.

Após a operação bem-sucedida com o ursinho, a criança é, através da inversão de papéis, vitoriosamente "operada" pela enfermeira e, então, a enfermeira é "operada" pela criança. Vinhetas da cirurgia são representadas, para possibilitar à criança expressar sua ansiedade e temores. Algumas situações especiais podem ser "elaboradas", como ensinar a criança a "dizer adeus" a um braço ou perna, ou ajudar o ursinho a andar sem um dos pés. O hospital também comprou alguns pares de ursinhos e animais de pelúcia, um para a enfermaria, para que a criança brincasse com ele, para ser trocado pelo outro, esterilizado, na entrada da sala de cirurgia. O Conselho da Cidade também se responsabilizou pelas pinturas do teto no corredor subterrâneo que conduz à sala de cirurgia de operações bem-sucedidas em ursinhos, Snoopies e Mickeys, de modo que a criança, quando deitada na maca, possa olhar para o teto e ver interações interessantes e confortadoras, e recuperações pós-operatórias bem-sucedidas.

Esse programa encontra-se atualmente em operação rotineira há mais de dois anos. Os anestesistas ficaram agradavelmente surpresos ao descobrir que as crianças que tinham sido preparadas precisaram apenas de 40 a 60 por cento da dose usual de anestesia, e que estavam relaxadas e felizes.

Conclusão

Cerca de 2 000 anos atrás, Galeno percebeu que as mulheres felizes se recuperavam muito melhor e mais rapidamente de câncer que as infelizes.

Um médico de Oxford descobriu recentemente que é muito mais importante para o resultado final, não o diagnóstico ou o prognóstico de uma doença, mas a maneira pela qual o paciente reage ao ser informado da doença. Não é tanto a quantidade de *stress* ou a seriedade da doença que importa, mas a maneira pela qual o paciente a encara. Meia garrafa de vinho é vista como quase vazia pelo pessimista, e quase cheia pelo otimista.

Essa habilidade pode ser estimulada em pacientes, aos quais pode se ensinar o método de lidar com o *stress* através do uso de relaxamento, visualização e psicoterapia (laboratório de papéis e psicodrama). Isso pode ser facilmente aprendido pelos pacientes e suas famílias, por médicos e enfermeiras, por psicólogos, por psicoterapeutas, e assim por diante. Os pacientes podem ser auxiliados a se sentirem melhor, e os doentes terminais a *viverem* mais tempo, com uma qualidade de vida muito melhor. Às vezes, até mesmo a recuperação completa é possível; alguns pacientes, a partir dos primeiros anos desse trabalho, há quinze anos atrás, ainda estão bem.

> Lembre-se de esquecer
> A raiva, a preocupação e o arrependimento
> Ame enquanto você tiver amor para dar
> Viva enquanto tiver vida para viver
>
> (Pet Hien)

A esperança, bem como cuidados ternos e amorosos, mudam a vida.

Referências bibliográficas

Abraham, N. & Torok, M. (1970) *L'Écorce et le noyau*, Paris: Aubier Flammarion.
Ader, R. (1981) (ed.) *Psycho-neuro-immunology*, Nova York: Academic Press.
Advances (1984 e seguinte) (Journal of the Institute for the Advancement of Health), Vols. I (1984) a VII, Nova York, NY 10022.
Ancelin Schützenberger, A. (1971) *La Sociometrie*, Paris: Éditions Universitaires.
────── (1985) 2.ª ed. revista, completa, 1987, *Vouloir Guérir*, Toulouse: Eres, Paris: La Meridienne.
Bahnson, C. B. (1989) Discussion in round table on stress, cancer, AIDS, and psychoneurimunnology, Tenth International Congress of Group Psychotherapy, Amsterdam.
Boszormenyi-Nagy, I. & Spark, G. (1975) *Invisible Loyalties*, Nova York: Harper and Row.
Franckel, V. (1959) *Man's Search for Meaning*, Nova York: Pocket Books.
Green, A. (1975) "La mère morte", in *Narcissisme de vie. Narcissisme de Mort*, Paris: Éditions de Minuit.
Hilgard, J. (1955) *The Anniversary Syndrome*, Nova York.
Holmes, T. & Rahe, R. (1967) "The social readjustment rating scale", *Journal of Psychosomatic Medicine* (11) (republished in the *New York Times*, 10 de junho de 1973).
Jacobson, E. (1938) *Progressive Relaxation*, Chicago: Chicago University Press.
LeShan, L. (1977) *You Can Fight for Your Life*, Nova York: Evans (Fr. Tr. *Vous pouvez lutter pour votre vie, les facteurs psychiques dans l'origine du cancer*, Paris: Laffont.)
Moreno, J. L. (1953) *Who Shall Survive?* Nova York: Beacon House.
Rosenthal, R. & Jacobson, L. (1966) *Experimental Effect in Behavioural Research*, Nova York: Appleton, Century, Croft.
────── (1968) *Pygmalion in the Classroom* (the Pygmalion or Rosenthal effect). (Fr. Tr. *Pygmalion à l'école*, Paris: Casterman.)
Seligman, M. E. P. (1975) *Helplessness: on Depression, Development and Death*, San Francisco: Freeman.
Siegel, B. (1986) *Love, Medicine and Miracle*, Nova York: Harper & Row.
Simonton, C. O. & Simonton, M. S. (1975) "Belief systems and management of the emotional aspects of malignancy", *Journal of Transpersonal Psychology*, 7 (1): 29-47.
Simonton, C. O., Simonton, M. S. & Creighton, J. (1978) *Getting Well Again*, Los Angeles: Torcher. (Em português, *Com a vida de novo*, São Paulo, Summus Editorial, 1987.)
Solomon, G. F. (1985) "The emerging field of psychoimmunology", *Advances* 2 (1).
────── (1989) "Psychoneuroimmunology: interaction between central nervous system and immune system", *Journal of Neuroscience Research*.
Solomon, G. F. & Moos, R. H. (1964) "Emotions, immaturit and disease, *Archives of General Psychiatry* 11: 657.

Bibliografia complementar

Ancelin, Schützenberger, A. (1980) *Le Jeu de Rôle*, Paris: E. S. F.
────── (1989) *Introduction à la Psycho-thérapie Transgenerationelle*, La psycho-genealogie.

Bahnson, C. B. (1968) "Basic epistemologie problems regarding the psychosomatic process", ensaio apresentado no First Congress on High Nervous Activity, Milão.
Berne, E. (1964) *Games Peoples Play*, Fr. tr. *Des Jeux et Des Hommes*, Paris: Stock, 1980.
Bowen, M. (1978) *La differenciation du Sol: les Triangles et les Systèmes Emotifs Familiaux*, Paris: E. S. F.
_____ (1978) *Family Therapy and Clinical Practice*, Nova York: Jason Aronson.
Cameron, E. & Pauling, L. (1979) *La Vitamine C Contre le Cancer (Vitamin C Against Cancer)*, Montreal: L'Étincelle.
Carter, E. A. & McGoldrick, M. (1980) (eds.) *The Family Life Cycle: A Framework For Family Therapy*, Nova York: Gormer Press.
Cousins, N. (1990) *Head First: The Biology of Hope*, Nova York: Dutton.
Davis, J. (1984) *The Kennedys: Dinasty and Disaster 1848-1983*, Nova York: Columbia University Press.
Dunbar, F. (1954) *Emotions and Bodily Changes: A Survey of Literature — Psychosomatic Interrelationship, 1910-1953,* Nova York: Columbia University Press.
Engel, G. (1975) "The death of a twin: mourning and anniversary reactions; fragments of 10 years of self-analysis", *International Journal of Pychoanalysis* 56 (1): 23-40.
Gaulejac, V. de (1988) *La Neurose de Classe*, Paris: Hommes et Groupes.
Glasser, R. (1976) *The Body is the Hero* (French translation (1978): *C'est le Corps Qui Triomphe*, Paris: Laffont).
Holland, J. & Frei, E. (1982) *Cancer Medicine*, 3.ª ed., Nova York: Lead & Seburger.
Holmes, T. H. & Masuda, M. (1974) "Life changes and illness susceptibility", in B. S. Doherenwend *et al.* (eds.) *Stressfull Life Events: Their Nature and Effects*, Nova York: Wiley.
Kogasa, S. (1979) "The hardy personality: towards a social psychology of stress on health", *in* G. S. Sanders (ed.) *Social Psychology of Health and Illness*, Hillsdale, Nova York: L. Erlbaum.
Kubler-Ross, E. (1975) *Les Derniers Instants de La Vie*, Genebra: Labor & Fides.
_____ (1976) *La Mort, Dernière Etape de la Croissance*, Ottawa: Ed. Québec-Amerique.
_____ (1981) *Living with Death and Dying*, Nova York: Macmillan.
Leutz, G. (1985) *Mettre sa Vie en Scène: le Psychodrame*, Paris, EPI. (Incluindo prefácio do prof. Didier Anzieu e posfácio da prof. A. Ancelin Schützenberger.)
Masson, O. (1983) "Les personnes et leurs roles dans les systèmes familiaux morphostatiques", *Bulletin de Psychologie*, Paris: Sorbonne, número especial de psicologia clínica Vi, XXXVI, n.º 360, junho.
Minuchin, S. (1974) *Families and Family Therapy*, Cambridge, Massachusetts: Harvard University Press.
Moreno J. L. (1946) *Psychodrama I, II and III*, Beacon, Nova York: Beacon House. (Em português o vol. I, *Psicodrama*, foi editado pela Cultrix, e o vol. II, pela Summus sob o título *Fundamentos do Psicodrama*.)
Satir, V. (1975) *Thérapie du Couple et de la Famille*, Paris: EPI.

Siebert, L. A. (1983) "The survivor personality", ensaio apresentado na Western Association of Psychology Convention, citado *in* Siegel, 1986.

Walsh, S. (1975) "Living for the dead? Schizophrenia and three generations of family relations", ensaio, 38.º encontro anual, American Psychological Association. Sumário.

CAPÍTULO CATORZE

Curando os que curam
Psicodrama com terapeutas

Barbara Jean Quin

Introdução

Este capítulo examinará o uso do psicodrama com profissionais de saúde mental, bem como das demais áreas a ela relacionadas. À primeira vista, pode parecer que esse não é um grupo que requer uma abordagem especializada, mas as aparências enganam. Trabalhar com o sofrimento psicológico não é fácil, e às vezes pode ser extremamente doloroso; e as pessoas que o fazem têm uma necessidade substancial e legítima de apoio e estímulo. Elas constituem também um grupo peculiar, no sentido de que tanto os que oferecem quanto os que recebem apoio serão terapeutas de alguma espécie. Os que curam precisam se curar — ou, pelo menos, a outros membros de sua própria população. Essa reflexividade, ou seja, a aplicação de uma teoria a alguém ou a si próprio, faz com que os terapeutas sejam pessoas estimulantes com quem se trabalhar, mas também traz suas dificuldades. A primeira parte do capítulo explora essas questões.

Ele prossegue então examinando o lugar especial que o psicodrama ocupa no processo de apoio a equipes profissionais. O psicodrama tem muitas vantagens no trabalho com profissionais da área de saúde mental. É divertido, poderoso, inspirador, envolve compartilhamento. Tem sua própria teoria bem desenvolvida, mas é compatível com outras escolas de terapia. As sessões não requerem que os membros do grupo se analisem formalmente, a si mesmos ou aos demais, de modo que os terapeutas podem estar relaxados quanto ao método, e deixar para trás seus papéis de trabalho. Pode contornar gentilmente, e de forma útil, algumas defesas. É também especialmente adequado a essa época, na medida em que consiste numa escola de terapia praticada por profissionais qualificados que estão conscientes do processo, a partir de cada um dos dois lados da cerca. Eles experienciaram o método de todos os pontos de vista, como diretor, como protagonista e como membro de grupo. Nisso, se assemelha às terapias psicanalíticas.

Ao abordar um tópico onde a reflexividade é um fator primordial, começarei minha investigação com um relato de minha própria experiência através das questões de apoio a equipes profissionais e psicodrama.

Uma nota pessoal

Meu interesse quanto à ligação entre o psicodrama e o trabalho com terapeutas data de 1973. Eu estava em formação em psicologia clínica havia um ano e, em parte devido ao esforço exigido para acompanhar o curso, estava me sentindo cansada e esgotada. Como parte da formação, eu freqüentava um grupo de psicodrama com meus colegas, e, durante seu decorrer, redescobri os prazeres simples do tocar, do ser reconhecida e do compartilhar meus sentimentos com outras pessoas que estavam compartilhando seus sentimentos comigo. Essa experiência se destacou como um dos raríssimos momentos em nossa formação em que meus colegas e eu fomos encorajados a tomar conhecimento de nossa humanidade comum, e a nos relacionarmos entre nós como pessoas em primeiro lugar, e como clínicos em segundo. Isso ficou claro para mim em um curso que me conduziu através da psicologia humanística, de grupos de encontro e outros métodos experienciais, e, especialmente, de experiências posteriores de psicodrama. Parecia claro para mim que a representação era um eficiente instrumento terapêutico, e nunca consegui entender realmente por que um método que a mantém como um processo central não estava bem no centro da minha formação e da maior parte de outros profissionais da área de saúde mental.

Outra experiência importante durante minha formação foi assistir a uma palestra proferida por Don Bannister, então um professor visitante da Universidade de Surrey. Ele nos introduziu de forma acadêmica a idéia de reflexividade. Ela afirma que um aspecto-chave do processo de julgamento da qualidade de qualquer teoria ou pesquisa psicológica deve ser a consideração sobre o sentido que ela faria, se aplicada a nós mesmos. Essa idéia informou meu pensamento desde então. Ela me ajuda a tomar decisões sobre que métodos de terapia perseguir, ao considerar aqueles que eu utilizaria em mim mesma, na minha família ou em meus amigos. Também me ajudou a testar questões sobre outros terapeutas em mim mesma. Dois claros exemplos disso são minhas atitudes com relação à supervisão e ao *stress*. Quando alguns colegas começaram a me pedir que supervisionasse seu trabalho, comecei a refletir sobre quem deveria estar supervisionando o meu — uma questão relativamente comum atualmente, mas inusitada em minha profissão até recentemente. Da mesma forma, quando os colegas começaram a falar sobre *stress* e esgotamento, e a me pedir que dirigisse grupos de apoio, comecei a pensar em como eu lidava com meu *stress* e com que espécie de apoio eu poderia me beneficiar.

Um passo fundamental na direção dos meus esforços em construir minha rede de apoio profissional veio com a minha descoberta do Holwell Centre for Psychodrama and Sociodrama, Inglaterra, e isso me fez dar uma guinada completa, fazendo-me voltar ao psicodrama, do qual eu me havia afastado nos últimos anos. Este capítulo advém do meu pensamento desde então sobre como reforçar a qualidade e a quantidade de apoio disponível tanto aos meus colegas quanto a mim mesma no espaço profissional, e como parte rotineira do processo de trabalho; bem como o lugar especial que, no meu modo de ver, o psicodrama deveria ocupar nesse processo.

As necessidades psicológicas dos profissionais de saúde mental

Para montar a cena para uma discussão mais geral do uso do psicodrama no apoio a terapeutas, em nosso trabalho, deve ser útil considerar a possibilidade de desenvolver redes de apoio para nossos colegas e para nós mesmos.

No nível mais básico, convém lembrar que os terapeutas também são pessoas, que vivem vidas similares àquelas de todo mundo. Atravessamos os mesmos ciclos básicos de vida que as outras pessoas e não temos imunidade especial ao *stress*, que faz parte da vida. Todos nós crescemos e recebemos algum tipo de educação. Podemos nos casar e/ou ter filhos. Podemos mudar de casa e possivelmente de emprego. Mais tarde, poderemos estar encarregados dos cuidados de um parente idoso. Muitos de nós atravessaremos também os traumas do divórcio, do desolamento ou de doenças graves em nós mesmos ou em alguém próximo. Infelizmente, muitos de nós descobriremos por experiência própria traumas mais graves, como a dependência do álcool ou das drogas, abuso físico, sexual ou emocional na infância, estupro, agressão física ou espancamento na idade adulta, ou similares.

Se esta última lista soar dramática demais, posso apenas dizer que trabalhei com terapeutas especializados e sensíveis que passaram por essas experiências. Seguem-se exemplos (todos os nomes e profissões foram trocados nos exemplos deste capítulo).

Mary é uma médica que sofreu abuso sexual quando criança, de forma dolorosa, por um menino mais velho da vizinhança, mentalmente retardado. Ela acha que seus pais podem ter suspeitado, mas nada fizeram. Ela não disse nada a ninguém, até que se tornou uma profissional, tentando trabalhar com pacientes adultos que haviam sofrido abusos sexuais quando crianças.

Charles é um psicólogo, cuja mãe, que não era casada, disciplinou-o com um chicote até que ele fosse velho o suficiente para enfrentá-la. Ele hesitou por todo um ano num grupo de apoio antes de revelá-lo aos colegas, e deixar que alguns dos sentimentos associados a essa infância emergissem. Ele estava clinicando havia quase vinte anos, e essa fora a primeira oportunidade de compartilhar que havia experienciado, que lhe pareceu suficientemente segura para que isso fosse trabalhado.

Katy, uma assistente social, foi estuprada quando adolescente. Ela nunca revelou o fato a ninguém, exceto ao colega que a encontrou naquela ocasião. Isso ficou represado, e a perturbou demais quando tentou atender em aconselhamento individual uma vítima de estupro.

Muitos exemplos análogos podem ser encontrados em *Wounded Healers* (Rippere & Williams, 1985), uma coletânea das experiências de depressão de profissionais de saúde mental. Suas histórias ilustram algumas das dificuldades que surgem com o trabalho, mas também demonstram claramente a gama de experiências negativas que podem ser sofridas por um grupo de pessoas infelizes em suas vidas privadas. Parece ser uma das virtudes mais impressionantes da nossa espécie o fato de que alguns de nossos membros possam ser tão dolorosamente feridos pela vida, e, ainda assim, emergir como pessoas generosas e interessadas pelos demais.

Muitas das fontes específicas de *stress* que surgem com o trabalho são discutidas extensivamente no livro de Guy, que investiga a vida pessoal do psicoterapeuta (Guy, 1987). Embora esse livro focalize os psicoterapeutas, sua definição é ampla, e a maior parte das questões que ele aborda poderia se referir igualmente aos outros terapeutas. Ele enfatiza em especial o isolamento físico e psíquico que podem advir com o trabalho. Ao investigar os aspectos psicológicos, ele examina os efeitos de se ser depositário de informações pessoais, do colocar de lado as preocupações pessoais, do controle emocional, da intimidade de mão única, da manutenção da instância interpretativa, da idealização e da onipotência, da desvalorização e do ataque, dos objetivos de tratamento (por exemplo, dizer adeus ao paciente), da competição profissional e da percepção pública. Todas essas fontes de *stress*, que são específicas à tarefa do terapeuta, afetam não apenas o terapeuta, mas também todos os seus relacionamentos, em especial aqueles que lhe são mais próximos.

Em outras palavras, a tarefa do profissional de saúde mental é trabalhar com pessoas que se acham em situação de profundo sofrimento. Isso significa que todos os terapeutas, não importa como eles organizem seu trabalho, despenderão grande parte de seu tempo ou pensando ou sendo diretamente confrontados pelos aspectos mais dolorosos da condição humana. O principal instrumento para trabalhar com toda essa dor são eles próprios — seu pensamento, seus sentimentos e seu modo de agir informados por suas próprias memórias, estudos e modelos terapêuticos de que se utilizam.

Inevitavelmente, a escolha de trabalhar com tais dores requer que o terapeuta desenvolva estratégias, conscientes ou inconscientes, para mantê-las à distância e evitar que se tornem esmagadoras. Algumas dessas estratégias parecem ser sadias e sensíveis, como seguir um sistema de administração compartimentalizada, trabalhar em equipes ou com co-terapeutas, procurar supervisão ou uma formação mais avançada, reduzir o contato direto com o paciente, dando supervisões ou formando outros terapeutas, ou mudando-se para a parte administrativa e, é claro, procurando apoio formal ou informal.

Outras estratégias que são lugares-comuns entre os terapeutas parecem menos sadias ou sensíveis, como tentar compensar a limitação do que podemos fazer, através do trabalho cronicamente excessivo, levando trabalho para casa, ou isolando-se totalmente dos pacientes a nível dos sentimentos e fazendo de conta que a dor não se encontra lá.

Quem cura os que curam?

Um dos principais problemas com que muitos profissionais da saúde mental se defrontam é a dificuldade de encontrar o apoio adequado quando as coisas se tornam agudas. Os terapeutas que têm redes de apoio insuficientes, por exemplo, como resultado de uma mudança de trabalho, podem se defrontar com uma tarefa realmente difícil e, de certo modo, paradoxal. Ao perceberem que necessitam de auxílio externo, para onde devem se encaminhar? Eles podem se perguntar se tem sentido consultar alguém semelhante a eles em termos de abordagem, na medida em que isso poderia não oferecer nada de novo. Se a abordagem sugerisse algumas soluções, eles já teriam pensado nelas. Por outro lado, cada terapeuta escolheu uma abordagem terapêutica presumivelmente devido ao pressuposto de que eles a consideram a abordagem mais eficiente. Se esse for o caso, eles poderiam se perguntar se tem sentido pedir ajuda a alguém que emprega uma abordagem diferente. O paradoxo é mais imaginário que real, uma vez que o apoio se refere mais a pessoas e sentimentos do que à técnica, mas o terapeuta que está encalhado poderá prontamente perder isso de vista, com medo de "receber o conselho errado", e pedir apoio a alguém que acaba por não ser adequado a eles.

Esse problema poderá ser ainda mais exacerbado pela disciplina específica da qual o terapeuta se origina. Embora algumas escolas de terapia dos Estados Unidos incluam em seu treinamento de formação uma experiência de terapia pessoal, poucas instituições de saúde mental exigem que os estudantes se submetam a uma terapia pessoal. Por exemplo, ela não é obrigatória para a qualificação em medicina psiquiátrica, enfermagem psiquiátrica, psicologia clínica ou serviço social em saúde mental. Assim, pode-se ingressar numa escola de saúde mental, formar-se, qualificar-se e atuar, com traumas passados graves nunca revelados ou trabalhados, esperando que venham à tona através da experiência paralela de um paciente, e que essa pessoa não tenha absolutamente nenhuma experiência de terapia pessoal. A simples consideração da idéia de que uma ajuda poderia ser útil e aceitável pode constituir uma dificuldade fundamental para essa pessoa. Mary, Charles e Katy, acima descritos, apresentavam esse problema.

Esses são exemplos de dificuldades extremas, mas acredito que nenhum de nós deveria estar carente de apoio profissional e pessoal no decorrer de nosso trabalho, a ponto de chegarmos a esses extremos. As oportunidades de compartilhar nosso trabalho e o impacto que ele exerce sobre nós deveriam ser rotineiros. Para usar uma metáfora, ninguém esperaria que um piloto de corrida continuasse dirigindo um carro sem que este fosse revisado freqüentemente e regulado para obter um alto nível de desempenho. No que diz respeito aos terapeutas, o "carro" deles é sua própria pessoa, e esperar que ele corra sempre, sem uma revisão adequada, para não dizer cuidadosamente regulado, parece absurdo e assustadoramente negligente.

Por que psicodrama?

O psicodrama oferece um modo de satisfazer as necessidades de apoio dos profissionais da saúde mental e, em minha opinião, é um dos melhores dentre os disponíveis. Estou consciente de ao menos dez aspectos específicos do psicodrama que fazem dele uma boa escolha, e, embora algumas das razões não sejam exclusivas ao método, especialmente aquelas que seriam aplicáveis a qualquer técnica baseada na ação, acho que, juntas, constituem um eficiente argumento para encorajar os diretores de psicodrama a dedicar ao menos parte de seu tempo e talento para trabalhar com seus colegas em situações de apoio. Esse tipo de trabalho cria sem dúvida alguns problemas específicos para os diretores, e os abordarei nas seções subseqüentes.

1. *O psicodrama é divertido*. Isso parece quase óbvio demais para ser dito, mas um aspecto distintivo do método é que não apenas é aceitável rir nos grupos, mas isso é positivamente encorajado. Em vez de ser considerado uma distração da questão principal do grupo, pode, às vezes, tornar-se seu ponto principal. Uma catarse de risadas pode ser uma grande liberação para todo o grupo. Além disso, o aspecto dramático do psicodrama afirma que um bom diretor leva em conta a comédia tanto quanto a tragédia.

2. *O psicodrama é poderoso*. O puro poder de criar uma nova compreensão emocional e intelectual que possa ser liberada numa sessão de psicodrama constitui uma das recomendações principais ao se trabalhar com terapeutas. Somos geralmente pessoas ocupadas, e muitos de nós podem sentir-se cansados e esgotados, mas o impacto de uma sessão de psicodrama penetra esse estado de desatenção e fadiga de forma suficientemente intensa para atingir as pessoas que estão acostumadas a trabalhar com os sentimentos, em especial os negativos.

3. *O psicodrama é inspirador*. Uma sessão de psicodrama, em sua melhor forma, será criativa e imaginativa, e libera a espontaneidade do grupo, assim como a do protagonista e do diretor. Os terapeutas, especialmente, precisam ser energizados e inspirados, se quiserem prosseguir dando-se aos demais sem sérios prejuízos a si mesmos.

4. *O psicodrama envolve compartilhamento.* Como já foi notado, os terapeutas podem ter vidas muito isoladas e isolantes; assim, a simples afirmação de humanidade comum que é construída em cada sessão de psicodrama clássico, no compartilhamento, é de especial valia nesse contexto.

5. *Os diretores de psicodrama experienciaram eles próprios o método.* Este aspecto tem a mesma validade e poder com relação a grupos constituídos por uma equipe quanto a pacientes e a outros tipos de grupo. Nesse contexto, traz a vantagem adicional de "normalizar" a experiência. Embora os terapeutas se sintam razoavelmente felizes em admitir intelectualmente que o *stress* é um fato da vida, e que o apoio também deveria ser um deles, eles têm mais dificuldades em se convencer emocionalmente a si mesmos.

6. *O psicodrama tem sua própria teoria bem desenvolvida.* O psicodrama tem uma longa e respeitável história acadêmica. O próprio Moreno foi um autor prolífico, e muitos outros desde então desenvolveram suas idéias. Escolas inteiras de terapia se originaram da combinação das idéias psicodramáticas com a criatividade *nova e única* de outros terapeutas. Isso pode ser animador para os profissionais cuja orientação seja diferente e que possam se sentir não tão confiantes em se colocar no papel de membro de grupo.

7. *O método é compatível com muitas abordagens teóricas.* Embora o psicodrama tenha seu próprio embasamento teórico, o processo que ocorre durante um grupo de psicodrama poderia ser compreendido a partir de uma série de perspectivas teóricas diferentes. Por exemplo, o processo de representar uma cena da infância precoce é semelhante ao conceito psicanalítico de regressão, e, embora tele seja um conceito mais amplo que transferência e contratransferência, elas constituem idéias claramente relacionadas (ver Blatner, 1973: 37-8). Um terapeuta comportamental se sentiria bastante confortável com a noção de examinar o exato comportamento que ocorreu numa situação difícil, e possivelmente aprovaria representar tal comportamento como um acréscimo útil ao processo geralmente mais verbal da análise comportamental. Além disso, a idéia de repetir a cena ao final da dramatização, usando comportamentos diferentes, é típica do ensaio comportamental que ocorre, por exemplo, em grupos de treinamento de assertividade (ver, por exemplo, Herbert, 1987: 169-75).

Um terapeuta familiar sistêmico provavelmente lamentaria a ausência dos membros reais da família, mas logo notaria a utilidade de se explorar as interações familiares utilizando-se de egos auxiliares, se as pessoas reais não puderem estar presentes. Tal terapeuta poderia também sentir-se confortável com a idéia de procurar as fontes de dificuldade no passado, uma vez que isso está de acordo com as idéias do ciclo de vida de família e a noção de que as disfunções familiares podem resultar do fracasso em negociar a transição para novos estágios no ciclo de vida (ver, por exemplo, Falicov, 1988: 3 fls.).

Não estou tentando sugerir que não haja áreas onde o método psicodramático seja radicalmente diferente de outra orientação específica. O que quero demonstrar é que, enquanto há diferenças com relação a outros modelos, há suficientes áreas de sobreposição para que os terapeutas da maior parte das tendências encontrem familiaridade com pelo menos alguns dos eventos do grupo do psicodrama.

8. *O psicodrama pode fugir de algumas defesas*. Os terapeutas despendem uma boa parte de seu tempo enfocando as dificuldades de outras pessoas e evitando perguntas sobre suas vidas, seus sentimentos, suas necessidades etc. Talvez seja difícil para nós sairmos dessa posição para uma outra onde seria adequado um nível pessoal de relacionamento. O psicodrama pode facilitar isso de duas maneiras. Em primeiro lugar, trata-se de um método baseado na ação, de modo que a maior parte dos hábitos verbais constituídos pelos terapeutas para evitar a auto-revelação simplesmente não são ativados. Isso pode ser particularmente valioso na fase de aquecimento do processo.

Em segundo lugar, o processo de montar e representar uma cena leva o protagonista a um contato tão próximo com a realidade do que aconteceu quanto possível, após o evento. A verossimilitude ajuda a envolver o terapeuta em seu relato, e ajuda a superar a resistência natural a permitir uma evocação emocional completa de acontecimentos dolorosos.

9. *As sessões de psicodrama não incluem análise formal*. Isso se relaciona, novamente, à importância de se capacitar os terapeutas a esquecer seus papéis terapêuticos *ao longo da sessão*, e a se envolver no processo num nível mais pessoal. Muitas escolas de terapia de grupo encorajam os membros do grupo a compartilhar seus pensamentos com relação aos problemas dos outros durante a sessão. Embora um diretor de psicodrama possa perguntar ocasionalmente ao grupo o que acham que está se passando com o protagonista, isso não faz parte da rotina do trabalho de grupo, e é explicitamente desencorajado no estágio de compartilhamento, quando o protagonista se encontra particularmente vulnerável. Pode ser uma experiência muito liberadora para um terapeuta ser capaz de "desligar" a faculdade crítica durante a sessão, e simplesmente "deixar fluir a correnteza".

10. *O psicodrama evita rótulos*. Não há lugar para rótulos diagnósticos num grupo de psicodrama. Não apenas eles são evitados na sessão propriamente dita, como também a teoria do psicodrama enfatiza a

exploração de situações em seu contexto singular, e a procura pela espontaneidade e criatividade, em vez de descrever a patologia. Para os terapeutas, isso é útil na normalização de suas experiências, e, assim, concentra-se na saúde em vez de num modelo de doença. O psicodrama compartilha esse atributo com outras terapias humanísticas.

Os problemas especiais do emprego do psicodrama no atendimento de terapeutas

Na seção anterior, sugeri uma série de modos pelos quais o psicodrama pode ser particularmente útil no atendimento de grupos de terapeutas. Nesta seção, examinaremos algumas das formas pelas quais esses grupos podem diferir dos grupos de pacientes comuns e investigar suas implicações no que diz respeito ao método.

Ao trabalhar com grupos de pacientes comuns, há ao menos uma admissão implícita, e geralmente uma explícita, de que a tarefa do grupo é ajudar os membros a resolver conflitos psicológicos que eles percebem como incapacitadores. Isso não acontece em grupos de terapeutas. Cada membro do grupo tem suas expectativas com relação ao objetivo do grupo e ao nível de revelação pessoal consistente com esse objetivo. Num extremo, pode haver membros que desejam e esperam ser capazes de usar o grupo para discutir questões pessoais profundas, com raízes fortemente fincadas no passado. No outro, pode haver membros que consideram qualquer discussão referente a informações pessoais como inadequadamente intrusivas. O primeiro estágio a se explorar sobre como lidar com esse amplo leque consiste em esclarecer o contexto em que o grupo está se encontrando.

Questões referentes ao contexto grupal

Os grupos de profissionais têm muitas formas e tamanhos. Eles podem se encontrar uma vez por semana, por um período determinado, ou indefinidamente. Os membros podem estar em formação, ou ser plenamente qualificados para diferentes profissões. Podem se conhecer uns aos outros de forma próxima, apenas de vista ou não se conhecerem absolutamente. E assim por diante.

Do ponto de vista do diretor, convém esclarecer tanto quanto possível a participação no grupo e seu propósito, numa entrevista prévia individual, a fim de obter uma certa idéia sobre o nível de segurança e apoio disponível durante e após o grupo, e, portanto, para fazer planos sobre o tipo e nível de trabalho adequado àquele grupo específico.

O grupo de demonstração
O contexto mais limitado é provavelmente a demanda por uma única demonstração isolada do método. Os membros podem se conhecer bastante bem, e trabalharem juntos, e ter uma história de compartilhamento pessoal. Por outro lado, eles podem não se conhecer absolutamente.

Além disso, alguns membros do grupo talvez estejam atuando em situações que possibilitem pouco ou nenhum tipo de compartilhamento do sofrimento gerado pelo trabalho. Para eles, as sessões únicas isoladas parecem oportunidades caídas do céu para explorar algumas das dificuldades que enfrentam profissionalmente. Qualquer que seja a combinação dos membros, o diretor não está lá em pessoa para acompanhar posteriormente a sessão; portanto, exige-se certa precaução.

O grupo de apoio a uma equipe
A situação mais forte é o "grupo de apoio" a uma equipe. Aqui, o pertencer vem junto com a tarefa específica de tomar conta um do outro e compartilhar as dificuldades. Coloquei as aspas porque minha experiência com grupos que ostentam esse título é que eles terminam por ser bem o contrário, ao menos que sejam organizados cuidadosamente. As equipes de profissionais que se encontram estressadas demais, e em conflito interno, muitas vezes decidem que um grupo de apoio seria a saída ideal para resolver suas dificuldades. Mesmo que haja um alto nível de conflito, explícito ou não, no grupo, o grupo de apoio tem ao menos a vantagem de que os membros se conhecem uns aos outros, provavelmente bastante bem, e esperam prosseguir trabalhando juntos no futuro imediato.

O grupo de interesse pessoal
Outra versão do grupo de apoio é o associado a um tópico específico, a um modo de trabalho ou a um grupo profissional. Exemplos da minha própria prática são os grupos de apoio a crianças maltratadas, a seção local da Associação de Terapia Familiar, e o grupo de psicólogos clínicos que trabalham com crianças, adolescentes e suas famílias. Não há regras para a composição desse tipo de grupo, de modo que eles podem aparecer dentro de uma ampla gama de formatos, e alguns podem escolher trabalhar psicodramaticamente, ou usando um diretor externo o tempo todo, ou apenas para algumas sessões; podem usar um diretor trazido de fora para a sessão ou um dentre os membros que tenham tal capacitação.

O grupo de formação que utiliza o psicodrama
Alguns grupos de formação incluem um elemento de psicodrama como parte de uma formação mais ampla. Por exemplo, dirigi recentemente um "workshop" de dois dias para psicólogos clínicos em formação, para introduzi-los nas técnicas e filosofia do psicodrama.

O grupo de formação em psicodrama
Do ponto de vista do diretor, esses são os tipos mais densos de grupos em que os terapeutas trabalham. Mesmo os novos membros terão expectativas de trabalharem a si mesmos, e haverá quase certamente al-

guns membros do grupo, além do diretor do grupo, que terão experiência de trabalho pessoal utilizando o psicodrama.

Um exemplo pessoal de grupo de formação seria o nosso grupo de apoio para psicodramatistas. O objetivo do grupo é reunir pessoas que tenham interesse em psicodrama e oferecer um contexto em que possamos aprender sobre o psicodrama e praticar nossas habilidades, bem como ter uma oportunidade de trabalharmos a nós mesmos. O recebimento de *feed-back* a partir dos membros do grupo é muito positivo, e alguns membros prosseguem, matriculando-se formalmente para a formação em psicodrama. As únicas dificuldades sérias que encontramos são estruturais. Os profissionais qualificados da região têm dificuldades em arranjar tempo para se compreender com um grupo regular, de modo que este tem em geral mais estudantes que profissionais, e, embora isso não constitua um problema em si, acaba por frustrar de certa forma um de nossos objetivos, que é o de encorajar profissionais a se aventurarem pelo psicodrama.

Questões relativas à técnica

Todos os contextos descritos previamente dizem respeito a terapeutas em algum nível de trabalho pessoal. As questões pessoais que daí surgem, passíveis de necessitar um atendimento extra pelo diretor, giram em torno de poder, autorização e confidencialidade.

O método em si é extremamente eficiente, e embora isso constitua um de seus benefícios principais, também traz em si seus próprios riscos. É fácil para um diretor que está acostumado com grupos de pacientes cair na armadilha de pressupor que, uma vez que os membros do grupo são colegas profissionais, estarão capacitados a enfrentar as sessões mais profundas e as catarses mais poderosas. Minha experiência pessoal é de que não é o caso, especialmente no contexto de um *workshop* de uma única sessão. Alguns profissionais de saúde mental têm pouca ou nenhuma história de trabalho pessoal, e outros, apenas experiência com trabalho verbal. Assim, alguns terapeutas altamente competentes e engajados podem chegar a um *workshop* com pouca experiência anterior de qualquer tipo de trabalho baseado na ação, e o choque poderá ser profundo. O poder de uma sessão de psicodrama poderá deixar tanto o protagonista como os membros do grupo sentindo-se excessivamente expostos e vulneráveis, especialmente se demonstraram sentimentos intensos. Isso provavelmente não será um problema dentro da sessão, mas seria uma fonte de embaraço no dia seguinte, se a demonstração de sentimentos fugir do comum.

> Um exemplo recente disso em minha experiência foi a sessão de um grupo regular de apoio que dirigi com um grupo de enfermeiras num curso de pós-graduação. Usei a técnica das "duas cadeiras" para explorar com elas a questão do apoio, convidando-as a se encontrarem, cada uma delas, com a pessoa que era sua fonte mais forte de apoio na vida, naquele

momento. A sessão não incluiu montagens de cena, e usou-se apenas a inversão de papéis para investigar um pouco a relação. Apesar da simplicidade da técnica, a sessão foi tanto forte quanto tocante. Apenas um dos membros do grupo havia feito algo anteriormente, embora todos tivessem passado pela experiência de um laboratório de papéis, numa ou noutra ocasião.

Provavelmente, o maior risco proveniente do poder do método se refere à possibilidade de que um indivíduo fique tão desequilibrado por uma experiência de psicodrama que se sinta incapacitado para continuar a funcionar como terapeuta logo em seguida. Embora isso possa não constituir um problema muito grave no contexto de uma semana de treinamento de imersão, poderia criar graves dificuldades no contexto de uma sessão seguida de um retorno imediato ao trabalho, sem um seguimento ou sistema de apoio.

Esse problema surgiu aqui há algum tempo, quando eu estava trabalhando na montagem de uma sessão única para uma profissional que ficou profundamente perturbada logo após um grupo em que redescobriu seus sentimentos a respeito das próprias experiências relacionadas com maus-tratos na infância.

Outra questão que o diretor de um grupo composto por profissionais precisa levar em conta são as relações reais de poder existentes entre os membros do grupo, tanto formal quanto informalmente. No nível formal, alguns membros podem ser profissionalmente responsáveis por outros, e isso pode ter um efeito inibidor para ambos os lados. É difícil prosseguir e admitir fraquezas e erros diante de alguém a quem se tem que dar ordens, ou a alguém que amanhã vai dar referências a seu respeito. Num grupo que trabalha junto como equipe, haverá também uma rede de relações informais baseada no estilo pessoal, nas habilidades, no tempo de permanência na equipe, na profissão, no sexo, na amizade etc., que poderá inibir alguns membros quanto à livre expressão.

Se o diretor for membro da equipe, ou um colega que trabalha intimamente com alguém, mas não com todos os membros do grupo, isso introduz um fator extra de complexidade. Embora o diretor de uma sessão de psicodrama não possa assumir a responsabilidade literal pela experiência de cada um dos membros do grupo, o papel sem dúvida traz consigo uma responsabilidade geral com relação ao processo do grupo, e é claramente diferenciado dos papéis de protagonista, de ego auxiliar ou de membro do grupo. Os grupos que estão acostumados a trabalhar psicodramaticamente acharão fácil lidar com um membro que entra e sai do papel de diretor, presumindo-se que haja mais de um diretor disponível no grupo, mas a experiência será bastante diferente num grupo novato quanto ao método, e pode ser bastante difícil, tanto para o diretor quanto para alguns membros do grupo, permitir que o papel seja posto de lado após a sessão.

Uma área final de risco para um diretor de grupo de terapeutas é a que advém da reflexidade da situação, e esse é o risco que aumenta com a competência terapêutica dos membros do grupo. Num grupo de profissionais, tanto o diretor quanto os demais participantes estão experienciando trabalhar com pessoas. Pode haver participantes que tenham experiência na formação de terapeutas. O grupo pode até mesmo incluir professores de psicodrama. Freqüentemente, alguns dos membros são mais experientes que o diretor. Embora no mundo real isso não devesse constituir problema, uma vez que os terapeutas experientes lá se encontram espontaneamente, e se presume que sejam suportivos e abertos à experiência de modo positivo, no mundo interno do diretor isso pode facilmente reestimular temores de ser julgado e considerado inadequado. A vulgaridade desses temores foi lembrada por mim num *workshop* que investigava o processo do psicodrama. Virtualmente todos os participantes admitiram ter "pavor de palco" ao dirigir diante de seus professores de psicodrama.

Todos nós temos que buscar meios de lidar com nossa ansiedade de desempenho. O problema com grupos de profissionais é que, quando se dirige uma sessão com os próprios colegas, os temores têm maior probabilidade de aflorar do que usualmente, de modo que, se o grupo não for diretamente supervisionado, precisamos estar particularmente atentos com relação aos nossos próprios padrões de defesa contra a ansiedade.

O processo de uma sessão típica

Não há um "jeito certo" de dirigir uma sessão de psicodrama com colegas profissionais de saúde mental, mas uma atenção cuidadosa com relação às questões de permissividade e de confidencialidade, bem como um nível saudável de cautela, podem ajudar ao se lidar com as áreas problemáticas acima mencionadas. Seguem-se as linhas mestras por mim utilizadas ao organizar e dirigir grupos de profissionais. Elas foram selecionadas a partir de conversas com colegas psicodramatistas (em especial Marcia Karp e Ken Sprague), com outros terapeutas que dirigem grupos de apoio ou grupos de formação de profissionais, a partir de minha própria experiência, além de meus pensamentos e reflexões sobre o processo até o presente momento.

Preparação
Antes de iniciar um trabalho com um grupo de terapeutas, procuro levantar informações-chave sobre a composição do grupo. Verifico com o contratante (se não for eu mesma) se os membros do grupo trabalham juntos e, em caso positivo, quais são suas relações formais, o que possivelmente sabem sobre psicodrama e o que esperam do trabalho de grupo. Se o grupo for se encontrar comigo apenas por uma ou duas vezes, também procuro descobrir se os participantes têm outras fontes de apoio no ambiente de

trabalho; por exemplo, será que pertencem a um grupo de apoio, ou estão em supervisão? De posse dessas informações, decido a forma de estruturação do grupo. Em particular, planejo o estágio de aquecimento do grupo com um certo número de detalhes, e planejo esquematicamente a duração de cada estágio do grupo. Decido também se trabalharei com vinhetas ou dramatizações de duas cenas, possivelmente com mais de um protagonista, ou se escolherei um único protagonista para um psicodrama completo.

Se o grupo incluir membros com pouca experiência em métodos dramáticos, uso mais que um simples aquecimento físico para estabelecer um nível de relaxamento com métodos não-verbais. Planejo também aquecer mais de um protagonista para as questões que sejam claramente relacionadas com o trabalho.

Aquecimento do diretor
Antes de começar a trabalhar com um grupo de colegas terapeutas, examino meu plano, e me asseguro de que me sinto tranqüila com relação a ele. Passo então por uma breve rotina de relaxamento, e reservo um tempo para lembrar a mim mesma de que os terapeutas são pessoas, e de que eu sou uma pessoa, e isso mais nos une do que nos separa. Uma vez que um de meus próprios riscos é supercompensar minha ansiedade tornando-me excessivamente autoconfiante, também lembro a mim mesma que não tenho que ser perfeita!

Acordo com o grupo
Se se tratar da minha primeira sessão com esse grupo, reservo um tempo para explicar brevemente o que espero da sessão e falo sobre a confidencialidade. Todos os terapeutas estão acostumados a esse conceito no que diz respeito a seus pacientes, mas talvez não tenham pensado no que isso significa no contexto de um trabalho pessoal num grupo de colegas. É bem provável que eles queiram compartilhar seu trabalho com amigos, cônjuges ou colegas ausentes, e é provável também que queiram sentir-se livres para discutir as técnicas. Talvez seja útil pensar sobre como poderão fazer ambas as coisas sem quebrar a confidencialidade do trabalho dos outros membros do grupo.

Levanto também as questões referentes a revelações pessoais e à permissividade. Num grupo de pacientes, é razoável supor que, na hora, cada membro decide revelar um pouco de si próprio para gozar dos benefícios de participar. Em grupos de terapeutas, isso nem sempre poderá acontecer. Por exemplo, na pior das hipóteses, um membro de uma equipe que participe de um grupo de apoio por haver recebido ordens de um superior, mas que nem deseje participar, nem possua qualquer crença de que terá quaisquer benefícios pessoais, provavelmente se esforçará para não revelar nada de pessoal. É importante que o diretor conheça a posição dessa pessoa e que a aceite incondicionalmente. Também acho importante que o nível de auto-revelação seja razoavelmente semelhante para todos os membros do grupo. Se alguns membros estiverem preparados para uma auto-revelação, enquanto outros desejem excluir sua vida pessoal das questões do grupo, será difícil criar uma atmosfera de confiança e de cooperação, e os membros que se expuserem menos poderão se sentir sob pressão indevida para ultrapassar os limites que julgam ser seguros.

Aquecimento do grupo
Uma vez que esses pontos tenham sido ventilados, conduzirei o aquecimento de acordo com o plano (ou conforme modificações feitas à luz do meu primeiro contato com o grupo). Quando o aquecimento do protagonista for obtido, explicarei que o protagonista trabalha em nome do grupo, e assinalarei novamente o que isso provavelmente significa.

Num grupo em andamento, todas as questões acima já terão sido repassadas, mas tenho constatado ser útil levantar de vez em quando a questão da permissividade, com o objetivo de facilitar aos membros do grupo ver se eles mudaram, de algum modo.

Psicodrama ou sociodrama?
Se o grupo for uma demonstração em sessão única, já saberei se o melhor será trabalhar sociodramaticamente ou psicodramaticamente. Se for um grupo de longa duração, a decisão deverá emergir do aquecimento. Os grupos de profissionais que trabalham juntos podem desejar investigar questões de dinâmica de grupo, ou questões relacionadas com seus papéis no sistema mais amplo. Em ambos os casos, o sociodrama poderá ser um método mais efetivo que o psicodrama, e eu me alternaria entre os dois de acordo com a necessidade.

O psicodrama em si
Uma vez que um protagonista tivesse emergido, eu me conduziria como em qualquer outra sessão de psicodrama, com apenas uma cláusula condicional. Eu já haveria decidido no estágio de planejamento se meu objetivo seria uma vinheta, uma dramatização breve ou um psicodrama profundo. No estágio de acordo, eu explico claramente os limites da sessão ao protagonista. Se o objetivo fosse demonstrar a técnica, explico que eu, normalmente, estaria tentando localizar o problema numa época anterior da vida do protagonista, mas, uma vez que a situação é apenas uma demonstração, eu pararia em quaisquer pontos em que achasse que uma mudança de cena seria indicada, e conferiria tal percepção com o protagonista. A opção de retroceder seria explorada brevemente, verbalmente, mas não representada.

O compartilhamento
A fase de compartilhamento de uma sessão de psicodrama é totalmente desconhecida de muitos terapeutas. Ao término da dramatização eles são

convidados a falar, e é bem provável que presumam que sua tarefa consista em oferecer uma análise do trabalho do protagonista. Isso não chega a ser surpreendente, pois talvez seja esse o procedimento que adotariam em grupos de trabalho. Geralmente, convido as pessoas a compartilhar usando a metáfora de uma viagem. O protagonista nos conduziu por uma viagem através de sua vida, e eu gostaria que compartilhássemos com os demais, e em especial com o protagonista, de que viagens ela nos lembrou com referência às nossas próprias histórias. Ao enfatizar a natureza pessoal do compartilhamento, reduzo o risco de que o protagonista seja assaltado pela combinação das várias interpretações terapêuticas de um grupo altamente sofisticado de pessoas, mas tenho que confessar que ainda acho mais difícil controlar esse estágio do que qualquer outro, ao trabalhar com terapeutas. Não importa quanto um grupo se envolva emocionalmente com o trabalho do protagonista, é inevitável, e apropriado, que eles tenham que pensar também no processo em curso no psicodrama. É o seu ofício. O que pode ser difícil para um grupo de terapeutas que não estão acostumados a trabalhar psicodramaticamente é a idéia de que a dramatização é a sua própria análise, e de que o compartilhamento se refira a reintegrar o protagonista ao grupo, e não continuar a análise. Os terapeutas também tendem a oferecer análises das afirmações dos outros membros do grupo no compartilhamento. As únicas técnicas que descobri para evitar que esse processo se torne destrutivo são uma explicação inicial cuidadosa, freqüentes lembretes e um alto nível de vigilância!

Fechamento
O compartilhamento geralmente é o estágio final de uma sessão de psicodrama. É também o estágio que tem por objetivo obter o fechamento do grupo. É sempre importante assegurar que tanto a dramatização em si quanto o grupo obtenham um bom ponto de parada. Se o grupo for de uma única sessão, isso será ainda mais importante. Se alguém estiver particularmente perturbado por volta do final da sessão, reservarei um tempo para assegurar que ele possa levar seu sofrimento a alguém adequado, após o grupo, ou procurar dentro do grupo alguém que possa dar apoio durante algum tempo após o término da sessão. Se necessário, adiarei o encerramento do grupo até que o problema tenha sido trabalhado o suficiente para ser administrável. Tenho um cuidado especial em monitorar o nível de ansiedade dos membros do grupo e lidar com ele no decorrer da própria sessão, se um participante tiver que trabalhar logo em seguida. Não é fácil trabalhar logo depois de uma sessão pesada de psicodrama. É ainda mais difícil trabalhar como terapeuta, lidando com o problema de outra pessoa e deixando a própria dor de lado.

A inspiração ajuda

Há duas áreas relacionadas ao trabalho com profissionais da saúde em que o número de técnicas não traz benefício, e é nessas áreas que a espontaneidade e a criatividade são especialmente importantes. É também nessas áreas que os estímulos especiais de se trabalhar com terapeutas se salientam.

Os terapeutas podem ficar sobrecarregados pela dor

Esse fenômeno é verificado mais facilmente em treinamentos de imersão, mas podem se evidenciar em grupos de terapeutas que se encontram semanalmente para mais que algumas poucas sessões, ou em grupos em que os próprios participantes estejam envolvidos com o psicodrama, dirigindo entre as sessões. Isso também ocorre em qualquer outro tipo de grupo de profissionais. É o terrível sentimento de que ao menos alguns dos membros do grupo estão sem empatia. Eu mesma já vivenciei essa emoção, e a discuti com outros terapeutas que fazem parte de grupos regulares de formação ou de apoio. Enquanto uma parte de mim ainda deseja alcançar o protagonista e apoiá-lo, ou ao seu trabalho, uma outra parte simplesmente se encontra cansada demais. Já presenciei muitos maus-tratos, morte, deserção, e, com o tempo, fui me fechando. O mesmo sentimento pode me assaltar se atendo muitos clientes com problemas semelhantes num curto período. Racionalmente, sei que cada um é único e individual, mas não consigo achar o tom adequado para responder dentro do meu coração.

A solução mais óbvia para esse dilema é simplesmente fazer uma pausa por algum tempo. Poderá também ser útil para o grupo fazer em conjunto algo de diferente como aquecimentos leves, ou dar uma volta fora do teatro da sala. Essas táticas não funcionam quando um grupo está se aproximando do final, e há participantes à espera para trabalhar como protagonistas, especialmente se cederam a vez para outros. Nesses momentos, é preciso uma pequena mágica. Ela não sai pela torneira, mas lá se encontra para ser descoberta, se o diretor for corajoso para confiar no método e no grupo. Algumas das sessões mais mágicas em que estive envolvida como membro de um grupo surgiram perto do final de um curso de uma semana, quando os membros estão cansados, porém próximos uns dos outros. O tele do grupo foi forte, e encontrou-se uma nova possibilidade para um dilema específico.

Os terapeutas podem ser habilidosos em resistir

De acordo com minha experiência de trabalho com os profissionais da saúde mental como protagonistas, eles são criativos, excitantes e corajosos nos riscos que assumem; porém, quando encalham, o fazem com grande perfeição. Pessoas habilidosas e sensíveis subitamente começam a chorar "lágrimas de crocodilo" e a evitar o problema real, ou a evitar o diretor, talvez usando a fala para evitar a ação, ou se permitindo serem conduzidos por caminhos bem conhecidos, em vez de se defrontarem com as áreas desconhecidas. Às vezes, o diretor detecta essas táticas auto-enganadoras, mas, em outras, a esquiva só se torna clara para o protagonista e para o grupo após o final da sessão, quando o único remédio consiste em ir embora e pensar no processo e tentar não evitar a parte difícil da próxima vez. Esse processo de resistência deve ser familiar a todos os terapeutas, de uma forma ou de outra. O que me parece que faz com que a resistência de colegas profissionais seja diferente é a variedade seleta e a sutileza das táticas defensivas que aparentemente podem ser colocadas em ação sem intenção consciente.

Para entender essa observação, inicialmente procuro aprender a partir da minha própria experiência como protagonista. Quando refleti sobre as minhas sessões, o aspecto que mais me impressionou e mais me deprimiu foi o esforço em resistir ao diretor. Eu tirava táticas defensivas da cartola em grande profusão, e, quanto mais a sessão se aproximava da abertura de áreas de dor profunda, mais bravamente eu resistia. Discuti anteriormente, neste capítulo, as vantagens do psicodrama como método que pode superar as defesas, mas o lado sombrio disso é que as defesas que permanecem estão profundamente arraigadas, e podem ser bastante inconscientes. Sei que, num nível consciente, a última coisa que eu quereria fazer nas minhas sessões era resistir à direção, mas ainda assim eu o fiz.

A razão da minha resistência era fácil de entender (e, com o entendimento, perdoar). As defesas eram erigidas primeiramente para proteger contra uma dor intolerável, muitas vezes numa idade em que a compreensão ainda não era suficientemente desenvolvida para ser de muita ajuda, ou para conseguir métodos funcionais para lidar com conflitos cuja resolução tinha estado na época além das minhas forças. Elas haviam sido refinadas e repetidas em situações semelhantes por muitos anos.

O que não estava muito claro era a forma como eu havia adquirido uma variedade tão grande de táticas defensivas. A solução que eu gostaria de oferecer a essa questão não parece fácil de ser testada, mas tem as vantagens de se adequar à minha experiência e de ser teoricamente confiável.

Os terapeutas passam a maior parte do tempo procurando ajudar as pessoas que têm respostas disfuncionais às situações, para encontrar maneiras novas e criativas de lidar com elas. Um dos métodos que usamos, tirado da teoria de aprendizagem social, é oferecer um modelo. Nós nos comportamos da maneira que queremos que os pacientes se comportem, e os convidamos a nos usarem como exemplo. O corolário lógico dessa situação é que uma vez que estamos expostos a modelos de comportamentos disfuncionais de todas as formas e tamanhos, parece razoável supor que, quando estamos sob pressão, recorramos a esses modelos para acrescentar profundidade e complexidade às nossas próprias defesas. Não precisamos pensar nesse processo como algo mais do que uma criança que imita o comportamento dos pais precisaria conscientemente fazer.

Mesmo que essa idéia seja rejeitada, parece razoável supor que os terapeutas enquanto grupo sejam pessoas que já pensaram muito e com afinco sobre o funcionamento das pessoas. Somos um grupo unido e instruído, e nossas defesas serão correspondentemente articuladas e sofisticadas.

Ainda um pensamento sobre o vigor com que os profissionais de saúde mental se defendem nos grupos: os pacientes geralmente irão tão longe quanto necessário para liberar sua criatividade em sua área de dificuldade máxima. Os terapeutas, por outro lado, precisam estar razoavelmente seguros de que podem trabalhar na maior parte das áreas problemáticas sem se enredar em suas questões não resolvidas. Um subproduto disso é que eles podem achar que precisam ir mais fundo ao trabalharem a si próprios do que pediriam aos seus pacientes que o fizessem. Assim, os problemas que trazem para os grupos de formação ou de apoio podem ser mais vagos e/ou situados mais precocemente em suas histórias, onde as lembranças são mais escassas.

As idéias acima mencionadas são acrescidas a tentativas de explicar minha própria resistência como protagonista e a resistência que observei e com a qual trabalhei junto a colegas terapeutas. O mais importante seria saber onde procurar as soluções. Assim como ocorre com a primeira área problemática, não tenho soluções mágicas a oferecer, mas experienciei a mágica como diretora, como protagonista e como membro de grupo. Como diretora, descobri que a abordagem mais fértil consiste em tentar manter minha atenção numa faixa "larga" quando começo a sentir que o protagonista está bloqueado e a procurar pelo próximo passo em cada um dos elementos do drama. Procurarei encontrar minha criatividade, mas ficarei feliz também em acompanhar a criatividade dos egos auxiliares e dos demais membros do grupo. O psicodrama é um método de grupo, e é nesses momentos que se deve lembrar a importância disso. Não excluirei a busca de soluções diretamente com o protagonista, mas estarei consciente de que ele está nadando contra uma corrente interna de resistência, e talvez não seja capaz de ser criativo em tais momentos da sessão.

Acima de tudo, procuro me lembrar de confiar no método!

Conclusão

Tentei mostrar neste capítulo como os terapeutas precisam e merecem sessões formais de apoio como rotina de trabalho e por que sinto que o psicodrama é o método ideal para esse tipo de sessão. Como refleti sobre esses temas para redigir este capítulo, lembrei-me de vários exemplos deles que se entrelaçam com minha própria história de terapeuta. Lembro-me disso, por exemplo, quando escrevo a respeito do apoio que se deve dar a assistentes sociais em residência, trabalhando em unidades de segurança para crianças perturbadas, e das sessões de psicodrama com o grupo da equipe que inspirou esta seção. Lembro-me de ter usado o sociodrama com um grupo de profissionais de uma unidade de atendimento de adolescentes para ajudar-nos a entender o problema no grupo constituído por uma equipe de profissionais.

Há muitas outras lembranças, e, se tento pesquisá-las enquanto grupo, o que mais me chama a atenção é que essas são algumas das experiências mais ricas e mais recompensadoras que tive como terapeuta, como líder de grupo e como diretora de psicodrama. Todos os profissionais da saúde mental, inclusive os psicodramatistas, têm alguma escolha relacionada para onde canalizam seus esforços. Creio na importância desse trabalho com uma paixão que me surpreende, e se um dos resultados de escrever este capítulo for que mais terapeutas usufruirão do psicodrama, considerarei o esforço como tendo sido bem empregado!

Referências bibliográficas

Blatner, H. E. (1973) *Acting In: Practical Applications of Psychodramatic Methods*, Nova York: Springer Publishing.
Falicov, C. J. (ed.) (1988) *Family Transitions: Continuity and Change over the Family Life Cycle*, Nova York: Guildford.
Guy, J. D. (1987) *The Personal Life of the Psychotherapists*, Nova York: John Wiley & Sons.
Herbert, M. (1987) *Behavioural Treatment of Children with Problems,* Londres: Academic Press.
Rippere, V. & Williams, R. (eds.) (1985) *Wounded Healers: Mental Health Worker's Experience of Depression*, Chichester: John Wiley & Sons.